유아교육기관 운영관리

MANAGEMENT FOR EARLY CHILDHOOD EDUCATION INSTITUTIONS

유아교육기관 운영관리

홍길회 · 김명연

동문사

머리말

4차 산업혁명 시대 도래는 많은 사회적 변화를 가져오고 있어 미래 세대를 어떻게 길러내야 할지에 대해 지속적인 사회적인 고민과 합의가 그 어느 때보다 필요한 시점입니다.

2020년은 유아교육현장의 변화의 정점을 찍는 해가 되었습니다. 지난 1월에 유치원 3법(유아교육법, 사립학교법, 학교급식법)의 개정안이 국회를 통과함으로써 유아교육기관은 학교제도의 기초 교육기관으로서 공공성과 투명성을 더욱 요구받게 되었습니다. 2020년 3월부터 신학기 원아 모집은 새로운 입학관리 시스템인 '처음학교로'로 이루어졌으며, 의무 사용이 권장되던 국가관리회계시스템인 에듀파인은 'K-에듀파인'으로 그 범위를 넓혔습니다.

그동안 무상교육 지향을 위한 유아학비 지원, 누리과정 등 교사 인건비 지원, 보육비 및 양육수당 지원 등 유아교육에 대한 국가 지원이 증가하면서 유아교육의 기본 방향을 제시해 주는 국가정책의 중요성이 크게 부각되었고, 유아교육의 공교육화가 순조롭게 정착되어 왔습니다.

2020년 전면 시행되는 개정 누리과정은 유아교육과 관련된 법령들이 여러 차례 바뀌고, 유치원과 어린이집의 교육과정이 만 3~5세 연령별 누리과정이라는 공통 교육과정을 사용하게 되는 등 그간 국가 차원의 유아교육의 질적 향상을 도모한 노력의 산물이라 할 수 있습니다.

더불어 방과 후 과정과 특성화 프로그램 운영, 유치원 알리미와 보육정보시스템 등 정보공시제도의 활성화, 합리적인 예산편성과 집행의 중요한 평가 지표화 및 그에 따른 효율적인 사무관리 등 유아교육기관 운영관리 전반에 합리성과 체계성이 강조되고 있습니다.

한편으로 국가 사회적인 요구에 부합하는 유아교육기관의 질적 수준 제고와 책무성의 강조는 유아교육기관 운영자들로 하여금 효율적이고 합리적인 운영을 통하여 시대적인 흐름과 변화에 적응하면서 영유아 성장 발달을 책임지는 교육기관으로서 신뢰감을 주는 기관으로 자리매김해야 할 중요한 역할이 강조되고 있습니다.

변화에 직면하면서 겪는 갈등과 어려움을 발전적으로 극복하기 위해서는 학부모 및 지역사회와의 협력 체제 속에서 함께 성장해 가는 모습도 필요하며, 무엇보다 유아교육기관의 교직원들이 서로 협력하여 기본적인 지식을 바탕으로 한 전문적 역량을 수행하는 등 필요한 역할을 다함으로써 슬기롭게 극복할 수 있으리라 봅니다.

유아교육기관 운영관리는 유아교육기관(어린이집과 유치원)을 운영하는 데 필요한 기초 지식을 토대로 유아교육기관 일원으로 직무를 수행하는 데 필요한 실무내용을 배우는 교과목으로 교원자격검정에 요구되는 교사양성과정의 필수 과목 중 하나이며, 대표적인 현장실무 과목이라 할 수 있습니다.

역동적으로 변화하는 현실을 담을 수 있는 교재의 필요성을 절감하여 온 저자들은 오랫동안 대학에서 유아교사를 양성하고 운영관리를 강의해 온 경험과 교사부터 시작하여 원장으로서 유아교육현장을 지켜 오고 있는 입장을 살려, 서로 협력하여 운영관리의 기본적인 지식을 바탕으로 현장에서 실천하게 될 실무내용을 중심으로 본서를 집필하게 되었습니다.

유치원 및 보육교사자격증을 취득하고자 하는 예비유아교사들뿐 아니라 기관의 업무를 효율적으로 수행하고자 하는 유아교육현장의 원장님들과 교사들에게도 도움이 될 수 있도록 하기 위하여 유아교육기관의 효율적 운영을 위한 이론적인 측면은 물론 현 시점까지 유아교육계에서 변화된 내용들을 최대한 반영하여 실제적인 측면의 강화를 위하여 노력하였습니다.

총 13장으로 구성된 본서는 최신 정책이나 유아교육기관의 운영에 필요한 변화된 내용을 담고 있으며, 유치원뿐만 아니라 어린이집도 필요한 부분은 별도로 상세히 다루고 있어 예비교사가 임용과 현장 직무를 위해 사전에 전반적인 영역에서 실무 능력을 키울 수 있고, 현장에 나가서도 본서를 참고하여 응용할 수 있도록 하였으며, 설립과 원아모집에서부터 학급 편성, 재정 · 인사 · 사무관리는 물론 다양한 교육과정과 학부모 및 지역사회 프로그램까지 유치원과 어린이집 운영의 모든 내용을 총망라하여 원장님과 현직 교직원들, 유아교육에 관심 있는 사람들에게도 도움이 될 수 있게 하였습니다.

무엇보다 각 장마다 '수행하기'란을 두어 주요 내용을 정리해볼 수도 있고, 실제 현장의 상황이나 규정 등을 조사 · 탐구해 볼 수 있는 기회를 가질 수 있게 함으로써 유아교육기관 운영관리에 대한 이해를 돕는 한편 효율적인 강의에도 도움이 되고자 하였습니다.

그동안 심리적 지지를 비롯하여 여러 면에서 지원을 아끼지 않은 주변 분들께 감사드리며, 출간을 결정하고 완성도를 높이고자 수고하신 동문사 대표님과 관계자 분들에게 감사의 마음을 전합니다.

2020년 2월
저자 일동

CONTENTS

머리말 _ 5

PART I 운영관리의 기초

CHAPTER 01 **유아교육기관 운영관리의 이해** **15**

1. 운영관리의 개념 15
2. 운영관리의 원리 17
3. 운영관리의 영역 19
4. 운영관리의 과정 22

CHAPTER 02 **유아교육기관의 이해** **27**

1. 유아교육기관의 정의와 특성 27
2. 유아교육기관의 설립유형 28
3. 유아교육기관의 발전과 정책 변화 34

CHAPTER 03 **유아교육기관 경영 및 리더십** **41**

1. 운영관리의 기초 41
2. 경영이론 및 동기이론 50
3. 의사소통과 리더십 56

차 례

PART II 유아교육기관 영역별 운영관리

CHAPTER 04 설립과 원아모집 및 학급관리 67

1. 유치원의 설립 67
2. 어린이집의 설립 72
3. 원아모집과 '처음학교로' 시스템 78
4. 학급관리 85

CHAPTER 05 유아교육기관 교육환경관리 91

1. 시설 · 설비관리 91
2. 실내외 환경 구성 103
3. 비품 및 교재 · 교구관리 118

CHAPTER 06 유아교육기관 인적자원관리 125

1. 인사관리의 개념 및 원리 125
2. 교직원의 자격과 배치 127
3. 교원의 임용 135
4. 보수 체계 154
5. 교원교육과 복무 161
6. 유아교육기관 교원의 역할 169

CHAPTER 07 유아교육기관 재정관리 173

1. 유치원 재정관리 173
2. 에듀파인 194
3. 유아학비 지원 196
4. 어린이집 재정관리 199

CONTENTS

CHAPTER 08 유아교육기관 사무관리 209

1. 사무관리와 업무분장 209
2. 유치원 · 어린이집 사무관리 211
3. 문서관리 213

PART III 유아교육기관 교육과정과 운영관리

CHAPTER 09 유아 · 보육 교육과정관리 233

1. 표준보육과정 233
2. 누리과정 236
3. 2020년 시행 누리과정 251
4. 방과 후 과정 257
5. 특성화 프로그램 운영 259

CHAPTER 10 건강 · 위생 · 영양관리 265

1. 건강관리 266
2. 청결과 위생관리 273
3. 영양 및 급식관리 280

CHAPTER 11 안전관리 289

1. 안전관리 289
2. 안전점검 295
3. 안전사고 대처 방안 302

CHAPTER 12 행사 및 가정 · 지역사회 협력 311

1. 유아교육기관 행사관리 311
2. 가정과의 협력 319

3. 지역사회와의 협력 328

PART IV 유아교육기관 평가와 운영관리

CHAPTER 13 **평가관리** **335**

1. 평가의 필요성 335
2. 평가의 내용 및 방법 336
3. 유치원평가 342
4. 어린이집 평가인증 348

부 록

1. ○○유치원 규칙(예시) 359
2. 교육기본법 365
3. 어린이놀이시설 안전관리법 365
4. 아동 · 청소년의 성보호에 관한 법률 366
5. 아동복지법 370
6. 건축법 372
7. 건축법 시행령 374
8. 교육환경 보호에 관한 법률 375
9. 경기도교육청 교육환경 보호에 관한 규칙 376
10. 행정절차법 379

참고문헌 _ 380

찾아보기 _ 382

PART I

운영관리의 기초

CHAPTER 01 유아교육기관 운영관리의 이해
CHAPTER 02 유아교육기관의 이해
CHAPTER 03 유아교육기관 경영 및 리더십

CHAPTER 01

유아교육기관 운영관리의 이해

1 운영관리의 개념

유아교육기관은 영유아에게 알맞은 교육환경을 제공하여 전인적인 성장을 이룰 수 있도록 하는 것을 목적으로 한다. 이러한 목적을 달성하기 위해서는 무엇보다 유아교육기관의 운영이 잘 이루어져서 유아교육기관에서 이루어지는 교육활동의 효과를 극대화하는 것이 중요할 것이다. 이러한 목표 달성을 위해서는 사람, 돈, 공간, 시간 등을 효율적으로 계획하기, 실행하기, 평가하기에 대한 일련의 활동을 반복하여야 할 것이다. 즉, 유아교육기관의 운영관리는 유아교육기관의 설정된 목적을 달성하기 위하여 동원할 수 있는 모든 인적 · 물적 · 교육적 자원을 확보하여 이를 능률적으로 활용하는 것이다.

운영관리의 개념에 대해 임재택(2001)은 '기관의 목적을 달성하기 위하여 사람 · 돈 · 공간 · 시간 등을 효율적으로 계획하고, 조직하고, 실행하고, 평가하는 일련의 과정'이라고 정의하였다. Taylor(1979)는 운영관리와 운영관리의 기능을 나누어 설명하였다. '운영관리는 어떤 기관이나 기구의 목적 달성을 위하여 사람(people), 자원(resources, funds, space) · 시간(time)을 효율적으로 조정하고 운영하는 것이고, 운영관리의 기능이란 계획하고(planning), 조직하고(organizing), 평가하는(evaluating) 일련의 과정'이라고 설명하고 있다. 이를 종합해보면 운영관리(경영)란 인적·물적 자원과 기술, 정보의 활용을 조정하고 통합하는 활동이라 할 수 있으며, 다시 말해 운영관리(management)란 기관의 목적과 목표를 효과적으로 달성하기 위해 인적(man), 물적(material), 재정적(money), 그리고 운영방법적 조건(management method)을 합리적이고 체계적으로 운용하는 일이라고 할 수 있다.

한편 유아교육기관 운영관리는 유아교육기관의 교육정책과 방침, 교육과정, 교육방법, 교사의 활동 및 사무관리 등에 대한 전문성에 관한 것을 다루는 것이라고 정의할 수 있다.

운영이란 조직이 추구하는 공동의 목표를 실현시키기 위해 구성원들간의 빈번한 상호작용을 통해 질서를 구축하고 조직이 동원할 수 있는 인적·물적·재정적 자원 등을 동원하여 조직이 목적을 효과적으로 달성하는 것이다.

운영관리란 조직의 목적달성을 위해 필요한 자원을 효율적으로 사용하여 각 구성원들에게 만족감과 소속감을 높이기 위한 일련의 과정이라고 할 수 있다.

유아교육기관도 사회적 조직체이며 그 조직의 목적을 달성하기 위해 여러 가지 다양한 방법으로 운영관리되어야 한다. 또한 유아교육기관의 운영관리는 유아교육기관의 주된 목적인 교육을 실현하기 위해 필요한 여러 가지 인적·물적인 제반을 정비하여 유아교육의 목적을 실현할 수 있도록 지원하는 일로서 운영관리 자체가 유아교육기관의 주목적이 아니고, 유아교육기관의 목적을 위한 수단이 되어야 한다.

유아교육기관의 운영은 크게 두 가지로 구분할 수 있다. 첫 번째는 교수-학습이고, 두 번째로 운영관리이다.

교수-학습은 유아들의 전인교육을 위해 유아교육기관에서 가장 중요하고 핵심적으로 다루는 활동으로 영유아들의 전인적인 성장과 건강한 발달을 돕는 활동이다. **운영관리**는 유아들의 교수-학습활동을 지원하면서 유아교육기관이 목적을 달성할 수 있도록 지원하고 지지하는 다양한 활동을 의미한다. 교수-학습과 운영관리는 목적과 수단이라는 관계를 유지하고 있으며, 어느 하나라도 그 기능을 제대로 작동되지 않는다면 교육 · 보육의 목적은 달성할 수 없다.

따라서 유아교육기관 운영관리는 유아교육이 효율적으로 이루어질 수 있도록 하는 것으로 효율적인 교수-학습활동의 목적이 되고, 운영관리 활동은 목적을 달성하기 위한 수단이 된다.

알아두기 용어해설

- **관리**: 객관적 · 법규적 관점에서 유아교유기관의 사업과 그 조건을 운영 · 정비하고 유아교육기관의 여러 활동을 통제 · 감독하는 법제적인 작용을 가리킨다.
- **경영**: 유아교육의 목적 · 목표를 달성하기 위해 자주적 · 창조적으로 유아교육기관 스스로 여러 활동을 계획하고 조직 편성을 하는 등 유아교육 기관의 운영적 작용을 가리킨다.
- **운영**: 경영과 동의어로 통용되고 있으나, 경영이 경제적인 면, 즉, 손익이나 효과의 유무에 중점을 둔다면, 운영은 대체로 능률적인 면에 중점을 둔다.

2 운영관리의 원리

1) 타당성(validity)의 원리

이는 유아교육기관 운영관리의 모든 과정이 기관의 목적에 맞고 목적에 비추어 타당하게 운영되어야 함을 의미한다. 교육과정관리, 원아관리, 교재 · 교구관리, 건강 및 영양관리 등 일련의 과정들이 유아교육기관 설립 운영의 목적인 영유아의 전인발달을 도모하여야 한다는 생각에 부합되어야 한다는 것이다.

2) 민주성(democracy)의 원리

유아교육의 목적을 실현하기 위해 조직 안에서 인간관계 또는 의사결정 과정이 민주적인 방법으로 이루어져야 함을 의미한다. 원장의 독단적인 결론과 판단 지시가 배제된 교육과정 운영 및 교직원들의 업무 분담이 진행될 때 유아교육의 목적이 민주적으로 실현될 수 있다.

3) 효율성(efficiency)의 원리

교육목표 달성을 위해 인적·물적 자원과 시간을 투입(input)하여 최대의 산출(output)을 얻고자 하는 원리이다.

투입할 자원을 가능한 한 모두 투입하여 교육목표를 능률적으로 달성해야 함을 의미하는 것으로 유아교육기관에서는 교직원과 학부모의 만족도 향상이나 유아발달의 기여와 관련되는 사회적 효율을 강조하여야 한다.

4) 합법성(legality)의 원리

유아교육과정이 법적으로 적합하고 합법적으로 이루어져야 한다는 것이다. 교육에 관한 법률은「헌법」제31조 제6항에 '학교교육 및 평생교육을 포함한 교육제도와 그 운영, 교육재정 및 교원의 지위에 관한 기본적인 사항은 법률로 정한다.'라고 명시되어 있다. 유아교육기관은「유아교육법」,「영유아보육법」등 각종 대통령령, 보건복지부령에 의거하여 집행되고 있다.

5) 적응성의 원리

적응성(adaptability)의 원리란 사회적인 배경과 가치관, 국가정책 등의 상황에 대해 운영관리정책을 신축성 있게 대응함으로써 조화적 관계와 능률적 성과를 계속 확보해나가는 것을 뜻한다. 기관의 운영은 대내·대외적 환경 변화에 따라 신축성 있게 대응해 나가야 조직이 발전할 수 있다. 끊임없는 사회 변화에 운영관리자가 수동적으로 순응하는 소극적인 적응보다는 오히려 사회 변화를 질서 있게 조절하며 이끌어 가는 적극적인 적응이 요청된다.

6) 안정성의 원리

안정성(stability)의 원리란 운영관리가 일관성과 지속성을 유지하자는 것으로 적응성의 원리와는 상대적인 개념이다. 사회・문화적 변화에 따라 운영관리가 조화적인 변화를 보여 주어야 하지만 지나친 변화는 오히려 혼란을 가져올 수 있다. 따라서 유아교육기관 운영관리자는 장기적인 안목에서 변화를 수용하고 현실에 적응하는 한편, 우리의 전통성과 고유한 가치관 등은 계승 발전시킬 필요가 있다.

3 운영관리의 영역

운영관리 영역은 유아들이 교육기관에서 전인적인 발달이 이루어질 수 있도록 돕는 데 필요한 모든 관리 영역이라고 할 수 있다. 운영관리 영역은 크게 인적 영역, 물적 영역, 교육적 영역 3가지로 나눌 수 있다.

첫째, 인적 영역은 원아, 교직원, 학부모, 지역사회 인사 등을 포함하고, 둘째, 물적 영역은 시설과 설비, 교재・교구, 재정관리, 사무관리를 포함하며, 셋째, 교육적 영역은 교육활동, 지역사회 관련에 관한 것이다.

① 원아관리 영역: 원아모집, 원아의 출석, 입학, 전학, 퇴원, 안전・건강교육, 반편성, 가정환경조사, 원아 생활지도, 원아 관찰 및 기록, 신입원아 적응기록, 급식・간식지도, 위생지도 등

② 교직원관리 영역: 교직원 채용, 임용, 해임, 교직원의 자격, 업무분담, 교직원 연수 및 교육, 교직원 근무태도 및 근무평정, 교직원 재직 및 퇴직, 교직원 보수 및 근무여건, 결근과 이직, 교직원 개인상담 등

③ 부모관리 영역: 운영위원회의 학부모위원 선출, 부모참여수업, 부모참관수업, 부모상담 등

④ 지역사회 인사관리: 유아교육생 참관 및 본실습생 관리, 자원봉사자, 산학협력대학 등

⑤ 시설 및 설비관리 영역: 건물관리, 교실, 유희실, 실외놀이터, 보일러, 주차장, 소방시설, 정기소독, 안전시설 관리, 주변환경관리, 시설설비보수 유지 등

⑥ 교재 · 교구관리 영역: 교재 · 교구 구입 및 관리, 환경구성 및 관리, 흥미 영역의 구성 및 관리, 시청각 교재 구입 및 관리, 교재 · 교구대장 관리

⑦ 재정관리: 교육비 수납 및 지출관리, 회계관리, 보조금 신청 및 관리, 전입금 관리, 차입금관리, 이월금 관리 예산 · 결산 관리, 감사 및 교육지원청 지도관리 등

⑧ 사무관리: 사무분담, 에듀파인 지원시스템 관리, 정보공시관리, 처음학교로 입학 적용 시스템 관리, 보고서류, 문서발송, 문서접수관리, DCM관리, 이메일 관리 등

⑨ 교육활동 영역: 교육기관 운영계획서 작성 및 운영관리, 하루일과계획 및 운영, 행사계획 및 운영, 현장체험 활동계획 운영, 특성화 활동 운영관리, 방과 후 활동 운영관리

⑩ 지역사회 관련 영역: 지역사회 기관 및 단체와의 협력 및 활동 계획 관리, 행정기관과의 협력, 견학기관과의 협력

Decker와 Decker(2001)는 유아교육기관의 일반적인 관리 영역을 ① 행정정책, ② 교직원관리, ③ 원아관리, ④ 재정관리, ⑤ 건강과 안전관리, ⑥ 프로그램 서비스, ⑦ 문서관리, ⑧ 학부모 관리, ⑨ 공공정책 관리 등 9가지 운영범주를 제시하고 있다.

Decker와 Decker(2001)가 제시한 운영관리의 범주를 참고하여 시설 · 설비관리 및 교재 · 교구관리 영역을 포함하는 운영관리 영역과 내용을 정리하면 다음과 같다.

[표 1-1] 유아교육기관 운영관리 영역 및 주요 내용

영역	주요내용
원아관리	원아 모집, 원아 선발, 학급 편성, 입학·퇴학관리, 출결석관리, 가정환경조사, 원아 관찰 기록 등
인사관리	교직원의 채용과 훈련, 업무 분장, 근무평정, 재직과 퇴직관리, 보수 및 근무체계, 결근과 근태, 장학지도, 교직원 회의, 보수교육, 교직원의 사적인 활동 범위규정과 같은 사항
교육·보육과정 관리	교육·보육과정 운영, 연간·월간·주간·일일교육·보육계획 수립, 일과계획 및 운영, 행사계획 및 운영, 현장 견학
시설·설비관리	기관의 건물, 놀이터, 주변 환경관리, 안전관리, 공간 구성, 시설·설비의 구입·수리·유지 등의 관리
건강·영양·안전관리	영유아의 건강 진단, 예방접종이나 정기적인 신체측정, 응급처치와 사고처리 절차, 영양과 급·간식관리, 건강과 안전에 관한 교직원 훈련, 소방훈련, 환경의 감독, 안전점검과 같은 사항
교재·교구관리	비품 및 교재·교구의 구입 및 관리, 시청각 교재의 구입 및 관리, 흥미영역의 구성 및 관리
재정관리	예산 편성, 보육비의 수납, 운영비의 지출, 회계장부 기록, 결산서 작성, 감사 등의 관리
사무관리	사무분장, 사무처리 조직 및 관리, 보고 서류, 법정 문서관리, 기록 서류, 통신, 사무 기록과 교직원 인사기록, 서류 보관 및 관리, 기록에 관한 업무
부모 협력	부모참여 프로그램, 부모 회의 조직과 운영, 건의사항의 처리 절차, 상담 및 참관과 관련된 업무, 가정통신문 및 인터넷 활용 등 부모와의 의사소통 방법
지역사회 협력	지역사회 기관(경찰서, 병원, 소방서, 도서관, 박물관 등)과의 협력, 관련 행정기관과의 협력, 견학기관과의 협력, 자원봉사자 모집과 운영, 지역사회 요구 파악, 지역사회 자원 분석

4 운영관리의 과정

운영이란 조직의 목적을 달성하기 위하여 사람·자원·시간을 효율적으로 조정·운용하는 것을 말한다. 이를 효율적으로 운영하기 위해서는 계획하기(planning), 조직하기(organizing), 실행하기(implementing), 평가하기(evaluation) 등 일련의 과정이 요구된다. 즉 유아교육기관 운영관리는 조직의 목표를 달성하기 위해 무엇을 할 것인지 계획하고, 목표달성을 위해 어떻게 할 것인지 조직하며, 어떻게 실시할 것인지 실행하여, 계획한 것이 잘 되었는지 평가하기의 과정을 거쳐 다음 계획에 반영하는 것이다.

유아교육기관의 운영관리의 과정을 그림으로 나타내면 그림 1-1과 같다.

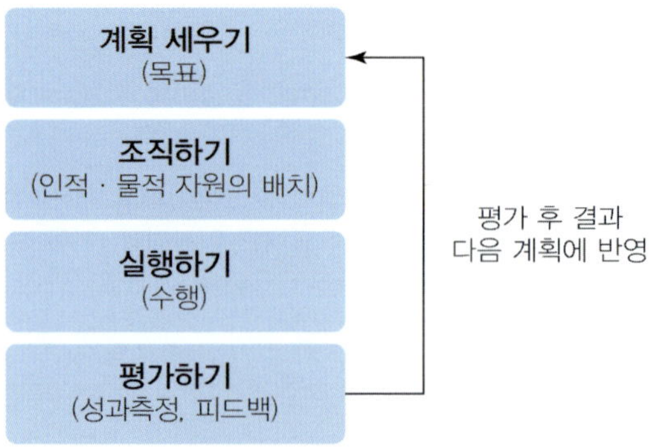

[그림 1-1] 유아교육기관의 운영관리 과정

운영관리의 과정은 유아교육기관의 목표를 합리적으로 달성하기 위해 운영관리가 어떤 절차를 거쳐서 수행되느냐 하는 것을 의미한다. 운영관리는 전체 흐름을 뜻하는 것으로 기관의 활동이 시작되는 단계부터 끝나는 단계까지 목표 설정부터 실천과 평가에 이르는 과정이다. 유치원은 작은 조직체로서 목표로 하는 것이 잘 실천되기 위해서는 먼저 계획하고 이를 실행한 후 평가를 통해 다음 활동에 반영하여야 한다.

유치원 등 유아교육기관도 일종의 조직체로서 그 기능을 계획, 실행, 평가, 즉 PDS 운영과정으로 제시할 수 있다. PDS 운영과정이란 운영관리의 목표를 기준으로 계획을 세우고, 계획에 따라 실행하고, 그 실시의 과정과 결과를 평가하고, 그 평가를 목표와 계획에 반영(feedback)하여 운영관리를 합리화·과학화하는 방법이다.

지금까지의 유아교육현장에서는 대부분 원장이 목표와 계획을 세우고, 교사들은 원장의 지시에 따르는 형태를 유지해 왔다. 실행에 대한 평가는 전 교직원이 함께 평가하고 다음 계획에 반영하고 있는 추세이다. 앞으로의 바람직한 방향은 모든 계획과 실행 평가 과정에 조직 구성원들이 참여하여 민주적인 방법으로 의사소통하고 협력하여 목표 달성을 추구하는 것이다.

1) 계획(planning)

계획하기는 교육기관에서 추구하는 목적 및 목표를 구체적으로 규정짓고 구체적인 업무가 무엇인지, 업무수행을 위한 활동의 방향과 지침이 어떻게 되며, 누가, 무엇을, 언제, 어디서, 어떻게 할 것인가를 정하는 것이다. 이는 미래에 대한 예측과 유아교육기관의 실태를 바탕으로 운영목표를 선정하고, 목표 성취에 필요한 절차와 방법을 합리적으로 준비하는 과정이다. 계획하기는 계획 활동의 합리성을 보장하기 위해 소속 교직원의 민주적인 참여가 기반이 되어 이루어져야 한다.

2) 조직(organizing)

조직하기란 교육목표 달성을 위해 누가, 어떻게 할 것인가에 관한 것이다. 이것은 책임과 업무의 분담 등 구조적이고 협동적 관계로서 인적 조직은 물론이고 물적 자원까지도 포함한다. 조직은 교수조직, 사무조직, 운영조직을 통해 효율적으로 실행되도록 지원한다.

교수조직은 교육과정 지도조직으로 유아교육기관 조직의 근간을 이루는 것이며, 사무조직은 교육과정 운영을 간접적으로 지원해 주기 위한 전문적·사무적 직능을 담당하는 조직이다. 운영조직은 직원, 운영위원회 등을 포함하는 조직 형태로서 주로 특정 목적을 달성하기 위해 의사소통과 조정의 기능을 한다.

조직을 구성할 때는 교사의 연령, 성, 학력, 교직 경력, 사무능력, 인간관계 등을 고려하며, 담당 업무는 적절하게 분담되어 한계가 분명해야 한다. 또한, 조직 내의 의사소통이 원활하게 이루어져야 한다.

3) 실행(implementing)

(1) 자극(stimulating)

자극하기는 교사들의 동기유발을 강화하고 의욕을 높여 교수-학습활동, 생활지도, 학급경영 등을 자발적으로 수행하도록 하는 것이다. 계획이 잘 수립되고 조직화가 잘 되어 있어도 구성원들이 제대로 협력하지 않으면 목표를 달성하기 어렵다.

관리자는 조직 구성원들의 태도나 행동에 영향을 주는 리더십을 통해 조직 구성원들의 업무 의욕을 높이는 등 동기유발을 위한 자극을 주어야 한다. 유아교육기관은 조직의 특성상 지나친 명령, 지시 등의 권력 행사는 오히려 교사들의 사기를 떨어뜨릴 가능성이 있다.

영유아교사들은 기관의 정책이나 행사에 관한 사항을 결정하는 데 스스로 참여하기를 원한다. 그들의 참여가 능동적으로 이루어질 때 기관에 대한 소속감과 일체감을 가지고 자아실현의 욕구를 충족하게 된다. 특히, 교사 회의를 통한 직접적인 의사소통은 교사의 직무수행에 대한 자율성을 보장하고, 수행한 업무에 대한 구체적인 격려와 인정을 통한 피드백 제공과 불필요한 잡무 줄이기 등으로 직무 충실화가 이루어질 수 있다.

(2) 조정(coordinating)

조정이란 교육목표 달성을 위한 교직원의 노력과 각 부서의 활동 및 제반 물적 자원이 최대의 산출로 나타나도록 제반 상황들을 통합하고, 조절하는 것을 의미한다. 즉, 교육조직을 통한 계획들이 각종 지원활동을 통해 서로 균형 있게 조화를 이루는지 확인하는 것이며, 문제가 있을 시에는 시정하여 다음 계획에 반영하는 일련의 과정을 말한다.

조정과정에서는 서로의 의견을 교환하고 대화로 소통함으로써 조직의 목표에 대한 일체감을 가지고 서로 공유할 수 있는 의사소통 과정이 필요하다. 유아교육기관에서는 교사 회의를 통해 조정의 시간을 가지며 기관의 규모가 클수록 부서별 협의회를 효율적으로 운영하는 것이 필요하다.

4) 평가(evaluation)

평가는 계획의 적절성을 평가하는 것으로 교육목표 달성을 위한 실천 과정을 평가하는 과정평가와 효과성과 효율성을 분석·검토하는 산출평가가 포함된다. 평가의 목적은 유아교육기관 운영과정에서 나타난 문제, 운영 및 경영 개선을 위한 아이디어 등을 찾아내어 다음 운영계획에 반영(feedback)시킴으로써 유아교육기관 운영의 성과를 높이는 데 있다.

이러한 평가는 관리과정의 모든 요소에서 수시로 이루어지거나 분기 또한 학기별로, 각종 행사 및 프로그램 운영 후 정기적으로 이루어져야 한다. 이때 다른 사람의 견해를 수용하고 운영과 관련된 문제 및 현안들을 객관적으로 평가해야 하며 반드시 기록으로 남겨야 한다.

수행하기

1. 운영관리의 개념 및 운영의 원리에 대해 설명하시오.

2. 운영관리의 내용(영역)과 과정에 대해 기술하시오.

CHAPTER 02

유아교육기관의 이해

Management for Early Childhood Education Institutions

1 유아교육기관의 정의와 특성

유아교육기관이란 국가로부터 인정받은 곳으로 유아를 교육하고 보호하는 기관을 말한다. 대표적인 교육기관은 유치원과 어린이집을 꼽을 수 있다.

유아교육은 가정에서의 교육이 우선적으로 이루어져야 하고, 교육 내용 또한 인간으로서 갖추어야 할 가장 기초적인 내용들이어야 한다. 그러나 현대 사회에서는 가정이 담당하던 기본교육의 많은 부분들을 기관에서 담당하게 되었고, 유아교육의 기능과 역할이 다양해지면서 사회적으로도 유아교육의 중요성이 높아지게 되었다. 특히 인재양성과 여성 경제활동의 활성화를 위해 유아교육은 가정뿐만 아니라 사회와 국가가 함께 책임지게 되었다. 이러한 시대적 변화는 부모의 역할에도 영향을 주면서 유아교육기관의 성격을 바꿔놓았다.

유아교육기관의 일반적인 특성은 다음과 같다.

첫째, 교육 대상 연령은 0세부터 시작된다. 주 양육자인 어머니들의 사회참여가 늘어나면서 교육대상의 연령이 낮아졌다.

둘째, 유아교육의 대상이 점차 다양해졌다. 특수아동에 대한 교육과 특수아동과 일반아동의 혼합 학급을 구성하는 통합교육이 활성화되었다.

셋째, 부모들의 요구로 다양한 유아교육 프로그램이 실시되었다.

넷째, 부모들의 직업과 근무시간이 다양해짐에 따라 교육 시간을 탄력적으로 운영하게 되었다. 하루 4시간을 운영하는 반일제부터 시간연장제, 8시간 이상 운영하는 종일반, 그리고 야간보육, 휴일보육 등 부모 요구에 따라 다양한 형태로 운영된다.

다섯째, 유아에 대한 교육 이외에 부모를 포함한 교육 서비스가 확대되었다. 부모교육이나 부모참여수업이 다양하게 실시되고 있다.

여섯째, 유아교육기관 현장에서는 보육과 교육을 분리하여 접근하기보다는 점차 통합적으로 운영하고 있다. 과거에는 보호와 교육의 기능을 구별하는 경향이 있었으나 최근에는 통합된 개념으로 이해되고 있다.

이와 같이 유아교육기관은 가족제도의 변화와 여성취업, 인재양성과 연관되어 앞으로 그 역할의 중요성과 기능의 다양성이 점점 더 강조되고 있다.

2 유아교육기관의 설립유형

우리나라의 유아교육기관의 유형은 설립목적에 따라 명칭이 다르다. 유아교육기관 유형의 분류는 설립 주체에 따라 공립과 사립으로 나눌 수 있고, 목적에 따라 보육기관과 교육기관으로 분류할 수 있다. 우리나라에서 사회적·제도적으로 유아교육기관으로 인정되는 기관은 교육부에서 관할하는 유치원과 보건복지부에서 관할하는 어린이집이 있다.

1) 유치원

유치원은 만3세부터 초등학교 취학 전까지 유아들을 대상으로 교육하는 학교를 말한다. 유치원은 유아를 교육하고 유아에게 알맞은 교육환경을 제공하여 심신의 조화로운 발달을 조장하는 것을 목적으로 하는 학교 기관으로, 「유아교육법」에 근거하여 설치·운영되고 있으며, 교육부가 관할하고 있다. 유치원의 유형은 설립 주체에 따라 국가가 설립하여 운영하는 국립유치원, 지방자치단체에서 설립하고 운영하는 공립 유치원과 개인 또는 법인에서 설립하고 운영하는 사립유치원이 있다.

공립 유치원은 대부분 초등학교 병설유치원인 경우가 대부분이고 최근에는 병설이 아닌 5학급 이상의 단설 유치원이 설립되고 있다. 초등학교 병설유치원의 경우는 초등학교에 통합되어 운영되며 학교장이 원장을 겸직하는 데 반해 단설유치원은 독립된 원사가 있고, 독립된 하나의 기관으로서 운영된다. 법인에서 설립한 유치원의 경우 종교법인에서 설립한 경우와 학교법인에서 설립한 경우 등이 있는데, 학교법인인 경우 대학의 부속유치원으로서 대학에서 운영하는 경우가 있다. 또한 개인이 유아의 교육을 목적으로 자신의 자본을 투자하여 설립하여 운영하는 사립유치원이 있다.

유치원의 연간 교육일수는 180일 이상으로 하며, 누리과정은 1일 최소 4~5시간을 운영해야 하고, 방과 후 과정반은 8시간 이상 운영한다.

2) 어린이집

어린이집은 영유아를 건강하고 안전하게 보호·양육하고 영유아의 발달 특성에 맞는 교육을 제공하는 사회복지시설을 말하며, 「영유아보육법」에 근거하여 설치·운영되며, 보건복지부가 관할하고 있다.

어린이집의 유형은 설립 주체와 규모에 따라 다음과 같이 여섯 가지 유형으로 구분할 수 있다. 또한 운영의 형태면에서 수요자의 다양한 요구에 부응하기 위해 보육시간을 탄력적으로 운영하는 맞춤형 어린이집이 있는데, 여기에는 장애아 통합 어린이집, 시간연장제 및 24시간 어린이집, 시간제 어린이집, 방과 후 어린이집, 영아전담 어린이집 등이 있다(보건복지부, 2010).

(1) 국 · 공립 어린이집

국 · 공립어린이집은 국가나 지방자치단체가 설치 · 운영하는 어린이집을 말한다. 설립절차는 국가 및 지방자치단체의 장이 신고 절차 없이 직접 설치하되, 어린이집 수급계획이 반영될 수 있도록 관할 시 · 군 · 구청장과 협의하여야 한다. 국 · 공립어린이집의 배치 기준은 「영유아보육법」 제12조에 따라 저소득층 밀집지역 및 농어촌지역 등 취약지역과 어린이집이 부족한 지역에 우선적으로 설치하는 등 지역별로 균형 있게 배치하여야 한다.

국 · 공립어린이집을 운영하는 각급 기관의 장은 어린이집의 직원을 공무원 등으로 채용하여 직접 운영하거나 법인, 단체 또는 개인에게 위탁운영이 가능하다. 신규위탁은 공개경쟁의 방법에 의하며, 위탁운영 시에는 시설운영 평가결과를 참고하고, 보육의 전문성 및 정치 · 종교적 중립성을 유지하도록 해야 한다. 상시 영유아 11인 이상을 보육하여야 한다.

(2) 법인 · 단체 등 어린이집

법인 · 단체 등 어린이집은 각종 법인(사회복지법인을 제외한 비영리법인)이나 단체 등이 설치 · 운영하는 어린이집으로서 상시 영유아 21인 이상을 보육할 수 있는 시설을 갖추어야 한다.

법인 · 단체 등 어린이집에는 「유아교육법」, 「초 · 중등교육법」 및 「고등교육법」에 따른 법인 또는 학교법인이 설치 · 운영하는 어린이집, 종교단체가 설치 · 운영하는 어린이집, 교육훈련시설이 설치 · 운영하는 어린이집 등이 있다.

(3) 민간어린이집

민간어린이집은 개인이 설치할 수 있다. 민간어린이집은 영유아 21인 이상을 보육할 수 있으며, 명칭은 'OO 어린이집'으로 한다.

(4) 직장어린이집

직장어린이집은 사업주가 사업장의 근로자를 위하여 단독 또는 공동으로 사업장 내 또는 그에 준하는 인근 지역과 사원주택 등 사업장 근로자 밀집 거주 지역에 설치·운영하는 시설을 말하는데, 국가 또는 지방자치단체의 장이 소속 공무원을 위하여 설치·운영하는 시설을 포함한다. 규모는 상시 영유아 5인 이상을 보육하여야 하고, 보육 정원의 1/3 이상이 사업장의 근로자 자녀여야 함을 원칙으로 한다.

상시 여성 근로자 300인 이상 또는 근로자 500인 이상을 고용하고 있는 사업장의 사업주는 직장어린이집을 설치할 의무가 있다.

의무사업장의 사업주가 직장어린이집을 단독으로 설치하기 어려울 경우는 사업주 공동으로 설치·운영하거나, 지역의 어린이집과 위탁계약을 체결하여 근로자 자녀 보육을 지원하거나, 근로자에게 보육수당을 정부보육료지원단가의 1/2 이상을 지급하여야 한다. 사업주는 직장어린이집의 운영 및 수탁 보육 중인 영유아의 보육에 필요한 비용의 1/2 이상을 보조하여야 한다.

(5) 가정어린이집

가정어린이집은 개인이 가정 안이나 그에 준하는 곳에 설치·운영하는 어린이집으로서 영유아 5인 이상 20인 이하를 보육할 수 있고, 명칭은 '○○어린이집'으로 하는데, '○○유치원 부설' 혹은 '○○학원 부설'과 같은 명칭은 사용할 수 없다.

(6) 부모협동어린이집

부모협동어린이집은 보호자들이 조합을 결성하여 설치·운영하는 어린이집으로서 보호아동을 둔 보호자 15인 이상이 상호 출자하여 운영하는 형태로 상시 영유아 11인 이상을 보육할 수 있다. 상시 영유아 20인 이하는 보육하는 부모협동어린이집은 가정어린이집을 설치할 수 있는 곳에도 설치할 수 있다.

조합의 업무집행자는 조합계약 또는 조합원의 2/3 이상의 찬성으로 업무집행자를 선임하며, 되도록 조합의 업무집행자가 원장을 겸직하도록 한다. 업무집행자는 조합원이 최대한 보육과정 및 의사결정에 참여하여 소기의 설립 목적을 달성하도록 노력해야 한다.

(7) 특수 요구 어린이집 - 운영 형태면

보육 수요자의 요구를 충족시켜 주기 위해 어린이집의 운영을 다양하게 할 필요가 있다. 맞춤형 어린이집은 특수한 요구를 가진 영유아나 부모들의 취업 형태에 따라 보육서비스를 제공하기 위해서 시행되고 있다.

① 장애아 통합 어린이집

일반 어린이집에 장애아 통합보육을 위한 환경을 조성하여 장애 유형, 장애 정도 등에 따른 다양한 보육 수요에 적합한 서비스를 제공하기 위해 적당한 시설을 갖춘 어린이집에 지정하는데, 국·공립시설 및 법인시설을 우선적으로 지정하고 민간시설도 지정할 수 있다.

② 장애아 전담 어린이집

미취학 장애아만을 20명 이상 보육하기 위하여 「영유아보육법 시행규칙」에 따른 시설 및 설비를 갖추고, 상시 18명 이상의 미취학 장애아를 보육하는 시설 중 시·도지사 또는 시장·군수·구청장이 장애아 전담 어린이집으로 지정한 시설을 말한다.

③ 시간 연장 및 24시간 어린이집

영유아의 건전한 보육과 보호자의 경제·사회적 활동의 지원을 통하여 가정 복지 증진을 도모하고, 특히 기준 보육시간 내 귀가할 수 없는 아동을 위한 시설이다. 보육시간을 야간까지 연장 또는 24시간 보육을 할 수 있도록 지원하는데, 맞벌이 가정 및 저소득층 아동을 우선 입소시켜야 하고, 시간 연장 보육은 아동을 24시 이전까지 보육하는 것을 원칙으로 한다.

24시간 보육은 부모가 야간에 경제활동에 종사하는 가정, 한부모 또는 조손가정으로 야간보육이 불가피하다고 판단되는 아동에 한한다.

④ 시간제 어린이집

시간제 어린이집은 여성의 사회경제활동 증가 및 근로시간 다양화로 시간제 보육수요가 많아짐에 따라 영유아의 건전한 보육과 보호자의 경제·사회적 활동에 기여하고자 하는 것이다.

시간제 어린이집 지정은 구청장이 보육포털시스템 등재 및 시간제 어린이집으로 명단이 제출된 시설 주에서 하되 자치구별로 2개소 이내로 조정하여 별도 보육실 마련 등 확인 후 지정서를 교부한다.

⑤ 방과 후 어린이집

방과 후 어린이집의 설립목적은 맞벌이 부부의 자녀 등 방과 후 보호가 필요한 초등학교 저학년 아동을 중심으로 보육서비스를 제공하는데, 보육대상은 초등학교 1~3학년 아동이고, 보육내용은 학습지도, 인성교육, 특기교육 등을 할 수 있다. 운영시간 6시간 기준을 원칙으로 하되 보육서비스 제공은 4시간 사이여야 한다. 복지관, 종교시설, 공공기관 등에 설치한 부설 방과 후 전담 어린이집은 「영유아보육법」에서 정한 원장을 별도로 채용해야 한다.

⑥ 영아전담 어린이집

만2세 이하의 영아를 둔 직장 여성들이 안심하고 사회·경제적 활동을 할 수 있도록 적절한 보육환경을 조성하고자 운영하며, 만3세 미만의 영아만을 20인 이상 보육할 수 있다.

3 유아교육기관의 발전과 정책 변화

유아교육은 영유아를 대상으로 하는 일로써 유아들의 정상적인 발달을 위한 전인교육이 실시되어야 하며, 동시에 사랑으로 안전하게 보살펴야 하는 특성을 갖는다. 어떤 문제가 시급한지에 따라 보육이라는 측면이 강조되기도 하고 교육이라는 측면이 강조되기도 한다.

1) 유치원의 발달과 정책 변화

(1) 초창기 유치원인 이화유치원은 1914년 이화학당 부설기관으로 미국인 선교사 Brown Lee에 의해 설립되었다. 이 유치원은 우리나라 유아들을 대상으로 교육과 선교를 하였다. 1915년에는 우리나라 최초의 유치원교사 양성기관인 이화유치원 사범과가 개설되었다.
1916년 현 중앙대학의 모체인 중앙교회 부설 중앙유치원이 설립되었다. 점차 유치원이 전국에 보급되면서 1921년까지 전국에 47개의 유치원이 설립되었다.

(2) 1948년 대한민국 정부가 수립되면서 법령의 제정과 정책의 변화에 따라 유아교육의 발전과정 또한 변화되었다.

(3) 1981년 교육부령으로 제3차 유치원 교육과정이 개정·공포되었다. 1982년 정부의 유아교육진흥정책에 의해 유아교육기관의 양적 팽창이 이루어졌다. 유치원의 급격한 양적 팽창은 유아교육의 질적인 관리에 문제점을 초래하였고, 부모의 교육비 부담 감소 요구와 더불어 유치원의 공교육화가 대두하게 되었다. 또한 검증되지 않은 외국 유아교육 프로그램의 무분별한 유입은 유아들에게 문화적 사대주의와 정서적 결함을 경험하는 위험에 처하게 하였다.

(4) 1990년대 들어서면서 새로운 유아교육체제가 나타났다. 이는 유아교육기관의 질적인 향상과 사회적 요구를 충족시켜 주기 위함이었다. 1991년 「영유아보육법」이 제정되어 내무부에 소속되었던 새마

을 유아원은 교육부 소속의 유치원으로, 보건사회부 소속의 어린이집으로 전환되었다. 또한 1992년부터는 만3세 유아가 유치원에 입학할 수 있게 되었고, 1995년부터는 유치원에 종일반을 운영할 수 있게 되었다.

(5) 1998년 제6차 유치원 교육과정 개정이 되어 수준별 교육내용, 교육시간 운영의 다양화, 기본생활습관 및 협동적인 생활태도, 감성교육, 창의성교육, 전통문화교육 등을 강조하였다.

(6) 1999년 3월 1일부터 시행된 「유아교육진흥법」의 개정안에서는 만5세 아동의 무상교육의 근거를 마련하였으며, 2000년대에 들어서는 유아교육이 국가의 책무임을 인식하면서 저소득층, 농어촌지역 유아들부터 유아교육비가 지원되었으며, 점차 그 규모가 확대되었다.

(7) 2004년 1월에는 「유아교육법」이 제정되어 「초 · 중등교육법」에서 분리된 독립법 체계를 구비하였다. 유아들은 공교육 체제 속에서 보다 질높은 교육과 보호의 통합서비스를 받을 수 있게 되었다.

(8) 2007년에는 개정한 연도를 붙여 '2007년 개정 유치원 교육과정' 이라 명명하였다. 이 교육과정의 특징은 제6차 유치원 교육과정의 5개 생활 영역인 건강, 사회, 언어, 표현, 탐구 영역을 그대로 유지하면서, 종일제 유치원을 위한 교육시간의 탄력적 적용, 문자교육 강화, 초등학교와의 연계 강화, 창의성을 탐구 영역에 두지 않고 전 영역에서 교육하도록 체제를 개선하였다.

(9) 2011년 5월에는 공통과정으로서 「5세 누리과정」 제정은 유아교육 · 보육에 대한 국가의 책임을 강화하기 위해 5세의 유아교육과 보육내용을 통합하여 일원화한 것이다. 이후 유치원과 어린이집에 다니는 5세 유아의 학비 · 보육료 지원을 전 계층으로 확대하고, 지원 단가를 연차적으로 현실화하기 위한 정책을 마련하여 관련 법령을 정비하였다. 교육과학기술부와 보건복지부는 2011년 9월 「5세 누리과정」을 '공통과정'으로 제정하여 고시하고 2012년 3월부터 유치원과 어린이집에 다니는 5세 모든 유아에게 공통으로 시행하였다.

⑽ 2012년 7월에는 유치원과 어린이집에 다니는 3~5세 유아를 위한 교육·보육을 통합한 '공통과정'인 「3~5세 연령별 누리과정」이 고시되어, 2013년 3월부터 시행되었다. 이후 2015년 3월, 「3~5세 연령별 누리과정」은 누리과정 운영시간을 3~5시간에서 4~5시간으로 조정하여 개정·고시되었다.

⑾ 최근 교육부는 국정과제 구현과 출발선 평등 실현을 위해 2017년 12월 '유아교육 혁신방안'을 발표하였다. '유아교육 혁신방안'의 주요 내용으로 '유아가 중심이 되는 놀이 위주의 교육과정 개편'이 명시되었다. 이에 유아·놀이 중심 교육과정 개편 방향을 반영하여 2019년 7월, 「2019 개정 누리과정」이 고시되었다. 「2019 개정 누리과정」은 유치원과 어린이집에 다니는 3~5세 유아에게 공통으로 적용되는 교육과정으로 2020년 3월부터 시행된다.

⑿ 2020년 1월 13일 유치원 3법이 통과되었다. 유치원 3법이란 「유아교육법」, 「사립학교법」, 「학교급식법」을 개정하는 것으로 「유아교육법」을 개정하여 사립유치원도 국가 회계 관리 시스템 사용을 의무화하자는 것이다. 유치원 3법이 시행되면 모든 사립유치원이 국공립 유치원과 마찬가지로 국가관리회계시스템(에듀파인)을 의무적으로 도입해야 한다.

2) 어린이집의 발전과 정책 변화

⑴ 우리나라의 보육사업은 1921년 태화기독교사회복지관에서 빈곤가정의 자녀를 위한 구제사업의 일환으로 탁아 프로그램을 개발하면서 시작되었다. 이 시기에는 아동을 위탁하여 보호하고 양육한다는 의미의 탁아라는 용어가 보편적으로 사용되었고, 보육사업은 빈곤가정의 아동을 위한 구빈적 성격이 강했다.

⑵ 1961년에 「아동복리법」이 제정 공포된 이후부터 보육사업이 1982년에 제정 공포된 「유아교육진흥법」의 영향을 받기 전까지를 보육의

도약기라 부른다. 「아동복리법」에서는 탁아사업의 목적을 "보호자의 위탁을 받아 그 아동을 입소하여 보호함"에 있다고 규정하였다. 이는 탁아사업이 기능이 약화된 가정의 자녀를 대상으로 그들의 기본적 생존권 보호를 위해 제공되는 아동복지서비스라는 것을 최초로 법제화한 것이다.

(3) 1982년 1월 25일 '유아교육의 문제점과 보완대책'에 대한 대통령의 지시와 이에 따른 관계 부처 간 협의에 따라 보건사회부에서 관장했던 어린이집, 농촌진흥청에서 관장했던 농번기 유아원, 내무부에서 관장했던 새마을 유아원이 새마을 유아원으로 통합되었다.

유아교육과 보육의 진흥을 목적으로 1982년 12월 31일 「유아교육진흥법」이 제정 · 공포되었다. 이 법은 유아를 위한 유사 기관을 일원화하여 교육체제를 정비하고, 유아교육진흥을 가속화하기 위한 법적 근거로 보육을 아동 보호와 교육을 포함하는 통합적 개념으로 확대하는 계기가 되었다.

(4) 1980년 후반부터 보육 목적의 혼란과 사회구조 변화에 따른 보육수요의 급증에 대처하기 위하여, 보건사회부에서는 1989년 9월 19일 「아동복지법」을 개정하여 1982년 삭제되었던 [탁아시설의 설치 · 운영] 근거를 부활시켰으며, 1990년 1월 15일 그 세부지침으로 [탁아시설의 설치 · 운영규정]을 마련하였다. 그 후 정부는 보육사업의 일원화를 내용으로 한 법률을 의원 입법으로 추진하여 공청회, 토론회 등을 통해 의견을 수렴하여 독자적인 「영유아보육법」을 제정하였다. 정부는 「영유아보육법 시행령」(대통령령 제13444호, 1991.8.1.)과 「영유아보육법 시행규칙」(보건사회부령 제876호, 1991.8.8.)을 공포 · 시행함으로써 오늘날과 같은 보육사업의 법적 체제를 체계화하였다.

(5) 2004년 1월 「영유아보육법」이 개정되어 보육서비스의 질적 수준 향상과 다양성, 그리고 보육의 책임의 강화로 보육 사업이 더욱 발전할 수 있는 계기가 되었는데, 특히 '어린이집 평가인증제도'의 실시를 명시하였다.

(6) 2005년부터 어린이집 평가인증제도 시범운영하였고, 2006년부터 단계적으로 확대하여 모든 어린이집을 대상으로 평가인증을 실시하기로 하였다.

(7) 2005년 12월 「영유아보육법」과 「동법 시행규칙」의 일부 개정안으로 원장의 국가자격증제 도입과 어린이집운영위원회 설치 의무화로 어린이집운영의 책임성과 투명성을 강화하게 되었고, 어린이집 설치 사전답사제를 실시하여 시설 설치에 따른 민원불편을 해소하였다.

(8) 2006년 11월 「영유아보육법 시행규칙」을 개정하여 '표준보육과정'을 마련하였다. 보육의 질을 제고하기 위하여 평가인증제도와 함께 함으로써 영유아의 전인적 발달과 건전한 사회 구성원으로 성장할 수 있도록 보육환경의 질을 높였다.

(9) 2007년 「영유아보육법」을 개정하고, 2008년 보건복지부로 이관하였다. 보육의 공적 기능이 강화함에 따라 정부의 보조금이 확대되었고, 이를 투명하게 사용하지 않은 경우 보육원장의 자격정지 및 자격취소가 가능하도록 규정하였다.

보육정책의 방향을 영유아 중심 보육, 국가책임보육, 수요자 욕구에 맞는 보육서비스 제공, 보육서비스의 질적 제고, 국·공립 어린이집 확충 등으로 확정하여 국가와 어린이집, 부모 간의 신뢰 회복을 도모하고자 하였다.

(10) 유치원 발달과정과 동일한 내용으로, 즉 2012년 「3~5세 연령별 누리과정」 제정이 이루어졌고, 2020년 개정 누리과정이 시행된다.

수행하기

1. 유아교육기관의 유형과 종류를 정리하시오.

2. 2020년 초에 통과한 유치원 3법에 대해 알아보시오.

CHAPTER 03

유아교육기관 경영 및 리더십

Management for Early Childhood Education Institutions

1 운영관리의 기초

1) 철학적 기초

철학은 인간과 세계에 대한 본질을 규명하는 것으로 인간이 일관된 가치나 사상을 갖는 데 중요한 역할을 한다. 인간은 어떤 존재인지, 왜 사는지, 가장 바람직한 생활은 무엇인지, 인생의 목적은 무엇인지 등에 대한 질문을 통해 사람으로서 갖추어야 할 모습을 제시하여 생활의 의의를 가져다준다.

인간이 살아가면서 선택하게 되는 것은 그 사람이 가지고 있는 가치관이나 사상에 근거한다. 유아교육기관 운영은 사람을 대상으로 하며, 따라서 운영자의 사람에 대한 관점과 세계에 대한 관점에 따라 그 운영방향과 방법이 달라질 수 있으므로 철학은 교육의 기반이 된다고 할 수 있다.

(1) 이상주의

이상(idea)이라는 말은 "가장 완전한 모습을 본다"는 뜻의 그리스어 이다. 현실세계에서 살아가는 인간은 가장 인간다운 삶을 살아가길 원하고 완전한 선을 추구하며 살아간다. 이를 위해 교육은 완전한 인격을 형성하는 것을 목적으로 한다. 이상주의는 물질보다는 정신세계를 강조하며, 인간은 노력 여하에 따라 이상적인 완전한 인간으로 될 수 있고, 사회 또한 이상적인 완전한 사회로 만들 수 있다고 믿는다.

그러므로 교육이 해야 할 일은 어느 누구도 포기하지 않고 이상적인 인간을 만들기 위하여 꾸준히 노력해야 하는 것이다.

이상주의적 교육은 인간이 갖출 수 있는 인격 중 가장 선한 것과 국가 사회에서 추구하는 것 중 가장 정의롭고, 아름다운 제도와 미풍양속만을 골라서 교육과정에 반영한다.

(2) 진보주의

진보주의란 20세기 초 미국에서 Dewey에 의해 전개된 교육개혁운동이다. 진보주의는 전통적인 형식주의 교육에 반기를 들고 민주주의적인 교육이념에 의한 아동중심교육, 경험중심교육을 표방한다. 즉 교육은 아동의 흥미와 요구를 존중하고, 실생활에 필요한 것들을 교육내용으로 하며, 아동들은 생활에서 겪는 경험을 재구성하여 지식을 획득한다.

진보주의교육의 핵심은 **아동중심교육**이라고 볼 수 있다. 아동중심교육에서는 학습이 아동의 개인적 필요와 발달에 맞아야 한다고 본다.

유아교육기관은 경쟁을 시키는 곳이 아니라 타인을 배려하고, 공동의 목적을 위하여 함께 노력하는 협동을 지지하여야 한다. 유아들은 민주시민으로 커나갈 수 있도록 학습역시 민주적인 절차와 방식으로 해야 한다.

(3) 실존주의

실존주의는 현대의 과학문명이 초래한 비인간화 현상에 반발하여 인간의 주체성을 회복하려는 운동이다. 인간의 보편적·추상적 본질이나 본성보다는 각 개인의 참된 실존을 중요시한다. 그러므로 개인은 오직 자기 자신의 자유로운 선택과 주체적인 결단에 의해 나 자신을 만들어 간다.

조직과 규칙에 얽매이는 것을 거부하고 개성적인 자기 자신의 삶을 추구하며, 어떠한 진리라도 나에게 의미 있는 것이어야 한다. 신이나 절대자 등에 의해 미리 정해지는 것이 아니라 자신의 자유의사에 의해 그 본질을 창조해 가는 존재라는 것으로 해석할 수 있다.

실존주의 교육은 인간의 내면에 있는 감정들에 관심을 갖는다. 실존주의 교육의 특징은 첫째, **주체성 교육**이다. 둘째, **각성 교육**이다. 셋째, **선택과 책임을 강조하는 교육**이다. 인간은 자기의 본질을 찾기 위해 선택에 참여하는 것이다. 여기서 선택은 자유를 전제하며, 선택하는 것에 대하여는 책임을 전제한다.

이와 같이 실존주의에서 교육이란 개인의 자유의사에 의한 선택과 판단에 의해 자신의 생활과 운명을 결정하고 그에 대하여 책임지는 자아실현을 도모하는 것이다.

(4) 포스트모더니즘

전통적 교육철학이 인간의 본질을 이성으로 규정하는 데 반해 포스트모더니즘 교육철학은 이성 이외에 감성, 직관 등 인간의 다양한 특성을 존중함으로써 다원화된 교육적 인간상을 제시한다. 인간중심, 서구중심, 남성중심의 근대교육에서 벗어나 자연생태교육, 다문화교육, 양성평등교육 등 다원적인 교육의 변화를 추구하는 것이다.

교육의 목적이 학습자가 주어진 문제를 해결하도록 하는 데 있기보다는 스스로 문제를 발견하고, 자신의 맥락에서 그 문제를 해결해 나가는 데 초점을 둔다.

포스트모더니즘 사회는 삶의 다양성을 인정하고, 개성을 존중하기 때문에 교육내용도 다양할 필요가 있다. 미리 정해진 교육계획, 표준에 근거한 학습활동, 일방적인 평가는 의미가 없는 것이다. 즉, 주체적인 자아를 형성하기 위해 보편적 지식의 추구가 아니라 차이를 인정하고 각자의 흥미를 지적 수준에 따라 학습 선택이 이루어질 수 있도록 풍부한 학습환경을 제공해 주는 것이다.

(5) 구성주의

구성주의는 전통적인 지식관, 학습관, 평가관의 문제점을 지적하면서 제기된 새로운 교육패러다임이다. 구성주의는 지식이 객관적인 것이 아닌 주관적 사유를 통해 구성된다는 것에 기초한다.

구성주의에서 지식은 사회적 참여를 하고 있는 개인의 인지적 작용의 결과이므로 수업은 학습자의 흥미와 관심에 초점을 맞추는 것이지 교사에 의해 미리 결정되는 것을 거부한다. 교사는 수업의 전체적인 목표만 제시하고 구체적인 학습목표는 학습자가 스스로 활동을 진행해 나가면서 자신의 흥미와 관심, 수준 등을 고려해서 결정해 나가게 된다. 평가에 있어서도 과정이 끝난 후 결과를 평가하는 것이 아니고, 수업 과정 전체를 통해 과정을 평가하는 것이다. 평가를 위한 자료도 한 가지에 의존하는 것이 아니라 포트폴리오와 같은 다양한 자료를 활용한다. 구성주의는 유아들에게 자율권을 주는 동시에 책임감도 갖게 해 준다.

구성주의에서 교육은 학습자의 능동적 지식 구성활동을 조성하고, 도와주고, 촉진하는 일이지, 지식을 학습자의 머릿속에 집어넣는 일이라고 간주하지 않는다. 구성주의 패러다임에 의한 유아교육기관 운영은 학습자 중심, 상호작용 중시, 개인의 사고과정 중시, 실제 경험을 중시하는 교육이 되도록 하는 것이다.

2) 심리적 기초

발달과 학습에 대한 관점은 교육과정과 물리적 환경을 구성하는 시설설비와 교사의 교수행동을 결정하는 요인이 된다. 학습과 발달에 대한 이론은 성숙주의, 행동주의, 구성주의, 인본주의 등으로 크게 구분하여 나누어지며 기본 입장에 따라 유아교육프로그램의 모델이 개발된다.

(1) 성숙주의

성숙주의 입장의 핵심은 인간 발달에 있어서 환경적 영향을 최소로 인정하는 것이다. 인간의 발달은 환경이나 후천적인 경험에 의해 이루어지는 것이 아니라 생물학적 시간표에 따라 이루어진다는 것이다.

성숙주의에서는 발달의 가장 중요한 힘은 유아 내부로부터 나온다고 본다. 따라서 교사들은 유아들의 잘못된 행동을 직접·체계적으로 변화시켜 주는 것이 아니라 유아의 요구를 들어주고 그에 따르는 것이라고 보기 때문에 유아들의 성숙 수준을 넘어선 성취를 강요하지 말아야 한다.

성숙주의자들은 유아의 발달수준에 적합한 경험을 제공하는 것이 바람직한 교육이라고 생각한다. 성숙주의 입장에 따른 유아교육활동의 일반적 원리는 다음과 같다(이기숙, 2000).

첫째, 인간의 성장 발달에 대하여 내적인 성장 시간표를 중시하고, 교육은 보다 빨리 성장하도록 재촉하는 것이 아니라 아동이 스스로 성장할 기회를 주는 것이다.

둘째, 교사는 유아의 흥미와 발달단계에 적합한 자료를 제공한다.

셋째, 유아를 위한 가장 효과적인 집단구성은 발달수준이 같은 또래끼리 집단을 이루게 하는 것이다.

넷째, 학습준비도를 중시하는 것이다. 교사는 유아의 준비도에 따라 적절한 수준의 과제를 줌으로써 유아의 성장을 지지하는 교육적 모델을 제시한다.

(2) 정신역동이론

정신역동이론은 인간의 내면에 잠재하고 있는 욕구를 어떻게 충족시키느냐와 주변 사람들과의 사회적 관계에서 심리사회적 갈등을 어떻게 극복하느냐에 따라 인성발달을 이해하고자 하였다.

Freud는 인간의 내면적 욕구를 성과 관련지어 성적인 본능이 충족되는 방식에 따라 설명하는 심리성적 이론(psychosexual theory)을 폈고, 인성을 결정짓는 세 가지 영역으로 원초아(id), 자아(ego), 초자아(superego)를 제시하였다. 이 세 영역은 각기 고유한 기능과 특성, 기제 및 역동성을 가지며 발달단계를 거치면서 이들 영역이 조화되면서 인성이 결정된다고 보았다. 각 발달단계에서는 고유한 특성이 있으며, 각 단계에서 욕구를 어떻게 해결하느냐에 따라 인성의 특성이 만들어진다고 본다.

반면 Erikson은 인간의 발달을 사회적 관계에서 생겨나는 갈등과 이를 극복해 나가는 방식으로 설명하는 심리사회적 이론(psychosocial theory)을 발전시켜 인성발달을 설명하였으며, 인간의 발달은 다른 사람과의 사회적 관계를 통해 기대와 요구에 직면할 때 사회적 위기를 극복하는 방식에 따라 인성발달이 이루어진다고 보고, 인성발달 8단계를 제시하였다.

정신역동이론은 아동의 무의식 세계를 체계적으로 이해할 수 있는 틀을 제공하고, 아동 행동의 심리학적 근거를 이해하는 데 도움을 주었다. 이 이론은 인생의 기초가 형성되는 유아기의 중요성을 부각시켰으며, 유아교육에서 유아들의 환경을 적절히 제공해 주고, 성인의 역할을 강조하게 되었다. 정서적 문제를 보이는 유아들은 심리치료나 놀이요법을 통해서 유아들의 감정과 행동을 순화하고, 유아들의 내적 갈등을 자연스럽게 해결하는 방법으로 사용된다.

(3) 행동주의

성숙주의이론이나 정신역동이론이 발달의 내적인 힘을 강조하는 것과 달리 행동주의이론은 외부 환경에 의해 행동이 형성되어 가는 과정을 강조한다. 적절한 외적인 경험을 줌으로써 유아의 발달을 바람직한 방향으로 이끌 수 있다는 것이다. 학습은 성숙에 의해 이루어지는 것이 아니라 자극과 반응의 관계에서 이루어진다고 보며, 관찰 가능한 인간행동의 모든 면을 설명할 수 있다고 본다.

행동주의 학습관에서는 유아는 지식의 수동적 수용자가 되고, 학습은 주체자의 목적이나 심리적 필요에 기인하는 것이 아니고 생리적인 충동이나 기계적인 통제에 기인한다고 본다.

행동주의는 유아교육에서 많이 적용되고 있다. 교사들은 유아들이 바람직한 행동을 보일 때 칭찬과 보상을 주어 다음에 그런 행동이 다시 일어나도록 하며, 바람직하지 못한 행동을 할 때는 적당한 벌을 주어 그 행동을 다시 반복하지 않도록 한다.

행동주의 관점에 기초한 프로그램이 갖는 특징은 다음과 같다(이기숙, 2000).

첫째, 학습의 목표는 매우 구체적이며, 교사에 의해 설정된다.

둘째, 학습내용은 단순화, 위계화, 순서화되어야 한다.

셋째, 교사는 매우 적극적으로 유아에게 행동을 지시한다.

넷째, 유아의 행동은 적절한 강화를 통하여 형성된다.

(4) 인지이론

인지이론은 아동의 사고과정과 지적 구조의 특성을 이해하기 위하여 아동이 어떻게 환경을 인식하고 이를 자신의 사고체계 안에서 지식으로 구축시켜 가는지에 관심을 갖는다(이기숙 외, 2000). 대표적인 인지이론은 Piaget의 인지발달이론, Vygotsky의 사회문화이론, Gardner의 다중지능이론, 정보처리이론 등이 있다.

① Piaget의 인지발달이론(Cognitive-developmental theory)

Piaget는 아동들이 자신의 세계를 탐색하고 조작함으로써 능동적으로 적응해 간다고 보았다. 그는 발달이란 내적인 성숙이나 외적인 교육 어느 하나에 의해서 이루어지는 것이 아니라 아동이 주변 환경과 끊임없이 상호작용하는 가운데 적응하고 이 적응이 인지발달을 이룬다고 보았다.

Piaget의 인지발달이론은 인지구조의 질적인 변화과정으로 4단계로 나누어 설명하였다. 발달단계는 일정한 순서가 있으며, 개인에 따라 발달속도는 차이가 날 수 있다고 보았다.

Piaget의 인지발달이론은 유아교육에서 유아들의 인지발달을 강조하는 계기가 되었고, 이를 위해서 교사들은 유아들이 인지적 갈등을 일으키도록 하고, 유아들이 스스로 탐색과 환경과 적극적인 상호작용 과정에서 인지적 갈등을 해결하도록 한다. 유아들의 발달은 일련의 단계를 순차적으로 거치며 진행의 발달속도에 있어서 각 유아들은 차이가 있으므로 교사들은 같은 연령이라도 각 유아를 파악하여 이에 맞는 과제를 부여하는 것이 좋다.

② Vygotsky의 사회문화이론(Sociocultural theory)

Vygotsky는 한 문화가 어떻게 다음 세대에게 전달되는지에 관심을 두었다. 인간의 사고와 행동은 그가 처한 사회문화적 상황에 의해서 결정된다고 본다. 유아들은 자신보다 유능한 성인과 또래들과의 상호작용을 통해 발달한다. 사회적 상호작용에서 발달을 설명하는 주요한 개념은 근접발달지대(the zone of proximal development, ZPD), 비계설정(scaffolding), 언어(language) 등이 있다.

유아가 발달하는 데 있어서 사회문화적 요소들이 중요한 역할을 하므로 유아가 속한 사회환경, 부모의 양육태도, 성인과 유아 간의 상호작용 질을 어떻게 적절히 하느냐가 주요한 이슈가 된다. 유아의 발달을 이끌기 위해 근접발달지대를 정확히 이해할 필요가 있다. 그러기 위해서 교사는 적합한 평가기술로 현재의 발달수준과 잠재적 발달수준을 알아야 한다.

③ Gardner의 다중지능이론(Multi-intelligence theory)

다중지능이론은 지능을 하나의 통합된 지적 능력으로 보는 전통적인 관점에서 벗어나 지능의 다양성을 인정하고, 인간의 지적 활동을 9개의 분야로 나누었다.

Gardner가 제시한 9가지 지능은 첫째, 언어적 지능(linguistic intelligence), 둘째, 논리-수학적 지능(logical-mathematical intelligence), 셋째, 음악지능(musical intelligence), 넷째, 공간지능(spatial intelligence), 다섯째, 신체-운동지능(bodily-kinesthetic intelligence), 여섯째, 개인이해지능(intrapersonal intelligence), 일곱째, 대인관계지능(interpersonal intelligence)이 있다. 여덟째, 자연탐구지능(naturalist intelligence), 마지막으로 실존지능(existentialist intelligence) 등이 있다(홍길회 외, 2019).

인간이 어떤 활동을 할 때는 9가지 지능을 연합하여 발휘된다고 보아야 한다. 지능에 대한 다양성을 인정한다면 교육에 있어서도 종래의 획일적 방법에서 벗어나 유아 개인의 잠재력 또는 소질을 잘 파악하여 개인차를 존중하는 교육이 이루어져야 한다. 단지 종래의 지능검사인 IQ가 낮다고 하여 모든 분야에서 수행이 낮은 것이 아니라 강점이 있는 분야가 있는지 찾아보아야 하고, 강점을 더욱 유지·발전시켜 주고, 부족한 분야를 보완해 줄 수 있는 교육계획을 세워야 한다.

(5) 인본주의

20세기에 들어와서 인간의 소외 현상이 나타나고, 학교교육은 지식일변도의 빡빡한 학습 일정, 과도한 경쟁으로 인한 우정의 부재 등 교육의 비인간화가 심화되었다. 인본주의 교육이란 휴머니즘에 입각한 비인간화를 극복하고, 인격을 존중하는 교육을 말한다. 인본주의 교육은 소홀히 했던 인간의 자유, 희망, 가능성, 존엄성을 되찾고, 인간이 스스로 자신의 환경을 개조할 수 있는 주체로 성장하도록 돕는 것이다.

Alport, Rogers, Combs가 주장하는 인본주의 심리학은 인간 연구에 있어서 행동주의와 정신분석학과는 다르게 인간은 목표를 세우고 스스로 노력하는 존재이고, 성장과 자기실현을 위한 역량이 있다고 믿는다.

인본주의 교육의 원리는 다음과 같다.

첫째, 인본주의자들은 유아들을 신뢰하고 그들이 스스로 성장하도록 돕는다. 이러한 관점은 유아들에게 자유로운 선택을 하도록 기회를 주고, 유아들은 자신들을 위해 바람직한 선택을 한다고 믿는다. 최선의 학습이 일어나도록 하려면 유아들에게 안전하고 편안한 환경에서 자유롭게 놀고,

탐색할 수 있도록 해 주면 된다.

둘째, 교육의 효과를 극대화시키기 위해서는 학습자중심 교육이 이루어져야 한다. 유아들은 따뜻하고 긍정적이며, 수용적인 분위기를 만들어 주면 스스로 자신의 행동을 통제하는 방법을 학습한다고 본다.

셋째, 유아들에게 긍정적인 자아개념을 갖도록 도와주는 것이 교육이 할 일이다. 유아가 건전하게 성장하려면 무엇보다도 자신을 긍정적으로 생각하고, 할 수 있다는 믿음을 가져야 한다.

2 경영이론 및 동기이론

1) 교육행정 및 교육경영이론

경영은 주로 영리기업이 주된 연구대상이지만 최근에는 행정·교육·종교 등과 같이 모든 관리대상 조직체도 연구대상으로 삼고 있다.

(1) 과학적 관리론

미국에서 산업이 발전하고 인구의 도시 집중화 등 사회가 복잡해짐에 따라 산업현장에서는 능률적인 관리가 필요해졌다. 다음 네 가지 관리의 원칙은 작업자의 생산성을 극대화시켜 조직의 효율성을 높이고자 한 것이다.

① 철저한 관찰과 분석을 통한 과학적인 직무분석
② 분석된 직무에 적절한 인사를 선발하여 훈련시키고 개발하기
③ 관리자와 작업자 상호 협동을 통한 업무수행
④ 업무의 분업 원칙에 따른 관리자와 작업자의 분리된 업무수행과 기능별 감독

과학적 관리론은 가능한 한 최선의 방법으로 작업공정을 체계화하는 데 영향을 주었으나 인간의 개성, 잠재력, 동기, 정서, 심리 요인, 인간 상호 간의 상호작용 요인 등을 무시하고, 인간을 기계처럼 능률만 강조함으로써 비판을 받았다.

(2) 인간관계론

1930년대 미국 사회의 분위기는 민주주의를 열망하고 있었다. 이러한 사회의 분위기에 따라 인간관, 조직관 등이 변하기 시작했다. 인력으로 하던 작업이 기계로 대치되고, 모든 작업은 표준화, 분업화, 전문화가 확산되었고 노동자 간 상호 의존이 중요해졌다(한공우, 2000). 과학적 관리론이 인간적 요소를 경시한 데서 오는 여러 가지 모순이 나타나게 됨에 따라 인간을 중시하는 관리방법인 인간관계론이 필요하게 되었다.

인간관계론 입장에서 관리자는 교직원의 사기와 인화를 촉진시켜 주는 촉진자이며, 교육행정은 봉사의 개념이며, 의사결정은 구성원의 참여로 이루어져야 한다. 이와 같이 인간관계론은 교육행정에 있어서 민주화에 공헌하게 되었다.

(3) 행동과학론

행동과학론자들은 조직 구성원의 기계적 측면만을 강조한 과학적 관리론과 인간적 측면만을 강조한 인간관계론의 한계를 극복하고 이 두 이론 간의 균형을 찾아 조직과 구성원 모두에게 조직의 목적을 달성하는 데 합리적인 방향을 모색하고자 노력하였다.

행동과학론자들은 인간을 단순히 기계적 또는 합리적 존재로만 보던 이전의 인간과는 달리 조직과 구성원 간의 긴장과 갈등을 효율적으로 관리하고, 인간의 성장과 자기실현에 대한 기대와 함께 종래 강제력에 의해 뒷받침되던 권력을 합의와 협력관계로 조정하였다(한공우, 2000).

2) 동기이론

인간이 어떤 목적을 이루기 위한 행동은 동기에 근원한다. 동기는 인간이 어떤 목표를 향해 행동을 일으키고 방향을 잡고 계속 유지하는 원동력, 즉 행동을 유발하거나 방향을 결정짓는 심리적 과정이다.

유아교육기관에 근무하는 교직원은 기관이 제대로 기능하기 위하여 목표를 설정하고 그 목표를 이루기 위한 행동을 하게 된다. 교직원이 동기화되지 않는다면 조직의 목표를 달성하기 어려울 뿐만 아니라 개인의 목표를 달성하는 데에도 어려움이 있을 것이다.

조직이 제 기능을 발휘하기 위해서는 첫째 유능한 인적 자원이 조직 구성원으로 들어오도록 유도해야 할 뿐만 아니라 조직에 들어온 후에는 타 조직으로 가지 않아야 하며, 둘째 조직 구성원은 조직에서 요구하는 과업을 조직에서 정한 바에 따라 수행해야 되고, 셋째 조직 구성원은 나름대로 창조적이고 자발적이며 헌식적인 행동을 보여야 한다.

교직원이 어떻게 동기화되며, 지속되는지 알고 대응한다면 조직의 관리가 잘 되어 유아교육기관이 목적을 효과적으로 달성할 수 있을 것이다.

(1) Maslow의 욕구계층이론

Maslow는 인간은 무엇인가를 필요로 하는 결핍의 존재이고, 충족되지 못한 어떤 욕구를 충족시키기 위하여 동기가 유발된다고 보고, 인간의 동기를 일으키는 욕구를 다섯 가지로 분류하였다.

① 생리적인 욕구: 생명 유지를 위한 가장 기초적인 의식주에 관한 것 외에 성적 욕구까지 포함된다.

② 안전욕구: 공격, 질병, 추위, 더위 등과 같은 위협 요인으로부터 피하려는 욕구

③ 애정 욕구: 친구, 배우자, 자녀, 부모, 집단구성원 등에 대한 사회적 관계 욕구이며, 이 욕구는 상대방과 우정, 애정, 사랑, 귀속 등을 주

고받는 특성이 있다. 이때 애정이란 결연 및 일반적인 소속을 포괄하는 광범위한 의미이다.

④ 존경 욕구: 타인으로부터 인정과 존경을 포함한다. 존경 욕구가 충족되면 자신감과 자신이 어떤 일에 적합하다는 생각을 갖고, 욕구가 충족되지 못하면 열등감을 갖게 된다.

⑤ 자아실현 욕구: 개인이 가지고 있는 잠재능력을 실현하려는 욕구이다.

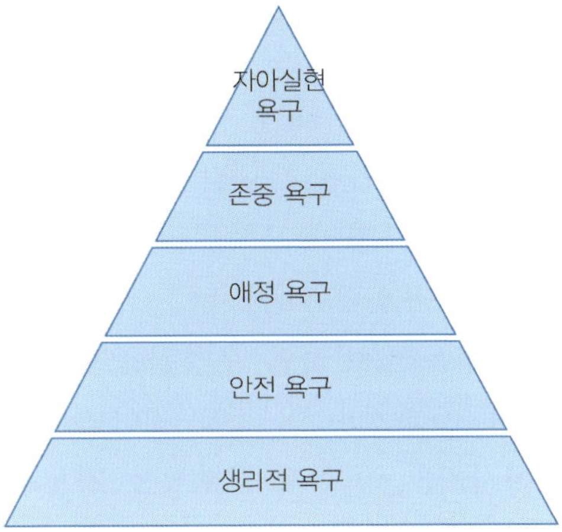

[그림 3-1] Maslow의 욕구계층

이러한 욕구들은 몇 가지 가정하에 작동된다. 첫째, 인간은 그가 원하는 한 가지 욕구를 충족하게 되면 새로운 욕구를 갈망하게 된다. 둘째, 이미 충족된 욕구는 행동을 유발하는 동기의 요인이 되지 못하고 충족되지 못한 욕구만이 동기가 된다. 셋째, 하위 단계의 욕구가 충족되면 곧 상위 단계의 욕구가 나타난다.

이 이론은 유아교육기관에서 교직원 관리의 의사결정에서 지침을 제공해 준다. 생산성 향상, 이직 및 결근의 문제를 해결하는 원리를 제공하고, 직위에 따라 달리 욕구 계층에 의해 동기화되므로 그에 맞는 관리가 필요하다.

(2) 미성숙 · 성숙이론

관료제의 경직되고 비인간적인 특성은 피고용자가 잠재능력을 최대한으로 발휘하는 것을 방해한다고 보았다. 즉 구성원은 조직과 행정가의 명령에 수동적이고 의존적이며, 복종적이도록 장려되고, 성숙된 성인으로보다는 미성숙된 인간으로 행동하도록 기대되고 있다고 본다.

따라서 조직 구성원의 나태함은 개인보다는 조직 운영방법에 그 원인이 있다고 할 수 있다.

어떤 조직에서 구성원을 미숙한 상태로 묶어 놓으려 하는 반면, 어떤 조직에서는 구성원이 계속 성장하도록 조장한다. 구성원은 미성숙한 인간으로 취급받게 되면 공격적이거나 냉담한 반응을 나타내 조직의 생산성을 저하시킨다. 조직의 지도자가 구성원을 어떻게 대하느냐에 따라 조직의 생산성을 좌우한다(윤정일 외, 1994).

유아교육기관의 생산성을 높이려면 구성원을 성숙한 인간으로 인정하고 개인의 정서적 요인, 사회적 요인 등을 헤아리는 교직원 관리와 의사결정에 교직원을 참여시키고, 민주적 지도성을 적용해야 한다.

(3) X-Y이론과 Z이론

이 이론은 인간의 본질에 대해 두 가지 관점을 설정하였다. 하나는 전통적 경영이론에 바탕을 둔 X이론이며, 다른 하나는 경영에 대한 새로운 접근에 근거를 둔 Y이론이다. X이론은 인간의 본성에 대하여 태만하고, 가능한 한 일을 적게 하려고 하며 책임지기를 싫어하며, 지시받기를 원하며, 문제해결에 필요한 창의력이 부족하다. 반면 Y이론은 근로자에 대하여 다음과 같은 긍정적인 가정을 한다. 이 두 가지 접근은 경영자가 구성원에게 동기를 부여하기 위한 전략을 선택하는 데 있어서 중요한 역할을 할 수 있다.

한편 Ouchi는 미국과 일본의 생산성이 높은 기업이 어떤 공통점이 있는가를 검토하여 이들 기업의 성공 경영을 설명하기 위하여 Z이론을 개발하였다. Z이론은 전체 조직의 문화에 관심을 두고 있으며, 기업의 성공은 친밀성, 신뢰, 협동, 팀워크, 평등주의 등의 공유된 가치관에 의하여 특징지어진 기업문화에 기인된 것으로 보았다(한공우, 2000).

유아교육기관의 교직원들은 유아들의 바람직한 성장에 관한 업무를 하므로 물건을 생산하는 공장의 근로자와는 다른 차원을 가지고 있다. 또한 유아교육기관은 이익을 증대하거나, 생산성을 극대화시키는 목적을 가진 기업과는 차별적인 목적을 가지고 있다. 따라서 인사관리에 있어서 자율성과 창의성, 친밀성을 바탕으로 해야 기관의 목적 성취에 도움이 될 것이다.

(4) 동기-위생이론

동기-위생이론은 인간 내부에 있는 욕구에너지보다 과업에 긍정적 혹은 부정적 태도를 유발시키는 요인들을 탐색하기 위하여 과업환경에 초점을 두었다. 만족감을 주는 요인을 **동기요인**이라 하고 불만족감을 갖게 하는 요인을 **위생요인**이라고 하였다. 동기-위생이론에서는 직무만족의 반대는 직무불만족이 아니라 직무만족의 부재를 의미하고, 직무불만족의 반대도 직무만족이 아니라 직무불만족의 부재다. 성취감, 인정, 책임감, 승진, 성장 가능성, 과업 자체 등 동기요인이 나타날 때 과업 성취에 긍정적으로 영향을 미칠 수 있다. 동기-위생요인은 과업수행이나 환경에 관련된 것으로서 정책, 행정, 감독, 보수, 상사와의 관계, 작업조건, 동료와의 관계 등이 있다. 위생요인이 충족되지 못하면 불만족을 유발한다. 위생요인을 충족시키면 불만족을 제거할 수 있지만 직무만족을 야기하지는 못한다.

3 의사소통과 리더십

1) 의사소통

(1) 의사소통의 개념과 종류

인간이 사회를 구성하여 서로 관계를 맺고 영향을 미치기 위해서 필수적인 것이 의사소통(communication)이다. 의사소통의 어원은 라틴어 communicare로 '나누다', '공유'라는 의미가 있으며, 사람들 간의 감정, 느낌, 사실, 신념, 태도 등을 전달하여 대화를 통해 서로를 이해하고, 영향을 주는 모든 수단이다.

대인 간에 의사소통하는 방식은 대화 주체자의 성향과 지식 정도에 따라 일방적/쌍방적, 민주적/권위적, 개방적/폐쇄적으로 나타날 수 있다.

순기능적 의사소통은 대인간의 감정표현과 의사교환이 솔직하고 자연스러우며, 의사소통을 통한 서로의 이해와 만족의 정도가 높은 것을 의미한다.

반면 **역기능적 의사소통**은 의사소통을 회피하고, 상대방에 대하여 신뢰를 갖지 않아 다른 사람이 말하는 것을 부정하거나 상대방의 의사를 무시하기도 하는 의사소통을 말한다.

역기능적 의사소통은 다시 의도에 따라 회유적 · 비난적 · 평가적 · 혼란적 의사소통으로 분류되는데 그 특징은 다음과 같다.

① 회유적 의사소통(Placating)

회유적 의사소통은 말하는 사람이 자기감정을 무시하며, 상대방에게 나의 권한을 넘겨주고 누구에게나 수긍하는 말을 하며 자기의 의사는 중요하지 않다고 메시지를 보낸다.

이런 종류의 의사소통을 하는 사람의 특징은 다른 사람의 기분 존중, 눈치 봄, 자기희생, 반대 의견 하지 않음, 무조건 참음, 화내는 것을 두려

워함, 지나친 겸손, 지나치게 남을 의식, 모든 것은 내 탓이라 하고, 자기 주장대로 결정하지 못하는 성향을 나타낸다.

② 비난적 의사소통(Blaming)

비난적 의사소통은 회유적 의사소통과는 반대 방식으로서 이러한 의사소통을 하는 사람은 독재적이며, 높은 사람처럼 행동하고, 다른 사람의 결점을 지적한다.

비난적 의사소통을 하는 사람의 특징은 자기주장이 강하고 독선적이며 명령적이고 지시적이고, 다른 사람의 충성과 복종을 요구한다. 또한 다른 사람을 무시하고 참을성이 없으며, 잘못되면 남의 탓으로 돌리고, 사과를 잘하지 못한다.

③ 평가적 의사소통(Computing)

평가적 의사소통은 자신과 상대방을 과소평가하는 방식으로서 지나치게 합리적인 상황만을 중요시하며 자료와 논리를 중요시한다.

이러한 의사소통을 하는 사람의 특징은 인정이 없고 객관적이며, 융통성이 없어 비사교적이고 매사에 완벽하려고 한다. 또한 불평불만이 많고, 이유를 잘 따지고, 강한 자존심으로 잘난 척을 하며 남의 장점을 인정하지 않는다.

④ 혼란적 의사소통(Distracting)

혼란적 의사소통은 평가적 의사소통과 반대의 방식으로서 어떤 주제에 주의 집중을 못하며, 상대방의 질문을 무시하거나 질문의 요점과는 거리가 먼 이야기를 한다.

이러한 사람의 특징은 상황에 맞지 않는 말을 하고 일관성이 없으며, 정확한 답을 회피하고, 솔직하지 못하다. 말할 때는 딴전을 피우고, 화제를 자주 바꾸고, 말에는 요점이 없고, 생각이 자주 바뀐다.

(2) 의사소통의 요소

대인관계가 발전적으로 이루어지기 위해서는 효과적인 의사소통을 해야 하며, 이때 효과적인 의사소통을 하기 위해서는 다음과 같은 요소가 충족되어야 한다.

① 쌍방적 의사소통: 의사소통은 두 인격체가 만나 서로 메시지를 교환하여 이해를 하고 영향을 주고받는 것이기 때문에 일방적으로 높은 위치에 있는 사람이 자기 의사만 전달하는 일방적 의사소통이 되어서는 의사소통의 목적을 이루기 어렵다. 쌍방적 의사소통이 되기 위해서는 무엇보다도 민주적인 관계와 자유로운 대화분위기가 조성되어야 한다.

② 경청: 의사소통에서는 말하는 것보다 듣는 것이 더 중요하다. 상대방의 이야기를 듣지 않으면 메시지의 의미를 이해하지 못할 뿐만 아니라 상대방으로 하여금 대화의 의욕을 잃게 만든다. 정확히 듣고 그에 대한 이해를 바탕으로 피드백을 줄 때 의사소통은 효과적으로 이루어진다.

③ 분명한 메시지: 말하는 사람은 자기가 의도한 내용을 상대방에게 정확히 전달해야 상대방이 왜곡 없이 받아들일 수 있다. 두 사람 간에 전달되는 메시지는 물건이 이동하는 것처럼 정량적으로 될 수 없는 것이므로 항상 말하는 사람과 듣는 사람 간의 격차는 있기 마련이다. 이러한 점을 고려한다면 말하는 사람의 의도가 정확히 듣는 사람에게 전달된다는 것은 참으로 어려운 일이다.

④ 진실성: 상대방을 정확하게 이해하기 위해서는 그 사람의 말에 내포되어 있는 메시지의 진실성에 달려 있다. 설령 내용이 참이라 하더라도 말하는 태도에 진실성이 결여되어 있다면 내용도 믿기 어려울 것이다.

⑤ 공감: 상대방의 감정, 의견, 주장 따위에 대하여 자기도 그렇다고 느낄 때 두 사람 간의 정서적인 거리는 가까워지며 내용의 전달은 충

실해지고, 인간적인 감화로 서로에게 영향을 줄 수 있다.

⑥ 존중: 두 사람 간에 대화가 지속되기 위해서는 서로 인간적인 신뢰가 바탕이 되어야 한다. 상대방을 존중하는 가운데 신뢰가 만들어질 수 있다. 상대방이 어려운 문제를 이야기하거나 감추고 싶은 내용을 이야기하더라도 그대로 존중해 준다면 말하는 사람은 듣는 사람을 신뢰하고 모든 것을 이야기할 수 있게 된다.

⑦ 피드백: 상대방이 말하는 내용에 대하여 듣고 아무 반응이 없다면 말하는 사람은 더 이상 말하고 싶지 않을 것이다. 듣는 사람은 들은 내용에 대하여 수긍이건 부정이건 어떤 반응을 보여주어야 말하는 사람이 그에 따라 대응하는 이야기를 할 것이다.

2) 리더십의 개념 및 변화

리더십은 조직의 성패와 존속, 발전, 활성화에 있어서 지대한 영향을 미친다. 유아교육기관은 조직의 규모 면에서 작기 때문에 원장과 교사의 지도성은 기관의 발전에 절대적인 변수로 작용한다고 볼 수 있다. 유아교육기관의 지도자는 지도자로서 특성을 가지고 의사를 결정하고 조직원에게 동기를 부여하여 행동을 유도하며, 조직원 간의 업무를 조정하는 역할을 한다.

지도성이란 조직의 목표달성과 조직을 발전, 유지하기 위해 조직 내외의 문제 상황을 분석하여 조직원들로 하여금 자발적으로 조직에 공헌하도록 영향력을 행사하는 행동이라고 정의할 수 있다.

(1) 전통적 리더십이론

전통적 리더십이론으로는 특성적 접근, 행동적 접근, 상황적 접근이 있다.

① 특성적 접근

특성적 접근의 특징은 지도자는 고유의 개인적 특성을 가지고 있으며,

처한 상황이나 환경에 관계없이 지도자가 될 수 있다는 것이다. 리더로서 특성을 가진 자가 리더가 될 수 있다는 것이다. 리더로서의 특성은 능력, 사물을 꿰뚫어 보는 직관, 통찰력, 설득력과 같은 것을 말하며, 지도자는 후천적으로 만들어지기보다는 선천적으로 태어나는 것이라고 본다.

② 행동적 접근

행동적 접근은 특성적 접근을 비판하면서 지도자가 무엇을 어떻게 행동하는가, 즉 지도성의 유효성은 지도자의 행동에 따라 달라진다고 보며 지도성은 개발될 수 있다고 본다. 지도자의 행동적 측면을 근거로 다음 세 가지 유형으로 나뉜다.

권위형 지도성을 가진 지도자는 독자적으로 의사를 결정하고, 일방적으로 지시하며, 복종을 가요하며, 주관적 기준에 의하여 평가한다. 이와 같은 지도성 유형하에서 구성원의 반응은 지도자에게 반감을 표시하고, 업무량은 많으나 질이 낮고, 의견교환이 제한되며, 구성원 간에 적개심과 공격성이 생기고, 내적 불만이 발생하여 공동체 의식이 결여되고, 의존적인 반응을 보인다.

민주형 지도성을 가진 지도자는 합의에 의하여 의사결정을 하고, 결정된 과업을 수행할 때 구성원들이 자발적으로 할 수 있도록 동기화시키며, 결과에 대한 평가를 객관적 기준에 따라 한다. 이와 같은 지도성하에 있는 구성원은 지도자를 존경하고, 작업량뿐만 아니라 질이 우수하고, 의견교환이 활발하며, 구성원 간의 관계가 원만하고, 성심껏 과업수행을 하고, 공동체 의식이 강하고, 자발적으로 행동한다.

자유방임형 지도성을 가진 지도자는 구성원들의 자유행동을 극단적으로 허용하고 과업배당이나 활동에 대하여 간섭하지 않는다. 이와 같은 지도성하에 있는 구성원은 지도자를 타인시하며, 생산성이 낮고, 의견교환이 없고, 독자적 행동을 하고, 공동체 의식이 없고, 구성원 개성을 앞세워 조직이 흩어지기 쉽다.

또한 Halpin(1967)은 지도성의 요인을 크게 과업과 인화로 나누었다. 과업중심은 조리자의 과업수행 행동을 평가한 것이고, 인화중심 요인은 관리자와 조직 구성원들과의 관계에서 우호적인 상호 신뢰와 존중을 바탕으로 집단 유지를 하는 개인의 인성적 측면을 강조하는 것이다. 그는 과업과 인화의 성취 정도에 따라 효율형, 비효율형, 과업형, 인화형의 네 가지 유형으로 나누었다. 효율성 유형은 과업도 잘 성취되고, 인화관계도 잘 이루어지는 지도성이고, 인화형은 인간관계는 잘 이루어지나 과업이 잘 성취되지 않는 지도성이다. 과업중심형은 과업은 잘 성취되나 인화는 잘 이루어지지 않는 지도성이고, 비효율적 지도성은 과업도 성취되지 않고, 인화도 잘 이루어지지 않는 지도성이다.

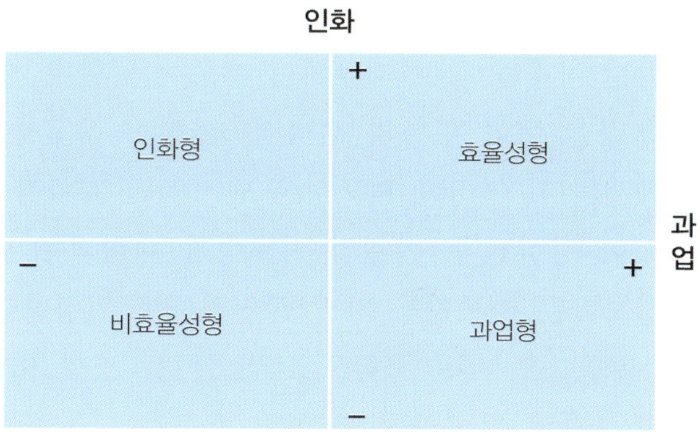

[그림 3-2] Halpin의 지도성 유형분류

③ 상황적 접근

상황적 접근은 지도성에 상황적 변수를 도입함으로써 어떠한 상황적 조건에서 어떠한 지도성 유형이 효율적일 것인가에 관심을 두었다. 효과적인 지도성은 지도자의 개인적 특성, 지도자의 행위, 지도성 상황 요인 등이 상호작용함으로써 결정된다고 보는 입장이다. 즉, 지도성의 효과성은 상황에 따라 달라진다.

(2) 최근의 리더십이론

최근에 와서 조직 특성이 다양해지고, 지도자의 역할이 복잡해지면서 전통적 지도성 이론으로는 설명하기 어려운 부분이 많아졌다. 최근에 연구된 지도성 이론으로는 변화지향적·문화적·도덕적 지도성 등이 있다.

① 변혁적 리더십과 교환적 리더십

Burns(1978)는 현대 조직에 적용할 수 있는 지도성 모형으로 교환적 지도성과 변혁적 지도성을 제시하였다. **교환적 지도성**은 가치 있는 것의 교환을 목적으로 타인과의 계약과정에서 주도성을 추구한다. 거래적 지도성은 부하들이 지도자가 요구하는 업무를 수행해 주고 그 대가로 지도자로부터 보상을 받는 거래를 하는 계약의 관계로 성립한다. 이때 지도자는 외재적 동기에 초점을 두고 부하의 심리적·물질적 욕구를 충족시켜 줌으로써 조직을 통제한다. 이러한 지도성은 단기적인 효과가 있으며, 대가가 없으면 지도성이 상실된다. 거래적 지도성과 대비되는 **변혁적 지도성**은 교환적 지도성보다는 추종자를 자발적 인격체로 인정한다. 즉, 추종자를 단순히 하위 욕구만을 가진 사람으로 취급하는 것이 아니라 상위 수준의 욕구를 충족시키는 것까지 배려한다. 지도자는 부하들의 잠재력을 일깨워 발전하도록 지도한다.

② 문화적 리더십

문화는 집단에게 무엇이 가치 있는 것이고, 구성원들이 어떻게 생각해야 하고, 행동해야 하는가에 영향을 준다. 문화를 이루는 요소에는 조직의 관습, 역사, 전통, 습관, 규범, 기대, 공통의 의미, 공유된 가정 등이 있다. 조직의 문화가 구성원에게 잘 수용될수록 조직이 추구하는 목표를 향하여 조직원이 협동하여 나아갈 수 있다.

학교 조직은 문화적 의미에서 확고하게 결합되어 있기 때문에 교사와 학생들은 관료제적 규칙, 관리지침보다 집단의 관습, 신념의 유형, 가치,

사회화 과정에 의해 더 잘 움직여진다(조성일 · 안세근, 2003). **문화적 지도성**은 인간의 의미추구 욕구를 만족시킴으로써 그 구성원을 조직의 주인으로 만들고, 조직의 통합을 가능하게 한다. 문화적 지도자의 활동은 학교의 목표와 소명을 제시하고 새로운 성원을 그 문화에 적응하도록 사회화 한다.

③ 카리스마적 리더십

카리스마는 대중을 심복시켜 따르게 하는 능력 또는 자질이라는 의미를 갖는다. 카리스마적 리더십은 리더가 남들이 갖지 않은 천부적인 특성을 갖고 있다고 추종자들이 느끼게 될 때 리더는 카리스마적 리더십을 발휘할 수 있게 된다. 카리스마적 리더는 그렇지 않은 리더보다 많은 지배욕구 및 영향욕구, 강한 자신감, 자기 신념의 도덕적 정당성에 대한 강한 확신 등을 지녔다고 본다(House, 1977). 또한 추종자들에게 자기 신념에 기초한 목표를 제시하고 성공에 대한 확신을 부여함은 물론 추종자들에게 상위 수준의 욕구를 자극시켜 목표달성 향상에 강한 동기를 일으킨다. 추종자들은 리더가 제시한 비전에 대하여 동일시하며, 리더의 권위에 맹목적으로 순종하고 강한 충성심을 보인다.

④ 도덕적 리더십

도덕적 지도성은 지도자의 도덕성과 추종자들의 자율성이란 이원적 구조를 통해 조직을 도덕적인 조직으로 만드는 것을 목적으로 하는 지도성을 말하는데, 지도자는 학교의 운영에 적합한 신념, 가치관, 태도를 스스로 내면화하고 학교 구성원과의 진실하고 일체적인 교감 속에서 구성원의 바람직한 신념, 가치관, 태도를 형성하도록 이끈다(허병기, 1998). 도덕적 지도성이 성립되기 위해서 지도자는 도덕적 측면인 청렴성, 사명감, 공정성, 책임감을 가져야 하고, 품성적 측면에서 권한부여, 비전 제시가 있어야 하며, 지도자로서 능력 측면에서 공동체 규범의 확립, 전문 직업적 이상, 내재적 만족, 동료의식 등을 형성할 수 있어야 한다.

수행하기

1. 유아교육기관 경영에 있어 철학적 · 심리적 기초를 정리하시오.

2. 의사소통의 종류와 요소를 설명하시오.

PART II

유아교육기관 영역별 운영관리

CHAPTER 04 설립과 원아모집 및 학급관리
CHAPTER 05 유아교육기관 교육환경관리
CHAPTER 06 유아교육기관 인적자원관리
CHAPTER 07 유아교육기관 재정관리
CHAPTER 08 유아교육기관 사무관리

CHAPTER

04 설립과 원아모집 및 학급관리

Management for Early Childhood Education Institutions

1 유치원의 설립

유치원은 「유아교육법」에서 규정하고 있는 만3세에서 초등학교 취학 전까지 유아들이 다니는 학교를 말한다. 유치원의 구분은 국가가 설립·경영하는 국립유치원과 지방자치단체가 설립·경영하는 공립 유치원, 그리고 법인 또는 개인이 설립·경영하는 사립유치원으로 구분하고 있다.

유치원을 설립하고자 할 때는 「유아교육법」 제8조 규정에 의하여 시설 설비 등 대통령령이 정하는 설립 기준을 갖추어야 한다. 사립유치원을 설립하고자 할 때는 교육감의 인가를 받아야 하고, 유치원을 폐쇄하거나 중요한 사항을 변경하고자 하는 경우에도 역시 교육감의 인가를 받아야 한다.

1) 설립인가 절차

유치원의 설립인가는 설립계획 승인과 설립인가 신청으로 구분된다. 설립인가의 근거법령은 「유아교육법」 제8조, 「시행령」, 고등학교 이하 각급 학교 설립·운영규정 및 「시행령」에 의한다.

유치원을 설립하고자 하는 자는 설립인가 신청 전에 유치원 설립계획서를 제출(매년 3월 31일까지)하고 이를 승인받아야 한다. 단, 시설·설비 기준을 확보한 경우는 설립계획서를 제출하지 않고 설립인가 신청을 바로 할 수 있다.

유치원을 설립하고자 하는 자는 인가를 받기 전에 표 4-1의 사항들을 체크하여야 한다.

[표 4-1] 유치원 설립인가 전 확인 사항

확인해 보세요		체크(v)
기본사항	설립 · 경영자의 자격 [법인(法人) 또는 사인(私人)]을 갖추었나요?	
	교사 및 교지는 당해 유치원을 설립 · 경영하는 자의 소유인가요?	
	교육환경평가서 승인을 받았나요?	
	유자격 교원 확보 계획이 있나요?	
	유치원에 적합한 명칭을 선정나요?	
	개원 시기는 적절한가요?	
	학급 수 및 학급당 정원은 적정한가요?	
교사(校舍) 조건	교사(校舍)가 조도, 소음, 온도, 습도 등 교수 · 학습에 적합한 환경인가요?	
	내부 환경은 환경위생 및 식품위생 유지 · 관리에 관한 기준에 적합한가요?	
	교사(校舍) 면적을 유치원 정원 기준으로 산출하였나요?	
	교사(校舍) 층수가 유아의 안전을 고려하여 결정되었나요?	
	실별 기준을 모두 확보하였나요?	
체육장 · 교지 조건	교사(校舍) 면적을 제외하고 유아수별 체육장 기준 면적을 확보했나요?	
	교지(校地)는 안전 · 방음 · 환기 · 채광 · 소방 · 배수 · 학생의 통학에 지장이 없는 곳에 위치하나요?	
교재 · 교구 기타설비	각 실별 설비 및 교구 기준을 갖추었나요?	
	어린이놀이시설을 행정안전부장관이 고시하는 시설 및 기술기준에 적합하게 설치했나요?	
	어린이 활동공간 환경안전관리기준에 적합검사를 받았나요?	
	장애인 편의시설 및 설비를 설치하였나요?	
	수질검사 및 소방 · 전기 · 가스 · 어린이 놀이시설 등 안전검사에 합격하였나요?	
유치원 규칙	학급 수 및 정원을 연령별 구분 기재하였나요?	
	사무직원 및 사무직원외 직종을 관할청이 정하는 기준에 맞게 배치하였나요?	
	유아교육법 시행령 제10조에 근거한 규칙 기재사항을 모두 포함하였나요?	

2) 유치원 설립인가 흐름도

유치원을 설립하고자 할 때는 다음의 설립인가 흐름도에 따라 준비할 수 있다.

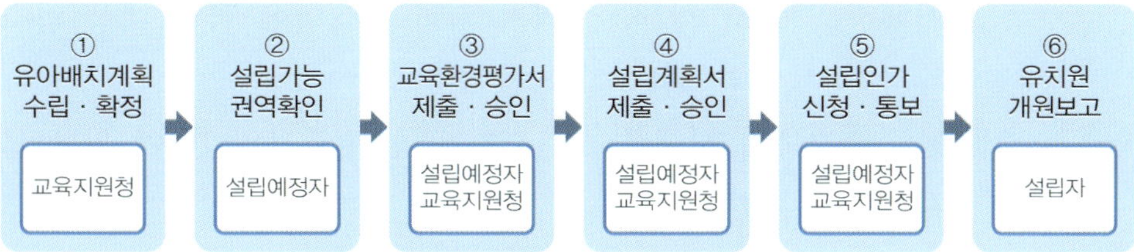

[그림 4-1] **유치원 설립인가 흐름도**

3) 유치원 설립에 필요한 구비서류

유치원 설립계획 승인신청에 필요한 서류	유치원 설립인가 신청 시 필요한 서류
① 신청서 1부 ② 교지확보 계획 1부 ③ 교사 신축계획1부 교지, 교사, 체육장 시설도면 각 1부 ④ 소요경비 조달계획 1부 ⑤ 신원진술서 5부, 기본증명서 2부 ⑥ 이력서, 인감증명서, 주민등록등본 각 1부 ⑦ 설립자의 재산명세, 재산확보계획 각 1부 ⑧ 토지대장 등본, 토지이용계획확인원, 지적도 각 1부 ⑨ 위치도, 주변 200m 지적도 1부	① 신청서 1부 ② 원칙 1부 ③ 경비와 유지방법 1부 ④ 시설 · 설비조서 및 교구 · 설비 확보내역 1부 가. 원지 · 원사와 유원장의 평면도 1부 나. 토지, 건물 등기부등본 각 1부 다. 토지대장 및 건축물(관리)대장, 토지이용계획과 인원, 위치도 각 1부 ⑤ 교직원 확보 계획서 1부 ⑥ 신원진술서 5부, 기본증명서 2부 ⑦ 이력서, 인감증명서, 주민등록등본 각 1부 ⑧ 설립자가 법인인 경우 추가되는 서류 가. 인감 증명서, 법인 등기부등본, 설립허가증, 정관, 이사회 회의록(사본) 각 1부 나. 법인기부행위 기본재산목록과 등기 및 기부금액에 관한 증빙서류 1부 ⑨ 전기 안전점검확인서 1부

4) 심사 기준

① 설립자 자격: 법인(法人) 또는 사인(私人)으로써 신원조사 결과 이상이 없는 자

② 학교환경위생정화구역 적용: 「학교보건법」 제5조 및 제6조 제1항 및 「동법 시행령」 제4조 제2항에 의거 정화구역 안에 금지 대상 업소(유흥업소, 숙박업소, 기타 유해업소)가 없어야 함

③ 건축물 용도: 「건축법 시행령」 제14조 제6항[별표 1의 10]에 의한 교육연구시설이어야 한다.

④ 시설 · 설비: 고등학교 이하 각급학교 설립 · 운영 규정에 의함

⑤ 교사 및 교지의 소유 주체 등

가. 교사 및 교지는 당해 학교를 설립 · 경영하는 자의 소유이어야 하며, 교지 안에는 설립 주체 외의 자가 소유하는 건축물을 둘 수 없다.

나. 유치원 교육에 직접 사용되는 재산(재산, 교사용대지, 체육장, 교구 등)은 매도하거나 담보에 제공할 수 없다.

다. 임대 유치원은 설립인가 불허

⑥ 시설의 제한

가. 최소한 2학급 이상 설치할 수 있는 시설(소수학급 규제, 부실운영 예방), 신규 유치원 인가는 일정 지역 내 취원 대상아 수, 기존 유치원 및 어린이집 정원 등을 분석하여 시설이 부족한 경우에 한하여 적정 규모 유치원 설립 가능 ⇒ 교육청 담당부서와 사전 협의 필요

나. 지하층은 설립 불가

다. 건물 옥상 활용 금지: 옥상에 체육장(유원장) 또는 수영장 설치 불가

라. 3층 이상 유치원 설립은 억제함. 단, 3층을 실내체육시설 또는 자료실, 교무실 등으로 사용할 경우 가능(유사 시 대피할 수 있는 시설 확보 조건)

⑦ 정원에 대한 유치원 면적 책정: 40명 이하일 때는 5N, 41명 일 때는 80+3N으로 한다. 예를 들어, 정원이 100명인 유치원의 면적은 80+3×100=380㎡ 이상이 되어야 함

5) 유치원 설립인가에 필요한 기준과 공문서 내용

[표 4-2] 유치원 설립인가에 필요한 기준과 공문서

번호	내용	비 고
1	교사의 기준 면적	5장 참조
2	체육장의 기준 면적	5장 참조
3	급식시설 · 설비기준	5장 참조
4	유치원교구 · 설비기준	5장 참조
5	어린이활동공간에 대한 환경안전관리기준	
6	교육환경평가기준	
7	교육환경평가서 승인요청 공문(예시)	
8	교육환경평가 신청서	
9	학교설립계획서 신청 공문(예시)	
10	학교설립계획서	
11	교지(校地) 확보계획서	
12	교사(校舍) 건축계획서	
13	유치원 실별 설비확보 계획서	
14	유치원 교구 확보 계획서	
15	소요경비조달계획서	
16	설립자 재산명세서	
17	재산명세 및 재산확보계획서(법인)	
18	(설립자) 성범죄 경력조회 동의서	6장 참조
19	아동학대 관련 범죄전력조회 동의서	6장 참조
20	설립자 각서	
21	개인정보 수집 · 이용 및 제3자 제공동의서(예시)	6장 참조
22	학교설립인가신청 공문(예시)	
23	학교설립인가신청서	

(계속)

번호	내용	비 고
24	경비와 유지방법	
25	유치원규칙(예시)	부록 참조
26	신원진술서(약식)	6장 참조
27	유치원 설립인가서(양식)	
28	유치원 직인 등록 신청 공문(예시)	
29	직인대장(양식)	
30	직인폐기신고서	
31	유치원 지도점검 관련 법령	부록 참조

2 어린이집의 설립

어린이집이란 보호자의 위탁을 받아 「영유아보육법」에서 규정하는 영유아(취학 전 아동)를 보육하는 시설을 말한다. 어린이집을 설치·운영하려는 자는 「영유아보육법 시행규칙」 제9조에서 정하는 설치기준을 갖추고, 관할 특별자치도지사·사장·군수·구청장에게 제출하여야 한다.

1) 어린이집의 종류

(1) 국·공립어린이집: 국가나 지방자치단체가 설치·운영

(2) 법인어린이집: 사회복지사업법에 따른 사회복지법인(이하 “사회 복지법인”이라 한다)이 설치·운영

(3) 직장어린이집(국가나 지방자치단체의 장이 소속 공무원을 위하여 설치·운영하는 시설을 포함): 사업주가 사업장의 근로자를 위하여 설치·운영하는

(4) 가정어린이집: 개인이 가정이나 그에 준하는 곳에 설치·운영

(5) 부모협동어린이집: 보호자들이 조합을 결성하여 설치·운영하는

(6) 민간어린이집: 위의 ①부터 ⑤의 규정에 해당하지 아니하는 이

2) 설립인가 절차

(1) 어린이집의 설립인가는 「영유아보육법」 제13조 제1항과 제14조 제1항, 그리고 「동법 시행규칙」 제5조에 의한다.

(2) 어린이집을 설립하고자 할 경우 지방자치단체의 장에게 사전에 상담을 요청하여 관할 지역의 보육 수요, 어린이집 입지조건 및 설치기준 등에 관하여 사전에 고지받을 수 있다.

(3) 어린이집을 설립하고자 하는 자는 「영유아보육법 시행규칙」 제5조 (별지 제4호 서식)의 어린이집 인가신청서를 시설의 소재지를 관할하는 시장 · 군수 또는 구청장에게 사전에 인가를 신청하여야 한다.

(4) 사전 상담에서 설치하고자 하는 장소에 인가가 가능하면 인가신청에 필요한 서류를 구비하여 인가를 신청한다.

(5) 인가증을 교부받은 후 보육행정에 필요한 관할 세무서에서 사업자등록을 신청해야 한다.

고유번호증이 발급되는 즉시 어린이집 전용 통장을 개설하고, http://childcare.mw.go.kr를 링크하여 e－보육 사용자가입 신청을 한 후, 관할 시 · 군 · 구 보육담당부서에 전화하여 승인요청을 해야 한다.

설립인가 절차는 그림 4-2와 같다.

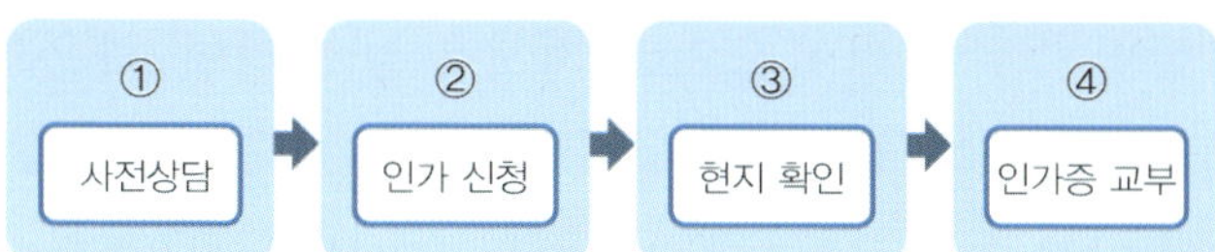

[그림 4-2] 어린이집 설립인가 절차

3) 설립에 필요한 서류

(1) 법인의 정관 및 출연금 등에 관한 서류(법인인 경우에 한함)
(2) 단체의 회칙 또는 규약(단체인 경우에 한함)
(3) 임대차계약서(부동산을 임차하는 경우에 한함)
(4) 시설의 구조별 면적이 표시된 평면도와 시설 및 설비 목록
(5) 어린이집 원장의 자격을 증명하는 서류
(6) 어린이집 보육교직원의 채용계획서
(7) 어린이집 운영계획서(운영경비와 유지방법을 포함한다)
경비의 지급 및 변제능력에 관한 서류는 어린이집을 설치·운영하고자 하는 자의 '자산 및 부채 현황, 어린이집운영에 따른 연간 세입총액'을 기준으로 보증보험증권을 제출하여야 함
(8) 설립자가 개인인 경우 경비의 지급 및 변제능력에 관한 서류
(9) 인근 놀이터 이용계획서(영유아 50인 이상의 시설로서 옥외놀이터나 옥내놀이터를 설치하지 않은 경우에 한함)
(10) 「전기사업법」 제66조의 2의 규정에 의한 전기안전점검확인서 및 「도시가스사업법」 제15조 제5항 및 「액화석유가스의 안전관리 및 사업법」 제27조 제2항의 규정에 의한 완성 검사증명서(소재지가 변경되는 경우에만 해당)
(11) 「소방용기계·기구의 형식승인 등에 관한 규칙」 제5조에 따른 현장 방염처리물품의 방염 성능검사성적서 및 방염성능검사확인표시
(12) 시설 유형별 특수어린이집으로 지정을 받으려면 다음과 같은 지정신청서를 제출한다.
- 특수어린이집 지정신청서(장애아전담, 장애아통합, 시간연장형, 휴일, 방과 후)
- 영아·장애아전담어린이집 지정신청서

4) 심사 기준

(1) 보육 수요 파악: 이용권역 내(보육대상 아동 수 × 보육수요율)(기준일: 매년

1월 1일)

※ '보육수요율'이란 6세 미만의 취학 전 영유아의 수를 기준으로 현재 어린이집을 이용하는 아동과 향후 어린이집을 이용할 것으로 추계되는 아동의 비율을 의미한다.

(2) 입지조건: 영유아보육법 시행규칙[별표1]의 어린이집 입지조건 중 위험시설에 대한 사항

① 어린이집은 보육소요 · 보건 · 위행 · 급수 · 안전 · 교통 · 환경 및 교통편의 등을 충분히 고려하여 쾌적한 환경을 갖춘 부지를 선정하여야 한다.

② 어린이집은 위험시설로부터 50m 이상 떨어진 곳에 위치하여야 한다. 위험시설이란 「주택 건설기준 등에 관한 규정」 제9조 제3항 각 호의 시설을 말한다.

③ 어린이집은 「건축법 시행령」 별표 1에 따라 건축물의 용도가 노유자시설이어야 한다.

(3) 시설 기준의 적합 여부(시설면적, 시설설비 등)

※ 「영유아보육법 시행규칙」 제9조(별표1)

(4) 영유아보육법령 및 건축관계법령, 소방관계법령, 장애인 · 노약 · 임산부 등의 편의증진에 관한 법률, 장애인차별금지법, 어린이놀이시설 안전관리법, 다중이용 시설 등의 실내공기질 관리법, 환경보건법 등 어린이집 인가 관련 법령 등 각종 규정 준수 여부

(5) 원장의 자격 적정 여부, 보육교직원 확보 여부

5) 정원책정 기준

어린이집 정원은 어린이집 전용으로 사용하는 시설(실내) 면적, 보육실 면적, 옥외놀이터(또는 대체놀이터) 면적을 기준으로 책정한다.

(1) 50인 미만의 시설의 정원은 어린이집 전용 면적과 보육실 면적으로 각각 책정한 보육아동의 수 중 적은 수를 정원으로 한다.

(2) 50인 이상 시설의 정원은 어린이집 전용 면적, 보육실 면적, 놀이터

면적으로 각각 책정한 보육아동 수 중 적은 수를 정원으로 한다.

(3) 어린이집의 면적을 산정하는 경우: 어린이집 전용으로 사용하는 시설(실내) 면적은 영유아 1인당 4.29㎡ 이상으로 한다. 어린이집 전용으로 인정하는 면적 산정은 아동보육과 직·간접적 관련이 있다고 인정되는 실내설비를 기준으로 한다. 따라서 동일 건물 내의 타 시설과 공동으로 사용하는 부분(건물 현관·복도·계단 등)은 제외한다.

(4) 보육실의 면적을 산정하는 경우: 보육실의 면적은 영유아 1인당 2.64㎡ 이상으로 한다.

(5) 놀이터(정원 50인 이상 시설)의 면적을 산정하는 경우: 놀이터 면적은 1인당 2.5㎡ 이상으로 한다.

※ 옥외놀이터를 대체하는 실내놀이터, 보육교직원 관련시설(휴게시설 등), 지하층도 면적 산정에서 제외

※ 보육실의 면적 산정 시 어린이집 자체 현관, 복도, 통로로 사용되는 면적은 제외

※ 구조상 주방·식당이 분리되어 있지 않은 경우, 동 면적도 제외하는 것을 원칙

6) 어린이집 구조의 일반 기준

(1) 어린이집의 건물 구조 및 보육실·화장실·놀이기구 등이 영유아의 안전과 이용에 편리하도록 설계·시공되어 있는지 확인

※ 기본시설(시행규칙 별표 1): 보육실, 조리실, 목욕실, 화장실, 옥외놀이터(정원 50인 이상 시설), 급배수시설, 비상재해대비시설(어린이집이 2층 이상인 경우)

(2) 보육실은 건축물의 1층에 설치하며, 당해 어린이집이 1층에 해당하는지 여부는 「건축법」상의 층수와 관계없이 실제상의 층수를 기준으로 함

※ 보육실이 위치한 해당 층이 4면이 100분의 80 이상 지상에 노출되어 있고, 어린이집의 주출입구의 하단이 지표면으로부터 1미터 이내인 경우에 실제상의 1층으로 봄. 따라서 건축물대장에 1층으로 기재되어 있어도 실제상 2층

인 경우에는 1층으로 인정할 수 없음

① 건물 전체가 어린이집인 경우 및 사업장(사옥) 내 직장어린이집을 설치하는 경우, 2층 및 3층까지 보육실을 설치할 수 있음

※ 건물 전체를 어린이집으로 사용하는 경우도 영아반 보육실은 1층에 우선 배치

② 건물 전체를 어린이집으로 사용하는 경우, 건물 전체(지하층 포함)가 「건축법」상 노유자시설(어린이집)로 용도가 지정되어 어린이집으로 전용되어야 함

※ 「건축법 시행령」 제2조 제14호의 "부속용도"에 해당하는 곳에 직장어린이집을 설치하는 경우에는 반드시 노유자시설로 지정하지 아니하여도 가능함

(3) 화장실은 보육실과 동일한 층의 인접한 공간에 설치하며(층간 설치 지양), 목욕실은 보육실과 인접한 공간에 설치(건물 외부 설치 불가)

※ 영유아용 수세식 변기로 가능한 한 10~15인당 1개 이상을 설치하는 것이 바람직함

(4) 시설 규모에 따라 사무실, 양호실, 식당, 자료실, 상담실, 강당, 놀이터 등을 설치할 수 있으며, 동 설비는 보육정원 책정의 기준이 되는 시설면적에 포함

※ 원장 사무실은 보육실과 동일 층 설치가 바람직함

(5) 보육교직원 휴게실은 설치가 가능하나, 보육정원 책정의 기준이 되는 시설 면적에서는 제외

(6) 보육교직원 기숙시설은 농산어촌 등과 같이 교사 등 보육교직원 수급이 곤란한 경우에 한하여 제한적으로 인정되며, 보육정원 책정 기준이 되는 시설 면적에서 제외

※ 대표자의 주거시설로 사용하거나, 보육교직원이 가족과 함께 주거하는 것은 불가

(7) 지하층은 조리실을 포함한 보육공간으로 사용할 수 없으며, 보육정원 산정의 기준이 되는 시설 면적에서도 제외

3 원아모집과 '처음학교로' 시스템

1) 홍보관리

홍보는 개인 또는 조직이 신뢰를 얻고자 스스로가 지향하는 목표를 널리 알린다는 뜻이다.

원아 모집에 앞서 우선적으로 고려하여야 할 것은 지역사회의 요구를 파악하는 것이다. 그 다음 지역주민들에게 유아교육기관이 무엇을 하는 곳인지 알려야 한다. 홍보매체는 버스, 기차, 택시와 같은 대중교통 수단이나, 다중이 모이는 장소, 신문, 방송, 인터넷과 같은 매스미디어, 각종 이벤트 등이 있다. 유아교육기관에서 주로 사용하는 홍보매체로는 인쇄매체, 방송매체, 인터넷, 각종 이벤트가 있다.

(1) 인쇄매체

인쇄매체는 오랜 시간 동안 볼 수 있고, 반복하여 읽음으로써 이해력을 높일 수 있다.

인쇄매체를 활용한 홍보는 주로 잡지, 신문에 홍보내용을 게재하거나 전단지를 만들어 배포하는 경우, 포스터를 만들어 게시판에 부착하는 경우, 현수막을 만들어 게시대에 거는 경우 등이 있다. 인쇄매체는 방송매체보다 홍보비가 저렴하다는 장점이 있다.

[그림 4-3] 현수막 예

(2) 방송매체

방송매체는 홍보비가 많이 든다는 단점은 있으나 TV, 라디오를 통해 가장 빨리 전국 또는 특정 지역에 메시지를 전달할 수 있는 장점이 있다. 특히 대중적으로 인지도가 있는 인물을 이용하여 홍보한다면 그 효과는 배가 될 것이다. 유아교육기관에서 방송매체를 통해 홍보하는 것은 경제적 부담이 많으므로 지역 전체의 유아교육기관들이 연합하여 홍보 주체가 된다면 방송매체 홍보도 가능할 것이다.

(3) 인터넷

우리나라는 인터넷을 특정 계층만 사용하는 것이 아니라 전 연령의 계층이 사용하는 생활의 필수적인 도구가 되었다. 우리나라는 인터넷 강국으로 이용인구가 세계 최고 수준에 이른다.

국민들은 인터넷 검색으로 많은 것을 해결할 수 있으며 인터넷은 모든 정보를 포함하고 있는 큰 시장이 되었다. 최근에는 유아교육기관 홍보매체로도 급격히 부상되고 있다. 인터넷을 통해 기관을 홍보하는 방법으로는 홈페이지를 구축하는 방법과 카페, 블로그 등을 통해 홍보하는 방법들이 있다.

홈페이지 제작은 전문업체에 의뢰해야 하고 지속적으로 관리하는 비용이 발생되는 부담이 있다. 그에 비해 다음이나 네이버 카페는 필요에 따라 쉽게 메뉴와 디자인을 꾸밀 수 있어 일반인들도 편리하게 이용할 수 있다. 기능 면에서 게시판 기능이나 앨범 기능, 채팅 기능 등 다양한 기능들이 갖추고 있어 활용도가 매우 높다. 게시판 기능은 태그와 글쓰기를 자유롭게 할 수 있어 동영상, 사진, 음악 등 멀티미디어를 웹에 게시할 수 있어 홍보의 매체로 활용도가 매우 높다.

2) 홍보내용

홍보의 내용은 유아교육기관에 대해 학부모가 알고 싶어 하는 것, 그리고 유아교육기관이 알리고 싶은 것이 되어야 한다. 기관의 기본적인 정보와 기관의 설립 목적, 교육 프로그램, 교육의 가치 등을 알리는 내용이어야 한다.

기관의 기본적인 정보는 기관의 명칭, 주소, 전화번호, 홈페이지 주소, 찾아오는 길, 교통편 등이 있다. 학부모들이 더 알고 싶어 하는 것은 기관의 교육목적을 달성하는 데 필요한 내용과 방법론적 관점들, 즉 교육프로그램의 특성 및 주요 교육내용, 기관의 운영철학, 방침, 기관의 시설, 교직원 소개 등이 있다. 원아모집을 위한 홍보에는 모집대상 유아, 교육(보육)시간, 수업료(보육료), 학급당 인원, 그 외 부대서비스 등이 포함된다면 학부모들의 궁금증이 해소될 수 있다.

3) 홍보시기

유아교육기관 홍보는 원아모집시기에 이루어지는 것이 가장 효과적이다. TV, 라디오, 전단지, 포스터, 현수막과 같은 것은 매년 11월~다음해 1, 2월까지 이루어지는 경향이 있고, 인터넷 홍보는 항시 홍보하는 것이 좋다. 각종 행사 개최, 지역사회 축제 참여는 평소 유아교육기관을 지역사회에 홍보하는 방법으로 매우 유용하다. 행사에서 특별히 홍보하는 내용을 가지고 있지는 않지만 행사 자체를 통해서 기관의 좋은 이미지를 형성할 수 있다.

4) 원아선발

유아 선발은 기관의 정원, 학급 편성에 따라 모집인원이 결정된다. 연령별 학급 구성은 지역의 수요자 조사를 토대로 정하는 것이 바람직하다. 어린이집인 경우는 모집대상 연령 범위가 0~6세까지이기 때문에 반 편성의 변화 폭이 넓지만 유치원은 대상 연령 범위가 3~5세이기 때문에 반편성의 변화 폭이 그리 넓지 않다. 반 편성은 고정적으로 하는 것보다는 지역의 실정에 맞게 탄력적으로 하는 것이 좋다. 만약 3세의 수요가 많다면 3세 모집 비율을 더 많게 하는 것이 현명한 방법이다.

유아 선발 시기는 우리나라 학기가 3월에 시작하므로 3월 1일 입학을 전제로 선발하면 된다.

유치원은 교육부에서는 공립은 2017년부터 사립은 2018년도부터 '처음학교로' 입학관리 시스템을 이용하여 유아를 선발하도록 하였다. 유치원 입학관리시스템 '처음학교로'는 선착순이 아니라 원서접수가 마감된 이후 자동 추첨으로 진행된다.

'처음학교로'는 접수/서류확인/등록 등의 절차이며 시작/마감이 2~3일이라는 제한된 기간 동안 반복되는 서비스이다. 이러한 서비스들은 사용자들의 안전한 접수, 등록 등이 중요하기 때문에 안정된 운영이 무엇보다 중요하다. 하지만 모바일 서비스는 PC와 비교하여 상대적으로 안정된 운영이 어렵기 때문에 모바일 서비스를 제공하지 않는다.

(1) 유치원 선발 절차

① '처음학교로' 주요 내용

2019년 유치원입학관리시스템'처음학교로' 주요 내용은 표 4-3과 같다.

[표 4-3] '처음학교로' 주요 내용

종류	주요내용
추첨방식	• 희망순 추첨
우선모집	• 행정안전부: 유아 주민등록번호 연계 • 보건복지부: 법정 저소득층 자격 연계 • 통일부: 북한이탈주민 자격 연계 • 2020학년도 원아모집에서 사립유치원은 우선모집 대상자를 유치원 실정에 맞게 바꾸어 공시할 수 있다.
일반모집	• 별도추첨: 교육과정, 교육과정+방과 후과정 동시 추첨 • 단계추첨: 교육과정 추첨후 선발자에 한하여 방과 후 과정 추첨 • 추첨방식선택: 유치원 추첨방식 일원화 및 추첨방식 전국 공통
대기자 관리	• 2019년 12월 31일까지 진행(미달유치원에 한하여 추가모집 동시 진행 가능)
추가모집	• 2020년 12월 1일(1.2~1.31) 동안 진행
에듀콜센터	• 학부모서비스: 1544-0079 + 9번 + 1번 • 교육청/유치원 업무시스템: 1544-0079 + 9번 + 2번

② 일반모집

일반모집 업무 절차는 표 4-4와 같다.

[표 4-4] 일반모집 업무 절차

순서	업무주체	업무 내용
1	교육청	• 일반모집 일정 확인
2	교육치원청	• 대상유치원 관리 (*해당 지역 참여유치원 목록 확인)
3	유치원	• 모집요강 파일 업로드 및 통원차량, 모집 특기사항 등 입력 · 수정
4	유치원	• 우선모집 미참여 유치원의 경우, 재학생 등록(신규유치원일 경우는 미등록)
5	유치원	• 일반모집 선발기준번호 입력, 인원관리 입력

(계속)

순서	업무주체	업무 내용
6	학부모	• (온라인 지원 시) 온라인을 통한 회원가입(내자녀 등록 포함) 진행 후 희망하는 유치원 원서접수 진행
7	학부모/유치원	• (현장접수 지원 시) 희망하는 유치원 현장방문 접수 진행
8	유치원	• 우선모집 접수결과 확인 및 증빙서류 확인
9	처음학교로	• 일반모집 추첨(선발)
10	유치원/학부모	• 일반모집 선발결과 확인 – (현장접수자) 지원한 유치원으로 유/무선으로 확인 – (온라인접수자) 처음학교로 서비스 로그인 후 선발결과 확인
11	학부모	• 선발결과에 따른 등록 완료

③ 추가모집

추가모집 업무 절차는 표 4-5와 같다.

[표 4-5] 추가모집 업무 절차

순서	업무주체	업무 내용
1	유치원	• 추가모집 진행 여부 설정(Y)
2	유치원	• 추가모집 기간 및 모집구분(연령/과정) 설정 • 추가모집 모집요강 파일 업로드
3	학부모	• (온라인 지원 시) 온라인을 통한 희망하는 유치원 원서접수 진행 • (현장접수 지원 시) 희망하는 유치원 현장방문 접수 진행
4	유치원	• 추가모집 접수결과 확인
5	유치원	• 추가모집 추첨(선발) ※ 유치원입학관리시스템(처음학교로)을 통한 추첨은 불가능하며, 유치원 자체에서 추첨 진행
6	유치원	• 추가모집 결과 발표
7	학부모	• 원서접수한 유치원에 선발결과 확인
8	유치원	• 등록 및 관리

(2) 어린이집 선발절차

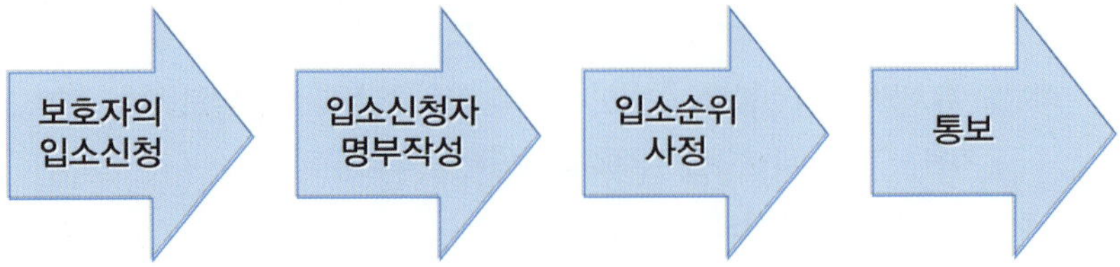

[그림 4-4] 어린이집 선발절차

① 어린이집 입소순위

유치원은 원아 선발 시 추첨이 원칙이지만 어린이집은 「영유아보육법」 제28조와 「동법 시행규칙」 제29조에 근거하여 입소 우선순위가 정해져 있어 이를 준수해야 한다. 그러나 「고용정책기본법」 제21조 제2항의 규정에 의하여 고용촉진시설을 설치·운영하는 시설의 장은 근로자의 자녀가 우선적으로 어린이집을 이용하도록 규정하고 있어 직장어린이집의 경우는 예외를 인정한다. 어린이집 입소순위는 다음과 같다.

가. 「국민기초생활보장법」에 따른 수급권자(법정)

나. 「모·부자복지법」 제5조 규정에 의하여 보호대상자의 자녀(모부자)

다. 「국민기초생활보장법」 제24조의 규정에 의한 차상위계층의 자녀(차상위)

라. 「장애인복지법」 제2조의 규정에 의한 장애인 중 여성가족부령이 정하는 장애등급 이상에 해당하는 자의 자녀(장애부모)

마. 아동복지시설에 생활 중인 유아(복지시설)

바. 맞벌이, 한부모·조부모 가정(맞벌이·결손)

사. 저소득층 보육료 지원 대상 영유아 중 기타 저소득층(3층, 4층)의 영유아(기타 저소득)

아. 입양된 영유아(입양아)

자. 세 자녀 이상 가정의 영유아(세 자녀)

4 학급관리

1) 학급 편성의 필요성

학급이란 가르치는 행위를 통해 배움이 일어나는 장소이다. 학급에는 공동의 목표가 존재하고 교사와 유아 또는 유아와 유아는 목표 달성을 위해 상호작용 및 협력을 통해 발전해 나간다. 학급 안에서는 지식을 전달할 뿐만 아니라 인간적인 감화와 정서적 교감을 나누는 곳이기도 하다.

유아교육기관의 효율적인 학습활동을 위해선 원아를 학급별로 편성하여야한다. 종일 개인지도를 하기 어려우니 소수의 교사가 다수의 원아를 지도해야 하는데 사회적인 집단생활의 기초가 유아기에 형성되므로 학급 사회성 발달에 필요하며, 학급의 긍정적인 효과, 즉 서로 모방하기도 하고 협력 및 경쟁을 통해 혼자서는 할 수 없는 효과적인 체험을 얻을 수 있기 때문이다.

학급 편성에 따라 유아의 사회적 특성과 학습에 영향을 미칠 수 있기 때문에 학급을 편성할 때는 기관 전체의 원아 수 및 학급 수, 연령별 학급 수, 한 학급의 규모, 학급 구성원, 프로그램의 특성, 교실 면적, 법적으로 규정된 교사 대 원아 수 등을 고려하여야 한다.

2) 학급 편성의 기본 원리

(1) 전인적 발달의 원리: 유아들의 전인적 발달이 일어나도록 구성원과 학급의 크기를 고려하여 편성한다.

(2) 사회화의 원리: 유아들은 사회적 관계를 통해서 사회적 규칙과 행동 규범을 배운다. 유아들의 사회화가 잘 될 수 있도록 학급을 편성해야 한다.

(3) 효율화의 원리: 학급당 인원과 구성원을 적절히 편성하여 교수와 학습이 효율적으로 일어나도록 한다.

(4) 평등의 원리: 다양한 지능과 개성을 가진 유아들이 골고루 섞이도록 편성한다.

(5) 개인차의 원리: 유아들의 발달상의 차이뿐만 아니라 개인차를 인정하고 공통의 요구를 가진 유아끼리 학급을 편성한다.

(6) 수준 차의 원리: 유아 개개인의 발달수준, 능력에 따라 학급을 편성한다.

3) 학급 편성 유형

「유아교육법 시행령」 제13조에 유치원의 학급 편성은 같은 연령으로 한다고 규정되어 있다. 다만 원장은 교육과정의 운영상 특히 필요한 경우에는 혼합연령으로 편성할 수 있다. 학급 편성은 단일 연령반 또는 혼합연령반, 운영시간에 따라서는 반일반, 연장반, 종일반, 특수아와 혼합된 통합반이 있다.

(1) 단일 연령반

유아들의 발달수준, 능력, 경험 등이 비슷하고 나이 차이가 1년 미만인 유아들로 구성된 반이라 할 수 있다. 동일 연령반은 유아들의 경험, 능력이 비슷하므로 교사가 교육계획과 지도가 용이하고 학습활동이 효율적이다. 교직경력이 적은 교사도 쉽게 지도할 수 있다.

(2) 혼합 연령반

혼합 연령반은 연령이 다른 유아들이 한 학급으로 구성되는 것을 말한다. 혼합 연령반은 나이 많은 유아가 어린 유아를 도와주고, 어린유아들은 언니, 오빠들로부터 배울 수 있는 기회가 있다. 그러나 학급 내 유아들은 능력의 차이, 발달수준의 차이로 나이 어린 유아는 좌절을 경험할 수 있다. 어린 유아들은 모방하는 퇴행이 있을 수 있다.

4) 학급당 유아 수

(1) 유치원

[표 4-6] 학급당 유아 수 기준 [단위: 명]

구분		단일연령 학급			혼합연령 학급		
		만3세	만4세	만5세	만3~4세	만4~5세	만3~5세
최대	원칙	16	22	26	16	22	20
	선택적 허용	16~20	22~26	26~30	16~20	22~26	20~24
최소		5명 이상					

※ 선택적 허용은 '20학년도까지 한시 운영('21.2.28.종료)

(2) 어린이집

어린이집의 경우 유아 연령에 따라 교사 1인당 담당할 수 있는 유아 수가 「영유아보육법 시행규칙」 제10조 별표2 보육교직원 배치 기준에 규정되어 있다(보건복지가족부, 2018).

[표 4-7] 학급당 유아 수 기준 [단위: 명]

반별 정원기준	만0세	만1세	만2세	만3세	만4세 이상
원칙	3명	5명	7명	15명	20명

※ 교사대 아동비율을 준수하는 범위 내에서 보육과정 및 아동 1인당 보육실 면적 등을 감안하여 1개의 보육실에서 2개 이상의 반을 함께 보육하는 것이 가능

5) 학급의 크기

최근 들어서는 교사 대 유아 비율이 점차 줄어드는 추세에 있다. 유치원에서 효율적 교육을 위해 학급의 크기는 다음과 같은 점을 고려하여 편성되어야 한다.

첫째, 실내·외 공간 면적과 시설 및 교구·교재의 확보 정도를 고려한다. 교실 공간이 좁으면 유아들 간에 충돌이 발생할 수 있다.

둘째, 교사의 능력을 고려해야 한다. 교사가 초임이거나 유아들을 관리

하는 능력이 없으면 학급의 크기를 줄여 주어야 한다.

셋째, 유아교육기관의 설립목적이나 교육방침을 고려한다. 특정 프로그램을 적용하는 경우 원활한 활동을 위해서는 적정 규모의 유아 수로 편성되어야 한다.

6) 학급의 이름 및 담임 배치

학급의 이름은 학급의 특성을 나타낼 수 있도록 하는 것이 좋으며, 담임의 배치는 교사의 의견을 수렴하여 교사의 능력을 최대한 발휘할 수 있도록 배치하는 것이 좋다.

7) 학급 운영 지침

학급운영을 원활하게 하기 위해선 학급운영 지침을 세부적으로 정하는 것이 필요하다.

(1) 유아가 놀이를 통해 자연스럽게 학습이 이루어지는 환경을 구성한다.
(2) 허용적인 분위기를 조성하여 유아들이 자신의 감정과 생각을 표현할 수 있도록 한다.
(3) 하루일과를 진행하면서 각 개별 유아의 요구를 최대로 반영하도록 한다.
(4) 학급에서의 규칙을 정하고, 이를 잘 지킬 수 있도록 지도한다.
(5) 함께 하는 공동체임을 항상 강조하고, 협동하도록 격려한다.
(6) 안전하게 생활하는 습관을 기르도록 한다.
(7) 놀이를 하면서 발생하는 갈등상황은 유아 스스로 해결하도록 기회를 먼저 갖도록 한다.
(8) 하루일과는 움직임의 많은 활동과 조용한 활동을 균형 있게 배치하여 운영한다.
(9) 다른 학급 유아들과도 놀이할 수 있는 경험을 제공하도록 한다.

수행하기

1. 유치원과 어린이집의 설립 절차와 설립 시 고려할 사항을 설명하시오.

2. '처음학교로' 시스템에 대해 알아보시오.

3. 학급 편성의 필요성과 학급 편성의 원리를 설명하시오.

4. 학급 편성의 유형에 따른 장단점과 교사의 역할을 설명하시오.

CHAPTER

05 유아교육기관 교육환경관리

Management for Early Childhood Education Institutions

1 시설 · 설비관리

1) 시설 · 설비 개념

유아교육기관의 시설 · 설비란 유아들의 교육을 위하여 지속적으로 이용되는 원지, 원사, 공작물, 설비 등을 포함하는 전반적인 물리적 환경을 말한다. 이러한 시설 · 설비는 교육활동을 지원하는 가장 기본적인 것이며, 교육의 질을 결정하는 중요한 요소이다.

건물은 용도에 따라 원사, 부속 건물, 체육관, 식당, 관리실 등을 포함하며 원지는 유치원 건물이 소재하고 있는 토지로서 운동장, 놀이터, 실습장, 교재원, 녹지대, 사육장, 정원 등을 뜻한다. 공작물은 교문, 담장, 상 · 하수도 시설 등을 말한다.

설비는 시설의 의미 속에 포함시키거나 구분하여 사용하기도 한다. 유아교육기관에서 설비의 개념은 시설을 구성하는 부분으로서 유아교육의 기능을 수행하는 데 있어 필요한 모든 물적 요소를 가리키며, 유아교육기관의 설비에는 방송시설, 조명장치, 급수 및 배수시설, 조리시설, 냉 · 난방시설, 영상시설 등이 있다.

2) 시설 · 설비 중요성

유아교육기관의 시설·설비는 물리적 환경을 결정하는 것으로서 유아들이 편안하고 쾌적한 생활을 할 수 있게 해 준다. 결과적으로 유아교육기관의 물리적인 환경조건인 시설·설비는 곧 유아들의 생활조건 내지는 교육환경 조건이라 할 수 있다.

교육환경이란 학습자에게 교육적으로 영향을 미치는 외적 조건 또는 자극의 작용을 의미한다. 교육환경은 학습자의 변화의 범위와 종류를 결정해 주는 요인이며 인간발달과정 중에 가장 급격한 변화를 가져오는 유아기에 더욱 큰 영향을 미친다. 유아기는 모든 발달의 결정적인 시기로서 다른 어느 시기보다도 주위 환경에 민감하고 절대적인 영향을 받으므로 유아교육기관의 시설·설비는 더욱 중요하다.

시설·설비가 중요한 이유는 다음과 같다.

① 유아들의 성장발달에 영향을 준다.
② 교육환경을 결정하는 요인으로서 유아들에게 외적 자극을 주어 유아들을 변화하게 한다.
③ 효율적인 교육활동에 영향을 준다.
④ 유아의 안전에 직접적인 영향을 준다.

3) 유아교육기관의 시설 · 설비

(1) 계획

유아교육기관의 시설·설비는 유아의 발달적 특성에 부응하는 구조로 설계되어야 한다. 모든 시설·설비는 유아들이 사용하기 편리한 크기여야 하고, 유아들이 좋아하는 모양, 색깔로 해야 하며, 기능적으로 유아들의 발육과 학습을 도울 수 있어야 한다.

시설·설비를 계획할 때 고려할 점은 다음과 같다.

첫째, 아동중심적이어야 한다. 시설의 주요 사용자는 유아들이기 때문에 유아의 발달과 흥미, 요구에 부합해야 한다.

둘째, 유아들 및 교직원의 안전을 최우선으로 고려해야 한다. 구조적으로 결함이 있어서는 안 되고, 내화성 있는 기자재를 사용하며, 재질에는 유해한 물질이 함유되지 않아야 한다.

셋째, 건물의 층수와 크기는 유아들에게 알맞아야 한다. 건물의 층수는 최대 3층을 초과하지 않아야 하고, 건물의 한 층의 면적도 유아들이 출입하고 활동하기에 알맞은 300㎡ 정도가 좋고 내부 구조는 단순해야 좋다.

넷째, 공간의 활용도를 높일 수 있도록 해야 한다. 시설의 크기는 전체 크기를 고려하여 균형을 맞추며, 배치하는 위치도 이용이 효율적이어야 한다.

다섯째, 융통성이 있어야 한다. 한 가지 시설이 여러 목적과 용도에 맞게 사용될 수 있어야 하며, 필요에 따라 시설의 일부를 변경하여 다른 용도로 사용할 수 있도록 하는 것이 좋다.

여섯째, 경제성을 고려해야 한다. 하나의 시설에 너무 많은 돈이 들어가는 것은 바람직하지 않으며, 전체 비용을 고려하여 고르게 배분되도록 한다. 즉, 장기적인 안목을 갖고 경제적이고 효율적인 것으로 전문적인 배려를 바탕으로 계획되어야 한다.

일곱째, 활용도를 높여야 한다. 비싸게 설치한 시설이 방치된다면 낭비가 될 뿐만 아니라 다른 시설의 설치를 방해하게 된다.

여덟째, 연계성을 고려해야 한다. 시설 상호 간에 기능적인 조정이 가능하여 조화로운 연계가 이루어져야 하며, 이용도를 고려하여 필요한 시설들이 서로 가까이에 있도록 한다.

아홉째, 심미적이어야 한다. 시설·설비는 유아의 정서적인 면에도 영향을 줄 수 있기 때문에 아름다워야 한다.

마지막으로 장애아들의 이용을 고려해야 한다. 거동이 불편한 유아, 시각장애아 등을 위한 구조로 설계되어야 한다.

(2) 기준

유치원에서 갖추어야 할 시설·설비의 기준은 다음과 같다.

[표 5-1] 교사의 기준 면적

고등학교 이하 각급 학교 설립·운영 규정 제3조 제3항 [별표 1] 〈개정 2017.12.29.〉

교사의 기준면적

(단위: ㎡)

<table>
<tr><th colspan="2">학교</th><th colspan="3">학생수별 기준면적</th></tr>
<tr><td colspan="2" rowspan="3">유치원</td><td>40명 이하</td><td colspan="2">41명 이상</td></tr>
<tr><td>5N</td><td colspan="2">80+3N</td></tr>
<tr><td colspan="3">교사 중 교실 총면적 2.2N</td></tr>
<tr><td colspan="2" rowspan="2">초등학교·공민학교 및 이에 준하는 각종학교</td><td>240명 이하</td><td>241명 이상 960명 이하</td><td>961명 이상</td></tr>
<tr><td>7N</td><td>720+4N</td><td>1,680+3N</td></tr>
<tr><td colspan="2" rowspan="2">중학교·고등공민학교 및 이에 준하는 각종학교</td><td>120명 이하</td><td>121명 이상 720명 이하</td><td>721명 이상</td></tr>
<tr><td>14N</td><td>1,080+5N</td><td>1,800+4N</td></tr>
<tr><td rowspan="4">고등학교·고등기술학교 및 이에 준하는 각종학교</td><td>계열별</td><td>120명 이하</td><td>121명 이상 720명 이하</td><td>721명 이상</td></tr>
<tr><td>인문계열</td><td rowspan="3">14N</td><td>960+6N</td><td>1,680+5N</td></tr>
<tr><td>전문계열</td><td>720+8N</td><td>2,160+6N</td></tr>
<tr><td>예·체능계열</td><td>480+10N</td><td>1,920+8N</td></tr>
</table>

【비고】
1. N은 각급 학교의 전 학년의 학생정원을 말한다.
2. 위 표의 고등학교 계열구분은 시·도교육감이 정하는 바에 의하되, 동일고등학교에 2 이상의 계열이 있는 경우에는 각 계열별 기준 면적을 합한 면적을 적용한다.
3. 「초·중등교육법」 제30조의 규정에 의한 통합·운영학교 및 동일 구 내에 2 이상의 각급 학교가 위치하는 경우에는 각 학교 급별 기준 면적을 합한 면적을 적용한다.
4. 주간수업과 야간수업을 겸하여 행하는 학교에 대하여는 그중 인가학생정원이 많은 것을 기준으로 한다.
5. 수준별 교육과정의 심화·보충 학습에 필요한 시설의 기준면적은 지역 및 학교 특성에 따라 시·도교육감이 별도로 정할 수 있다.

[표 5-2] 체육장의 기준 면적

고등학교 이하 각급 학교 설립 · 운영 규정 제5조 제2항 [별표 2] 〈개정 2007.5.2〉

체육장의 기준면적

(단위: ㎡)

학교	학생수별 기준면적		
유치원	40명 이하	41명 이상	
	160	120+N	
초등학교 · 공민학교 및 이에 준하는 각종학교	600명 이하	601명 이상 1,800명 이하	1,801명 이상
	3,000	1,800+2N	3,600+N
중학교 · 고등공민학교 및 이에 준하는 각종학교	600명 이하	601명 이상 1,800명 이하	1,801명 이상
	4,200	3,000+2N	4,800+N
고등학교 · 고등기술학교 및 이에 준하는 각종학교	600명 이하	601명 이상 1,800명 이하	1,801명 이상
	4,800	3,600+2N	5,400+N

1. N은 각급 학교의 전 학년의 학생정원을 말한다.
2. 교내에 수영장 · 체육관 · 강당 · 무용실 등 실내체육시설이 있는 경우 실내체육시설 바닥면적의 2배 면적을 제외할 수 있다.
3. 「초 · 중등교육법」 제30조의 규정에 의한 통합 · 운영학교 및 동일 구 내에 2이상의 각급 학교가 위치하는 경우에는 각 학교 급별 기준 면적을 합한 면적을 적용한다.
4. 주간수업과 야간수업을 겸하여 행하는 학교에 대하여는 그중 인가학생정원이 많은 것을 기준으로 한다.

[표 5-3] 급식시설 · 설비 기준

유아교육법 시행규칙 제3조 제1항 [별표 1] 〈개정 2017.12.29., 일부개정〉

급식 시설 · 설비 기준

1. 조리실
   가. 조리실은 교실과 떨어지거나 차단되어 유아의 학습에 지장을 주지 않도록 하되, 식품의 운반과 배식이 편리한 곳에 두어야 한다.
   나. 조리실은 작업과정에서 교차오염(交叉汚染)이 발생하지 않도록 벽과 문을 설치하여 전처리실(前處理室), 조리실 및 식기구세척실로 구획한다. 다만, 100명 이상에게 급식을 제공하는 경우로서 이러한 구획이 불가능한 경우와 100명 이하에게 급식을 제공하는 경우에는 교차오염을 방지할 수 있는 다른 조치를 하여야 한다.
   다. 조리실의 내부벽, 바닥 및 천장은 내화성(耐火性), 내수성(耐水性) 및 내구성(耐久性)이 있는 재질로 하여, 청소와 소독이 쉽고 화재를 예방할 수 있도록 하여야 한다.
   라. 출입구와 창문에는 해충 및 쥐의 침입을 막을 수 있는 방충망 등 적절한 설비를 갖추어야 한다.
   마. 조리실 내의 증기와 불쾌한 냄새 등을 빨리 배출할 수 있도록 환기시설을 설치하여야 한다.
   바. 조리실의 조명은 220럭스(lx) 이상이 되도록 하여야 한다.
   사. 조리실에는 필요한 곳에 손 세척시설이나 손 소독시설을 설치하여 손에 의한 오염을 막아야 한다. 다만, 100명 이상에게 급식을 제공하는 경우에는 손 세척시설과 손 소독시설을 모두 설치하여야 한다.
   아. 조리실에는 온도 및 습도 관리를 위하여 적정 용량의 급배기(給排氣) 시설 또는 냉 · 난방 시설 등 적절한 시설을 갖추거나 적절한 조치를 하여야 한다.

2. 설비 · 기구
   가. 냉장실 또는 냉장고와 냉동고는 식재료의 보관, 냉동 식재료의 해동(解凍), 가열 조리된 식품의 냉각 등에 충분한 용량과 온도(냉장고 5℃ 이하, 냉동고 −18℃ 이하)를 유지하여야 한다.
   나. 조리, 배식 등의 작업을 위생적으로 하기 위하여 식품 세척시설, 조리시설, 식기구 세척시설, 식기구 보관장, 덮개가 있는 폐기물 용기 등을 갖추어야 하며, 식품과 접촉하는 부분은 내수성 및 내부식성(耐腐蝕性) 재질로 하여 씻기 쉽고 소독 · 살균이 가능하도록 하여야 한다.
   다. 식기구를 소독하기 위하여 전기살균소독기 또는 열탕소독시설을 갖추거나 충분히 세척 · 소독할 수 있는 세정대(洗淨臺)를 설치하여야 한다.
   라. 냉장식품을 검수(檢收)하거나 가열조리 식품의 중심온도를 잴 때 사용할 수 있는 전자식 탐침(探針) 온도계를 갖추어야 한다.
   마. 조리 작업을 하는 곳에 두는 쓰레기통은 뚜껑이 있는 페달식으로 하여 파리와 같은 해충의 접근을 막아야 한다.

(계속)

3. 식품 보관실

가. 식품 보관실은 환기와 방습(防濕)이 잘 되어 식품과 식재료를 위생적으로 보관하기에 적합한 곳에 두되, 해충 및 쥐의 침입을 막을 수 있는 방충망 등 적절한 설비를 갖추어야 한다.

나. 식품과 소모품은 별도로 구분된 장소에서 보관하도록 하되, 부득이하게 함께 보관할 경우 서로 섞이지 않도록 분리하여 보관하여야 한다.

다. 환기시설이나 환기창 등 통풍을 위한 적절한 시설을 갖추거나 적절한 조치를 하여야 한다.

4. 이 기준에서 정하지 않은 사항에 대해서는 **「식품위생법 시행규칙」 제96조 및 별표** 25에 따른 집단급식소 시설기준에 따른다.

[표 5-4] 유치원 실별 기준

경기도교육청 고시 제2017-386호 〈2017.12.29., 일부개정〉

유치원 교구 · 설비 기준

유치원 실별 기준

구분	시설명	규격	소요기준	구분		비고
				필수	권장	
교육 활동실	① 보통교실	최소: 50㎡/실 권장: 66㎡/실	급당1	○		
	② 방과 후과정 교실		급당1		○	
	③ 강당		원당1		○	
	④ 체육장		원당1	○		
	⑤ 유희실		원당1		○	
	⑥ 도서실		원당1		○	
	⑦ 실습실		원당1		○	
계	7			2	5	
교육 지원실	① 원장실		원당1		○	
	② 교무실		원당1	○		
	③ 행정실		원당1		○	
	④ 운영위원회실		원당1		○	
	⑤ 보건실		원당1		○	
	⑥ 조리실		원당1	○		
	⑦ 식당		원당1		○	
	⑧ 자료실(자료제작실)		원당1	○		
	⑨ 문서보관실		원당1		○	
	⑩ 회의실		원당1		○	
	⑪ 방송실		원당1		○	
	⑫ 시설관리실		원당1		○	
	⑬ 창고		원당1		○	
	⑭ 화장실		원당1	○		
계	14			4	10	

[표 5-5] 유치원 교육활동실 설비 기준

경기도교육청 고시 제2017-386호 〈2017.12.29., 일부개정〉

유치원 교구 · 설비 기준

교육활동실 설비 기준

시설명	종목	규격	소요기준	구분		비고
				필수	권장	
보통 교실 및 방과 후 과정 교실	① 냉난방시설		급당1	○		바닥 난방 포함
	② 태극기		급당1	○		
	③ 책상	유아용	유아 수 비례	○		
	④ 의자	유아용	책상 수 비례	○		
	⑤ 교구장	유아용	급당5 이상	○		
	⑥ 도서정리장	유아용	급당1	○		
	⑦ 사물함	유아용	유아 수 비례		○	
	⑧ 게시판		급당1		○	
	⑨ 시계		급당1	○		
	⑩ 거울		급당1		○	
	⑪ 살균소독기		급당1	○		
	⑫ 교수용 컴퓨터		급당1	○		
	⑬ 교수용 프린터		급당1		○	
	⑭ TV		급당1	○		
	⑮ 피아노(키보드)		급당1	○		
	⑯ CD 플레이어		급당1	○		
	⑰ 전화기		급당1	○		
	⑱ 공기청정기		급당1	○		
	⑲ 침구	유아용	급당1	○		방과 후 과정
강당	① 준비실		원당1		○	
	② 빔 프로젝트 (스크린포함)		원당1		○	
	③ 피아노		원당1		○	
	④ 정수기		원당1		○	
	⑤ 화장실		원당1		○	

[표 5-6] 유치원 교육지원실 설비 기준

경기도교육청 고시 제2017-386호 〈2017.12.29., 일부개정〉

유치원 교구 · 설비 기준

1-1. 교육지원실 설비 기준

시설명	설비종목	규격	소요기준	구분		비고
				필수	권장	
원장실	① 냉난방시설		실별1		○	
	② 수도시설		원당1		○	
	③ 책상, 의자		원당1	○		
	④ 서류보관함		원당1		○	
	⑤ 회의용 탁자		원당1		○	
	⑥ 전화기		원당1		○	
	⑦ 컴퓨터		원당1		○	
	⑧ 프린터		원당1		○	
교무실	① 냉난방시설		실별1		○	
	② 방송시설		실별1	○		기타실에 설치 가능
	③ 수도시설		원당1		○	
	④ 책상, 의자		1인당 1조	○		
	⑤ 서류보관함		원당1	○		
	⑥ 전화기		원당1	○		
	⑦ 팩스		원당1	○		
	⑧ 복사기(복합기)		원당1	○		
	⑨ 컴퓨터		1인당 1	○		
	⑩ 프린터		원당1	○		
	⑪ 문서파쇄기		원당1	○		
	⑫ 구급약 냉장고		원당1	○		
행정실	① 냉난방시설		실별1		○	
	② 수도시설		원당1		○	
	③ 책상, 의자		1인당 1조	○		

(계속)

시설명	설비종목	규격	소요기준	구분		비고
				필수	권장	
행정실	④ 팩스		원당1	○		
	⑤ 전화기		원당1	○		
	⑥ 서류보관함		원당1	○		
	⑦ 복사기(복합기)		원당1	○		
	⑧ 컴퓨터		원당1	○		
	⑨ 프린터기		원당1	○		
	⑩ 문서파쇄기		원당1	○		
운영위원회실	① 회의용책상		원당1		○	
	② 의자		원당1		○	
보건실	① 냉난방시설		실별1	○		
	② 수도시설		원당1	○		
	③ 구급약 냉장고		원당1	○		
	④ 신장계		원당1	○		
	⑤ 체중계		원당1	○		
	⑥ 침대	유아용	원당1	○		
	⑦ 침구류	유아용	원당1이상	○		
	⑧ 이불장		원당1	○		
식 당	① 배식 · 퇴식대		원당1	○		
	② 식탁, 의자		급당1	○		
	③ 손 세척시설		원당1		○	

[표 5-7] 유치원 교육지원실 설비 기준

경기도교육청 고시 제2017-386호 〈2017.12.29., 일부개정〉

유치원 교구 · 설비 기준

1-2. 교육지원실 설비 기준

구분	시설명	규격	소요기준	구분		비고
				필수	권장	
조리실	① 냉난방시설		실별1	○		
	② 환기시설		원당1	○		
	③ 조리시설		원당1	○		
	④ 이동식 운반대		원당1	○		
	⑤ 방충망		원당1	○		
	⑥ 정수기		원당1	○		
	⑦ 온도계		원당1	○		
자료실 (자료 제작실)	① 교사용 교수자료		연령별1	○		
	② 교사용 지도서		연령별1	○		
	③ 영역별 교구		급당1	○		자유선택 활동교구
	④ 도서(교사용, 유아용)		연령별1	○		
	⑤ 자료제작용 책상, 의자		원당1		○	
	⑥ 캠코더		원당1		○	
	⑦ 디지털 카메라		급당1		○	
	⑧ 실물화상기		급당1		○	
	⑨ OHP		원당1		○	
	⑩ 코팅기		원당1		○	
	⑪ 종이제단기		원당1		○	
	⑫ 제본기		원당1		○	
문서 보관실	① 환기시설		원당1		○	
	② 문서보관장		원당1		○	
회의실	① 회의용 책상		원당1		○	
	② 의자		원당1		○	

(계속)

구분	시설명	규격	소요기준	구분		비고
				필수	권장	
회의실	③ 태극기		원당1		○	
	④ 전화기		원당1		○	
	⑤ 게시판		원당1		○	
방송실	① 방송시설		원당1		○	
	② 영상 촬영기		원당1		○	
	③ 유선, 무선마이크		원당1		○	
시설 관리실	① CCTV 감지기		원당1		○	
	② TV		원당1		○	
	③ 전화기		원당1		○	
	④ 이불장 및 침구세트		원당1		○	
	⑤ 화장실		원당1		○	
창고	① 환기시설		원당1		○	
	② 보관장		원당1		○	
화장실	① 대변기		급당1	○		소요기준
	② 소변기		급당1	○		소요기준
	③ 세면대		실당1	○		
	④ 샤워기		실당1	○		
	⑤ 핸드드라이기		실당1		○	
	⑥ 세탁기		원당1		○	

2 실내외 환경 구성

1) 유아교육기관 실내 환경 시설과 설비

유아교육기관의 시설과 설비는 안전, 위생, 그리고 심미적인 측면을 잘 고려하여 교육의 목적을 달성하도록 구성하여야 한다.

실내 환경을 구성할 때는 첫째, 각 교육기관의 특성을 고려하여 환경을 구성하여야 하고, 둘째, 유아의 발달수준에 적합한 환경구성이 이루어져야 하며, 셋째, 유아와 어른을 모두 고려한 환경구성이 이루어져야 한다.

유아교육기관의 실내 환경에서 설치해야 할 시설은 현관, 교실, 원장실, 교사실, 양호실, 조리실 및 식당, 화장실, 교재실, 창고 등이 있다. 유아교육기관의 실내 환경의 시설을 구체적으로 살펴보면 다음과 같다.

(1) 현관

현관은 기관의 첫 인상을 좌우하는 곳으로 영유아가 교사와 친구들을 만나거나 보호자와 헤어지고 다시 만나는 곳이기도 하며, 부모와 교직원이 만나 영유아에 대한 정보를 주고받는 곳이기도 하다. 따라서 현관은 쾌적하고 따뜻한 분위기로 환경을 구성한다. 유치원과 어린이집의 실내 현관문은 영유아의 안전을 위해 개폐장치를 설치하여야 한다.

(2) 교실

교실은 영유아들이 주로 생활하는 중요한 공간이다. 남쪽이나 동쪽 방향이 좋으며, 채광을 고려하여 커튼이나 블라인드를 설치하는 것이 좋다. 하루 중 가장 많은 시간을 보내는 공간이므로 안전하고 편리하게 활동할 수 있어야 하며 따뜻하고 청결하여 가정과 같은 느낌을 주어야 한다.

① 교실의 기준 시설 면적은 유치원의 경우 학급당 면적이 66.11㎡(20평) 이상, 어린이집의 경우 영유아 1인당 4.29㎡(1.3평)이 되어야 한다.

② 교실 공간 형태는 직사사각형의 방이 부드러운 느낌을 주며 각종 가구 배치에 용이하다.

③ 교실의 출입문에는 손 끼임 방지장치를 부착해야 하며 문턱은 없도록 하여야 한다.

④ 창문 하단의 높이가 바닥으로부터 120cm 이하인 교실의 모든 창문에는 영유아의 추락 방지를 위해 창문 보호대를 설치해야 한다.

⑤ 교실의 천장, 바닥, 벽면 등에 균열이 없으며 모서리 부분이 날카롭지 않도록 해야 하며 날카로운 못 등이 돌출되어 있지 않도록 한다.

⑥ 모든 전기 콘센트는 영유아의 손이 닿지 않게 하거나 안전덮개로 덮여 있어야 하고, 전선줄이 영유아의 손이 닿지 않도록 깔끔하게 정리되어야 한다.

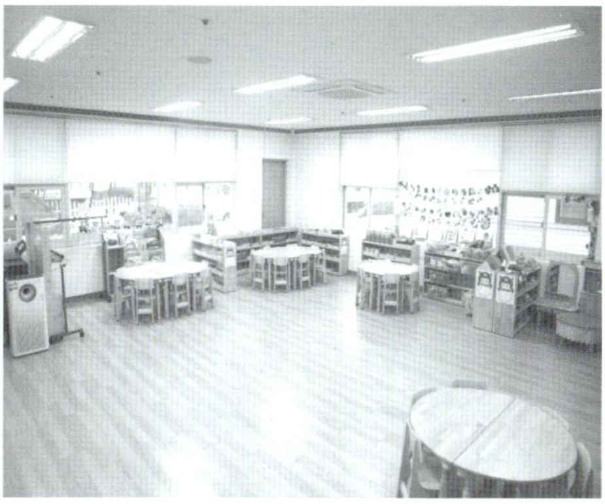

(3) 원장실과 교사실

원장실이나 교사실은 교사들이 교육활동을 계획하며 교사 간의 정보교환이 이루어지는 곳이다. 교육환경의 전반을 파악할 수 있어야 하므로 출입문이 보이는 곳에 위치해야 한다. 공간의 크기를 고려하여 책장, 책상, 컴퓨터, 의자, 복사기, CCTV, 방송시설을 갖추기도 한다. 또한 보호자와 상담하는 응접실로도 이용하는 공간으로 활용하려면 소파 등을 준비하는 것도 좋다.

[원장실]

[교사실]

(4) 양호실

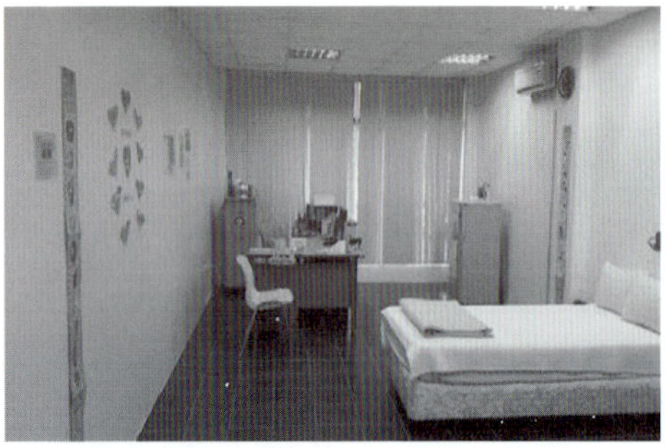

양호실은 영유아들이 몸이 아플 때 쉴 수 있는 곳으로 독립된 방이어야 한다. 그러나 기관에 별도의 공간을 마련하기 어려울 경우 교사실이나 원장실에 만들 수 있다. 양호실에는 구급약품(해열제, 소화제, 감기약, 시럽, 외상 연고 등), 간단한 의료기구(체온계, 핀셋, 붕대, 솜, 일회용 밴드 등), 침대 등을 비치해 둔다.

(5) 조리실 및 식당

조리실은 환기가 잘되며 밝은 곳에 위치하는 것이 좋다. 영유아들이 먹을 음식을 준비하는 곳이므로 위생적인 실내 환경을 유지하도록 많은 노력을 기울여야 한다. 또한, 식기를 소독하고 위생적으로 취사 및 조리할 수 있는 설비를 갖추어야 한다.

(6) 화장실

화장실 바닥은 청소하기 쉽고 미끄럼 방지장치를 설치한다. 세면대는 냉·온수 공급이 가능하여야 하며 샤워설비를 갖추어야 한다. 화장실은 교실과 인접한 공간에 설치하며 변기의 수는 가능한 한 7~8인당 한 개 이상을 설치하는 것이 바람직하다. 성인을 위한 변기와 영유아를 위한 변기를 별도로 설치해야 한다.

(7) 교재실

교재실은 영유아용 교재·교구 및 학습자료 보관이 용이하도록 한다. 교사실과 인접한 곳에 위치하는 것이 좋으며 교재실의 자료 보관대는 막힌 장보다 트인 장의 형식이 좋으며, 목재나 철제 앵글 등을 사용하여 자료 형태에 따라 몇 가지 규격으로 가로, 세로 칸막이를 해 주는 것이 좋다.

(8) 창고

창고는 탈것이나 모래놀이 도구 등 실외 놀이기구나 건물유지보수를 위한 연장도구를 보관하는 곳으로 실외에 설치하는 것이 좋으며, 유아들의 손이 닫지 않도록 잠금장치를 사용하는 것이 좋다.

알아두기 실내 환경 설비의 유의사항

① 채광과 조명을 고려한다. 낮에는 자연적인 채광으로도 교실이 밝도록 하여야 하는 데, 이때 벽면의 색채를 조절하여 자연 채광 효율을 높일 수 있다. 자연 채광만으로 밝기가 충분하지 않을 경우는 조명시설로 발기를 조절하여야 한다. 조도 300Lux 이상이 권장되고 있다.

② 소음을 줄이도록 노력할 필요가 있다(55dB 이하로 유지하여야 한다). 소음을 줄일 수 있는 자재를 사용하거나, 바닥에 카펫이나 고무 재질을 까는 방법, 책상 의자 등의 소음을 줄이기 위해 다리에 고무나 헝겊 등을 부착하는 방법 등이 권장된다.

③ 온도와 습도를 적절하게 유지하는 것이 중요하다. 유아교육 기관의 적절한 실내 온도는 18~20℃가 권장되며, 습도는 50~60%가 좋다. 냉난방기의 활용과 더불어 자주 환기를 하는 것이 요구된다.

④ 창문은 파손되지 않도록 특수 유리를 사용하는 것이 좋고, 창턱은 벽면에서 튀어 나오지 않아야 한다. 창문 면적은 바닥 면적의 1/5~1/4가 적당하며, 바닥에서의 높이는 영아반의 경우, 50~60㎝, 유아반의 경우는 60~70㎝가 적당하다. 방충망은 필수이며, 방음 및 열손실을 줄이기 위해 이중창이 필요하다.

⑤ 벽은 게시판이나 자료를 쉽게 붙일 수 있는 표면 재료를 사용하는 것이 좋으며, 유아의 키 높이를 고려하여 전시물을 보는 것은 물론 자신이 만든 것을 게시하기 쉽게 하는 것이 좋다.

⑥ 바닥은 위생과 안전을 고려하여 재료 선택에 유의한다. 대체로 나무나 리놀륨 등이 좋으며, 카펫은 필요한 곳에만 부분적으로 까는 것이 좋다.

2) 유아교육기관의 실내 흥미 영역별 교구 기준

[표 5-8] 실내 영역별 교구 기준

경기도교육청 고시 제2017-386호 〈2017.12.29., 일부개정〉

유치원 교구 · 설비 기준

1-1. 실내 영역별 교구 기준

영역	교구 종목	규격 및 교구 종류	소요기준	구분		비고
				필수	권장	
쌓기 놀이	① 블록	유니트블록(150조각 이상)	급당 1종	○		
		기타블록(스펀지, 나무, 종이, 헝겊, 플라스틱 블록류 등)	급당 5종 이상			
	② 소품	동 · 식물모형(육지동물, 조류, 바다생물, 곤충, 공룡, 식물 등)	급당 3종 이상	○		
		인형(다양한 인종, 직업 · 성을 나타내는 사람 모형), 가면 등	급당 3종 이상	○		
		교통기관 모형(자동차, 비행기, 배, 교통신호 표지판, 지역사회기관 등)	급당 3종 이상	○		
	③ 기타	화보, 관련 도서, 활동카드, 사진 등	급당 생활주제별 3종 이상	○		
역할 놀이	① 가구	씽크대, 화장대, 소파, 낮은 탁자, 의자, 옷장 등	급당 3종 이상	○		
	② 주방 용품	냉장고, 모형 가스레인지, 믹서, 토스터, 프라이팬, 냄비, 주전자, 쟁반, 국자, 도마, 칼, 컵, 각종 그릇, 수저, 포크, 나이프, 음식 모형 등	급당 10종 이상	○		
	③ 소품	소꿉놀이(앞치마, 넥타이, 턱받이, 지팡이, 안경, 신발, 가방, 모자, 유모차, 우유병, 인형 등)	급당 5종 이상	○		
		병원놀이(의사가운, 간호사복, 청진기, 모형주사기, 병원차트, 체온계, 반사경, 혈압기, 붕대, 약병, 모형 링거병 등)	급당 5종 이상	○		

영역	교구 종목	규격 및 교구 종류	소요기준	구분		비고
				필수	권장	
		미용실놀이(거울, 드라이기, 헤어롤, 분무기, 가운, 가발, 머리핀 등)	급당 5종 이상	○		
		은행놀이(통장, 모형돈, 지갑, 계산기, 카드, 인주와 도장 등)	급당 5종 이상	○		
		가게놀이(모형돈, 간판, 지갑, 시장바구니, 핸드백, 메뉴판, 계산기, 전화, 팔 물건 등)	급당 5종 이상	○		
		소방서놀이(소방관 의상, 모자, 모형소화기, 호스, 전화기, 구급차, 메가폰, 사다리, 무전기, 들것 등)	급당 5종 이상	○		
		경찰서 놀이, 우체국 놀이, 주유소 놀이, 방송국 놀이, 음식점 놀이, 결혼식 놀이 등을 위한 소품 일체	급당 3종 이상		○	
	④ 기타	화보, 간판, 관련 도서, 활동카드, 활동사진 등	급당 생활주제별 3종 이상	○		
언어	① 듣기 자료	녹음기, CD플레이어, 헤드폰, 음성동화책, CD 등	급당 1종	○		
	② 말하기 자료	인형극 틀, 손인형, 마이크, 역할놀이용 머리띠, 동화자료(그림, 막대, 융판, 자석 동화) 등	급당 3종 이상	○		
		이야기나누기 및 꾸미기 자료	급당 생활주제별 3종 이상	○		
	③ 읽기 자료	동시판, 그림책, 그림카드, 글자카드 등	급당 3종 이상	○		
	④ 쓰기 자료	색연필, 사인펜, 연필, 지우개, 종이, 화이트보드, 자석판, 마카펜 등	급당 3종 이상	○		
	⑤ 도서 자료	전래동화, 명작동화, 창작동화, 위인동화, 생활주제별 그림책, 생활주제별 동시집, 백과사전 등	급당 50권 이상	○		
	⑥ 게임 자료	게임도구(카드류, 보드류, 퍼즐류) 등	급당 3종 이상	○		

[표 5-9] 실내 영역별 교구 기준

경기도교육청 고시 제2017-386호 〈2017.12.29., 일부개정〉

유치원 교구 · 설비 기준

1-2. 실내 영역별 교구 기준

영역	교구종목	규격 및 교구 종류	소요기준	구분		비고
				필수	권장	
수·조작	① 수활동 자료	다양한 크기와 모양의 단추, 돌, 도형, 구슬, 종이, 블록, 길이가 다른 막대, 줄, 실 등(짝짓기, 수세기, 분류, 비교, 부분과 전체, 기초와 통계, 서열을 위한 자료)	급당 3종 이상	○		
	② 조작활동 자료	그림퍼즐, 단추끼우기, 지퍼올리기, 끈 끼우기, 리본 묶기, 찍찍이 붙이기, 벨트 채우기, 바느질놀이 도구, 구슬꿰기 등	급당 3종 이상	○		
	③ 게임활동 자료	각종 카드 게임, 게임판, 주사위, 민속놀이 자료 등	급당 3종 이상	○		
	④ 도형자료	도형퍼즐, 도형카드게임, 도형 구성놀이, 칠교놀이, 다양한 도형류, 입체도형류 등	급당 3종 이상	○		
과학	① 실험 및 관찰도구	거울(오목, 블록, 접이식, 삼각거울 등), 자석(막대, 말굽 등), 확대경(돋보기, 루페, 현미경 등), 감각상자, 프리즘, 감각상자 등	급당 3종 이상	○		
	② 측정도구	길이측정도구(막대자, 눈금자, 줄자, 신장계 등), 양측정도구(체중계, 접시저울, 양팔저울, 계량컵, 계량스푼 등) 모래시계, 온도계, 체온계 등	급당 3종 이상	○		
	③ 생명체 관련자료	동물, 식물, 식물표본, 곤충표본, 어항, 개미집 등	원당 1종	○		
	④ 자연현상 관련자료	흙, 돌, 곡식, 조개껍데기, 돌멩이, 솔방울, 도토리 등 여러 가지 자연물, 지구본, 우리나라 지도, 세계지도, 기후 관련 사진이나 그림 등	원당 1종	○		

영역	교구종목	규격 및 교구 종류	소요기준	구분		비고
				필수	권장	
과학	⑤ 기타	동물과 식물 관련 그림책, 백과사전류, 다양한 기계류 및 부속품, 관찰 기록용지 등	급당 1종 이상	○		
음률	① 악기	리듬악기류(탬버린, 캐스터네츠, 트라이앵글, 방울, 우드블록, 샌드블록, 귀로, 리듬막대, 마라카스, 쉐이커, 큰북, 작은북, 심벌즈 등)	급당 3종 이상	○		
		멜로디악기류(피아노, 전자오르간, 실로폰, 핸드벨, 멜로디언, 우쿨렐레 등)	급당 1종	○		
		국악기류(북, 장구, 소고, 꽹과리, 징, 가야금, 피리 등)	급당 1종	○		
	② 노래활동	그림악보, 관련그림, 포스터 등	급당 생활주제별 1종 이상	○		
	③ 감상활동	녹음기, CD플레이어, 음악 CD, 헤드폰 등	급당 1종 이상	○		
	④ 표현활동	리본막대, 스카프, 한삼 등	원당 1종	○		
	⑤ 기타	화보, 관련 도서 등	원당 1종	○		

[표 5-10] 실내 영역별 교구 기준

경기도교육청 고시 제2017-386호 〈2017.12.29., 일부개정〉

유치원 교구 · 설비 기준

1-3. 실내 영역별 교구 기준

영역	교구종목	규격 및 교구 종류	소요기준	구분		비고
				필수	권장	
미술	① 그리기 도구	크레파스, 색연필, 사인펜, 유성매직, 종이류, 물감, 붓류(굵기 3종 이상) 등	급당 3종 이상	○		
	② 만들기 도구	안전가위, 모양가위, 펀치, 스테플러, 점토, 스펀지, 리본, 잡지, 풀, 테이프, 수수깡, 빨대, 털실, 모루, 재활용품 등	급당 3종 이상	○		
	③ 기타	작품 건조대, 작품 게시대, 이젤, 작업복, 감상 자료, 활동순서도 등	급당 3종 이상	○		
컴퓨터	① 컴퓨터	최신 사양	급당 1종		○	
	② 프린터		급당 1종		○	
	③ 소프트웨어	멀티미디어 교수학습자료	원당 5종 이상		○	
요리	① 조리도구	전자레인지, 오븐, 후라이팬, 냄비, 믹서, 주방용 저울, 도마, 칼, 접시, 쟁반, 그릇, 수저, 포크, 모양찍기틀 등	원당 5종 이상	○		
	② 기타	앞치마, 머릿수건, 요리순서도, 요리책, 저울, 온도계 등	원당 3종 이상	○		
신체 활동	① 운동놀이 기구	평균대, 뜀틀, 매트, 유니바 등	원당 2종 이상	○		
	② 놀이기구	여러 가지 크기의 공, 풍선, 훌라후프, 줄넘기, 스카프, 줄, 고리던지기 등	원당 3종 이상	○		
	③ 전통놀이 도구	투호, 사방치기판, 굴렁쇠, 윷놀이, 제기, 팽이, 딱지, 비석치기판 등	원당 3종 이상	○		

영역	교구종목	규격 및 교구 종류	소요기준	구분		비고
				필수	권장	
모래놀이	① 모래놀이 도구	다양한 크기의 삽, 다양한 크기와 모양의 그릇, 모래틀, 체, 컵, 깔때기, 계량용기 등	원당 5종 이상	○		
	② 기타	정리 바구니, 다양한 자동차, 트럭, 물뿌리개 등	원당 5종 이상	○		
물놀이	① 물놀이 도구	수조, 크고 작은 그릇, 깔때기, 계량컵, 체, 구멍이 여러 위치에 뚫린 통, 다양한 굵기의 투명한 호스, 수로용 플라스틱 호스 등	원당 5종 이상	○		
	② 기타	비닐 앞치마, 배, 고무인형, 나무토막, 스티로폼 조각, 비치볼, 플라스틱 인형, 인형옷, 손수건, 대야, 비누, 빨래판, 자석낚시게임, 물컵나르기, 스푼, 물뿌리개, 물레방아 등	원당 5종 이상	○		

3) 유아교육기관의 실외 환경의 시설 · 설비

실외환경은 영유아들이 대근육 활동을 통해 건강한 몸을 유지할 수 있도록 하는 중요한 공간이며, 인지, 언어, 정서, 사회성 발달에 많은 영향을 미치는 곳이다.

실외 공간을 계획할 때 고려하여야 할 점은 다음과 같다.

첫째, 건물의 남쪽 방향에 위치하는 것이 좋으며, 화장실이나 세면대로의 이동이 용이하여야 한다.

둘째, 정적 활동 영역과 동적 활동 영역으로 구별하여 배치되어야 한다.

셋째, 바닥은 나무, 돌, 흙, 잔디, 모래 등의 다양한 형태로 구성되어야 하며 동식물 등 자연적인 사물이나 현상을 통한 즐거움과 심미감을 느낄 수 있도록 구성되어야 한다.

넷째, 영유아들의 안전을 위해 관목이나 나무로 울타리를 설치하여야 하며, 바닥은 배수가 잘 되어 바닥이 빨리 마르도록 처리하여야 한다.

(1) 놀이터와 비상재해대비시설

유아교육기관에서 놀이터와 비상재해대비시설은 정기적으로 관리해야 하는 실외 시설이다. 놀이터와 놀이기구의 설치 기준을 살펴보면 다음과 같다(보건복지부, 2015).

① 놀이터 설치의 기본 원칙

놀이터는 정원 50인 이상의 유아교육기관의 경우 영유아 1인당 3.5㎡ 이상 규모의 놀이터를 설치할 수 있으며 정원 규모별 면적 기준은 다르다. 놀이터를 설치할 때에는 「영유아보육법」, 「어린이놀이시설 안전관리법」, 「품질경영 및 공산품 안전관리법」, 「환경보건법」 등에서 정한 기준을 준수하여 설치해야 한다. 또한, 기관의 2층 이상에 놀이터를 설치하는 경우 「영유아보육법」에서 정하는 비상재해대비시설을 설치해야 한다.

② 놀이터 바닥 및 면적 설치 기준

놀이터의 바닥은 안전과 다양함을 제공하기 위해서 모래밭, 천연 및 인공 잔디, 고무매트, 폐타이어 블록으로 설치해야 한다. 놀이터의 면적은 놀이터 설치의 기본 원칙에 따라 설치한 바닥 면적에 한해 인정하며, 고정식 놀이기구가 설치된 부분에 대해서는 「어린이놀이시설 안전관리법」의 설치검사로 승인받은 면적을 인정한다. 표 5-11은 정원에 따른 놀이터 면적 기준이다.

[표 5-11] 놀이터 면적 기준

정원	면적 산정 기준	비고
50~99인	정원 x 45% x 3.5㎡	각 정원의 45%를 기준으로 1인당 3.5㎡ 이상으로 놀이터를 설치함
100~129인	100명 x 45% x 3.5㎡	45명 기준

③ 놀이기구 설치 기준

어린이집의 실외 놀이터에 대표적인 놀이기구에는 고정식 대근육 활동 놀이기구, 이동식 대근육 활동 놀이기구, 모래 놀이기구, 기타 놀이도구 등이 있다.

[표 5-12]

고정식 대근육 활동 놀이기구	이동식 대근육 활동 놀이기구	모래 놀이기구	기타 놀이도구 (권장)
• 그네, 미끄럼틀, 정글짐, 회전놀이기구, 공중놀이기구, 흔들놀이기구, 오르는 기구, 건너는 기구 또는 이를 두 가지 이상 결합한 조합놀이대 등 • 2종 이상의 대근육 활동 놀이기구를 결합한 조합놀이대는 2종 이상 설치로 간주, 아동 안전을 위해 여아용과 유아용으로 각각 구분하여 설치	• 놀이집, 널빤지와 안전 사다리, 삼각대, 뜀틀, 평균대, 점핑 바운서, 구르기용 매트, 헌타이어, 대형 블록류, 이동식 농구대 등 • 기타 이동식 대근육 활동 놀이기구로 인정할 만한 놀이기구	• 영유아의 감각 및 정서발달 등을 위한 모래놀이기구 • 모래밭과 모래놀이대 등이 포함	• 물놀이 도구 (수영장 포함), 게임놀이, 공놀이, 사회 극적 놀이도구(놀이집, 자동차 등 탈것, 소꿉놀이 등)

④ 「어린이놀이시설 안전관리법」에 의한 설치검사

유아교육기관의 놀이터는 「어린이놀이시설 안전관리법」에 따라 설치검사를 받도록 하고 있다. 놀이터가 있는 기관에서는 「어린이놀이시설 안전관리법」에 의해 설치검사를 받은 후 주기적으로 놀이터 안전검사를 받으며 관리해야 한다.

(2) 동물사육장

유아들은 동물들과 교감하면서 생명을 소중히 하는 마음을 가질 수 있다. 유아교육기관에서 기를 수 있는 동물은 조류와 다람쥐, 토끼와 같은 가축이다. 동물 사육장은 자주 청소를 해 주어 파리, 모기와 같은 해충이 생기지 않도록 해야 한다.

(3) 식물 재배지

텃밭이라고 하는 식물 재배지는 담장 옆으로 작은 화단을 가꾸어 재배할 수 있다. 유아들이 씨를 뿌리고 자라는 과정을 관찰하면서 식물에 대한 개념을 형성할 수 있다. 텃밭에서 가꿀 수 있는 식물은 채소와 토마토, 오이, 호박, 감자와 같은 먹거리로 직접 수확해서 먹어보는 기쁨을 느낄 수 있다.

3 비품 및 교재 · 교구관리

1) 비품 및 교재 · 교구의 개념

유아교육기관에서 효율적인 교수-학습 활동을 하기 위해서는 이를 위한 물품이 필요하다. 이러한 물품은 비품과 교재·교구로 나눌 수 있는데, 비품은 생활의 편리를 위해 사용되거나 교수-학습활동에 사용되는 물건으로 책상, 의자, 사물함, 교구장, 쓰레기통, 청소 도구 등을 말한다. 교재·교구는 교수-학습과정에서 사용하는 자료들을 총칭하는 것으로 명확한 구별은 어려운 편이나, 일반적으로 교재는 학습과정에서 사용되는 자료로서 교과서, 활자 인쇄물, 영상물, 녹음자료 등을 말하고, 교구는 교재의 내용을 학습시킬 때 효율적으로 하기 위해 사용되는 도구를 말한다. 즉, 빔프로젝트, 비디오, 칠판, 융판, 놀이교구 등이 이에 속한다.

2) 비품 및 교재 · 교구의 중요성

교육의 목적을 달성하기 위해서 필요한 교육의 3요소는 교수자, 학습자, 교수매체이다. 영유아의 발달에 적합한 교재·교구는 교수-학습활동을 지원해 주어 교육내용과 교육의 질을 높여준다. 또한 유아들의 학습을 구체화하기 때문에 유아들의 학습을 가능하게 한다. 훌륭한 교재·교구는 유아들의 호기심과 흥미를 유발시키고 주의집중과 학습의욕을 높여줄 뿐만 아니라 유아들이 학습하기 어려운 내용도 학습이 가능하게 해 준다. 교재·교구를 사용하면 교사의 수고로움을 덜어주어 교수 효율성 역시 높아진다. 따라서 영유아의 발달에 적합한 교재·교구를 제공하여 생활 속에서 경험을 통하여 학습할 수 있도록 다양한 자료를 활용하여야 할 것이다.

교재·교구의 중요성은 다음과 같이 요약될 수 있겠다.

첫째, 교재·교구는 교사와 유아, 유아와 유아 간의 원활한 상호작용을 촉진하는 매개체역할을 함으로써 교육 내용의 이해와 언어적 발달을 돕는다.

둘째, 영유아는 놀이를 통해 배우며 놀이가 곧 학습이 된다. 따라서 교재·교구는 유아들의 흥미를 자극하여 다양한 놀이 활동에 자발적으로 참여할 수도 있도록 이끌어 교육효과를 높인다.

셋째, 영유아는 교재·교구를 통해 활동의 내용과 방법에 대해 명료하게 이해하게 되고, 효과적인 활동방법을 탐색하고자 하는 동기를 부여받아 활동을 심화·확대시킨다.

넷째, 교재·교구를 조작하고 만져보고 탐색하고 관찰하면서 신체 및 감각능력을 발달시킬 수 있다.

다섯째, 교재·교구를 사용하여 놀이하는 과정에서 규칙을 지키고, 행동을 절제하며, 협동하는 방법을 배우게 된다.

여섯째, 다양한 교재·교구와 상호작용을 통해 창의성과 예술성 및 표현능력을 기른다(한성희·홍길회, 2019).

3) 비품 및 교재·교구의 선정 기준

비품과 교재·교구는 교육의 목적 달성을 위한 것이므로 유아의 발달을 고려하여 선정해야 한다. 교재·교구는 교수-학습의 내용을 포함하고 있어야 하고, 교수-학습 방법 또는 교수-학습 유형에 맞게 다양하게 필요하다. 비품 및 교재·교구는 유아들이 사용하는 것이므로 다음에 유의하여 선정하여야 한다.

첫째, 안전하여야 한다. 재질의 유독성이 없고 가지고 놀면서 다치는 일이 없어야 한다.

둘째, 내구성이 좋아야 한다. 여러 번 사용해도 변형되거나 마모되지 않는 것이 좋다.

셋째, 교육목적에 적합하여야 한다.

넷째, 경제적이어야 한다. 가격이 너무 비싼 것은 지양하고 한번 구입으로 오래 사용할 수 있는 것이 좋다.

다섯째, 유아들에게 지적인 성장을 자극할 수 있는 것이 좋다.

여섯째, 유아들의 신체적 성장에 도움이 되어야 한다.

일곱째, 다른 사람과 어울릴 수 있는 능력을 기르고 감정을 조절할 수 있는 것이어야 한다.

여덟째, 매력적이고 심미적 즐거움을 주는 것이어야 한다.

4) 비품 및 교재 · 교구관리 방법

교재 · 교구를 효율적으로 배치하고 관리하는 것은 중요한 부분이다. 자료가 계획적이고 조직적으로 분류되어 있고 정리되어 있으면 손쉽게 찾아서 적절하게 활용할 수 있으며, 교실에서 나온 자료를 보관할 때도 용이하게 보관하고 정리할 수 있다. 유아교육기관에서 교재 · 교구 관리하는 방법은 다음과 같다.

첫째, 비품이나 교재 · 교구를 배치할 때는 효율성을 극대화할 수 있도록 배열한다. 이에는 작업 공간과 가까운 선반에 비치하며, 파손되기 쉬운 것은 유아들의 통행이 빈번한 통로와 떨어진 곳이나 쉽게 닿을 수 없는 곳에 두며, 개방된 공간을 충분히 확보하여 사고를 예방하는 것도 포함된다.

둘째, 영유아들에게 교구 사용방법을 지도해야 한다. 즉, 교구를 사용하는 방법과 정돈하는 방법을 가르쳐 주어야 한다. 교사는 비품이나 교구를 관리하는 좋은 본보기가 되도록 한다.

셋째, 파손된 교구는 가능한 한 빨리 수리한다. 사전에 고의적으로 부수거나 손상되지 않도록 지도하는 것이 필요하다.

넷째, 비품이나 교구는 정기적으로 청결하게 유지하고 점검해야 한다. 사용된 경우 깨끗하게 유지 보관하여야 하며, 필요한 경우 교구세척법도 지도할 필요가 있다.

다섯째, 비품이나 교구를 관리할 때는 열, 빛, 습도를 고려하여야 하는 등 보관법을 숙지하여야 한다.

여섯째, 자료실에 교재·교구 현황을 파악할 수 있도록 기재된 장부를 비치한다.

마지막으로 비품이나 교재·교구를 충분히 확보하는 것이 중요하다. 교재·교구가 부족하여 참여하지 못하거나 다툼을 예방하여 교구의 파손으로 아어지지 않도록 한다.

교재·교구의 체계적인 관리를 위해서는 교재·교구 목록을 준비하는 것이 좋다. 목록을 작성하는 것은 교재·교구의 현황을 파악하여 이를 유지하고 관리하는 데 도움이 된다. 교재·교구 목록은 생활주제별이나 영역별로 구분하여 표 5-13과 같이 작성할 수 있다.

[표 5-13] 교재·교구 목록 대장

관리 번호	구입연월일	생활주제	교재·교구명	사진	구성물	배치 영역	교재·교구 상태

도서는 쉽게 파손되기 때문에 표 5-14와 같이 기록하여 관리하는 것이 좋으며, 파손되었을 때는 파손 날짜나 폐기 날짜를 비고에 기록하면 도서를 효율적으로 관리하는 데 편리하다.

[표 5-14] 도서 목록 대장

관리 번호	구입일자	도서명	저자	출판사	출판년도	비고

모든 비품은 관리대장을 만들어 정기적으로 조사하고 관리대장에 현황을 표 5-15와 같이 기록하면 폐기해야 할 것과 새로 구입해야 할 것을 파악할 수 있다.

[표 5-15] 비품관리 대장

관리번호	품명	수량	가격	구입날짜	구입처	사용장소	비고

수행하기

1. 시설 설비계획 시에 고려할 사항을 설명하시오.

2. 교재 · 교구의 중요성 및 선정 기준을 설명하시오.

3. 유아교육기관 실내 배치도를 설계하시오.

CHAPTER

06 유아교육기관 인적자원관리

Management for Early Childhood Education Institutions

1 인사관리의 개념 및 원리

1) 인사관리의 개념

인사관리는 조직의 목적을 달성하기 위해서 구성원 한 사람 한 사람이 자기의 위치에서 능력을 최대한 발휘할 수 있도록 하는 모든 활동을 말한다. 어떤 조직이든 그 조직의 목적을 달성하기 위해서 필요한 요인들에는 사람, 재정, 환경, 시간 등이 있으며, 이 중에서 가장 중요하고 변수가 많은 사람이다. 유아교육기관에서 교사는 교육의 질을 좌우할 만큼 큰 비중을 차지한다.

따라서 성공적인 원 운영을 위해서는 다음과 같은 점이 고려되어야 한다.

첫째, 우수한 교사를 선발하여야 한다.

둘째, 교사의 업무능력을 향상시키고 기술을 습득할 수 있는 교육을 제공하여야 한다.

셋째, 교사의 근무의욕을 고취시킬 수 있는 비전을 제시하고 사기를 높여주는 동기부여를 해 주어야 한다.

넷째, 교사의 직무능력에 영향을 줄 수 있는 인간관계, 윤리강령, 효능감 등의 교육이 지원되어야 한다.

다섯째, 교직원의 공정한 인사행정을 위한 근무평정, 승진, 급여, 연금, 재해보상, 복지, 징계, 포상 등과 같은 사무처리 기준을 마련하여야 한다.

2) 인사관리의 원리

유아교육기관은 조직의 규모 면에서 국·공립 유치원이나 법인 유치원을 제외하면 대부분 개인이 운영하는 경우가 많기 때문에 인사관리의 체계성을 갖추기 어려운 경우가 많다. 이러한 특성을 고려할 때 위계적인 관리방식보다는 인간적 만남을 중시하는 민주적이고 자율적이며 자기 책임의 원칙을 강조하는 방향이 적절하다고 볼 수 있다.

인사관리의 목적은 우수한 인재를 채용하여 그들의 능력을 지속적으로 발전시키고 동기를 부여해주는 것이라 볼 수 있는데, 이를 위해서는 다음과 같은 기본적인 인사관리의 원리가 필요하다.

첫째, 인간존중 정신에 바탕을 두어야 한다. 인간이 지니고 있는 존엄한 가치와 개성, 능력, 적성 등을 인정하며 개인의 성장을 조장하고 지원함으로써 자아실현을 이룰 수 있도록 해야 한다.

둘째, 민주주의 원리에 바탕을 두어야 한다. 인사에 관한 권한을 한 사람이 독점하는 것보다는 구성원을 참여시켜 의견을 수렴하여 의사결정이 이루어지도록 한다.

셋째, 평등한 기회를 주어야 한다. 성별, 연령 등에 관계없이 자격과 능력을 갖춘 사람에게 승진 및 보직, 업무의 분담에 균등한 기회를 주어야 한다.

넷째, 전문성을 신장해 주어야 한다. 교직에 종사하는 사람은 유아의 발달을 이해하고 적합한 교육활동을 계획할 수 있으며 교육과정을 관리하는 능력과 전문성을 가지고 있어야 한다.

다섯째, 실적주의와 연공서열주의를 적절히 배합해야 한다. 실적주의는 성과를 올린 사람에게 유리하게 적용하는 것이며, 연공서열주의는 근무연수, 연령, 학력 등을 강조하는 입장이다.

실적주의는 교사의 능력을 발전시키고, 분발하도록 자극할 수 있다는 장점이 있으나, 실적 쌓는 데 급급하여 지나친 경쟁으로 교직원 간에 관계를 깰 수 있는 단점이 있다.

반면 연공서열주의는 근무 연수만 차면 승진과 봉급이 상승하기 때문에 노력을 등한시할 우려가 있으며, 연장자를 중심으로 위계질서가 확고해 조직의 응집력이 커질 수 있다. 따라서 이 두 가지를 적절히 배합하는 것이 필요하다.

여섯째, 공정성을 가지고 있어야 한다. 교직원의 임용과 승진, 보수, 휴가 등에 합리적 규준을 마련하여 정당하게 운영해야 한다.

또한 유아교육기관에 인사위원회를 두어 새로운 교사를 채용할 때 교직원들이 인사위원회를 구성하여 면접을 보고 합격자를 선정한다면 교직원들이 책임감을 가지고 신입 교직원을 지도하게 되고, 적응할 수 있도록 도울 것이다. 인사위원회 제도는 기관의 중요 사안을 교직원들이 결정했다는 자부심이 생기고, 주인의식을 가지게 한다.

2 교직원의 자격과 배치

1) 유치원 교원의 자격

유치원의 교직원에는 교원으로 원장, 원감, 교사 등을 들 수 있으며, 교원 외에 촉탁의사, 영양사, 간호사 또는 간호조무사, 행정직, 기능직 등을 둘 수 있다. 제20조 제1항, 제2항 유치원 교원의 자격검정은 무시험을 원칙으로 하며, 자격기준은 「유아교육법」 제22조 제1항의 [별표 1]과 제2항의 [별표 2]의 규정을 따른다. 유치원 교원의 종별 및 자격 기준은 표 6-1과 같다.

[표 6-1] 유치원 교원의 종별과 자격 기준

종별	자격기준
원장	1. 유치원의 원감자격증을 가지고 3년 이상의 교육경력과 소정의 재교육을 받은 자 2. 학식 · 덕망이 높은 자로서 대통령령이 정하는 기준에 해당한다고 교육과학기술부 장관의 인정을 받은 자
원감	1. 유치원 정교사(1급) 자격증을 가지고 3년 이상의 교육경력과 소정의 재교육을 받은 자 2. 유치원 정교사(2급) 자격증을 가지고 6년 이상의 교육경력과 소정의 재교육을 받은 자
정교사(1급)	1. 유치원 정교사(2급) 자격증을 가진 자로서 3년 이상의 교육경력을 가지고 소정의 재교육을 받은 자 2. 유치원 정교사(2급) 자격증을 가지고 교육대학원 또는 교육과학기술부 장관이 지정하는 대학원의 교육과에서 유치원 교육과정을 전공하여 석사학위를 받은 자로서 1년 이상의 교육경력이 있는 자
정교사(2급)	1. 대학에 설치된 유아교육과 졸업자 2. 대학(전문대학 및 이와 동등 이상의 각종 학교를 포함한다) 졸업자로서 재학 중 소정의 보육과 교직학점을 취득한 자 3. 교육대학원 또는 교육과학기술부 장관이 지정하는 대학원의 교육과에서 유치원 교육과정을 전공하고 석사학위를 받은 자 4. 유치원 준교사 자격증 소지자로서 2년 이상의 교육 경력을 가지고 소정의 재교육을 받은 자

2) 유치원장 자격인정

유치원 교원의 배치는 각 기관의 특성, 기관 규모나 운영 방침에 따라 다르며 유치원 원장의 자격 기준 중 2항에 해당하는 학식 · 덕망이 높은 자로서 대통령령이 정하는 기준은 교원자격검정령(2008.6.5 개정) 제23조 제1항 별표에 규정을 말하며, 이 령에 의한 유치원장 자격인정 기준은 표 6-2와 같다.

[표 6-2] 교원자격검정령의 유치원장 자격인정 기준

구분	자격인정 기준
유치원장	1. 전문대학 졸업자 또는 이와 동등 이싱의 학력이 있는 자로서 다음 각호의 1에 해당하는 자 가. 5급 이상의 국가공무원이나 지방공무원 나. 장학관이나 교육연구관 다. 3년 이상의 교육경력 또는 교육행정경력이 있는 자 2. 7년 이상의 교육경력 또는 교육행정경력이 있는 자

3) 사립유치원 원장자격 무시험검정

사립유치원 원장 자격인정 기준은 「유아교육법」(법률 제14567호, '17.2.8 제22조 제1항 관련 [별표1]), 「교원자격검정령」(대통령령 제28521호, '17.12.29 제23조 제1항 관련 [별표2])에 의하여 무시험검정으로 원장 자격인정을 받을 수 있다.

(1) 사립유치원 원장 자격인정 업무 흐름도

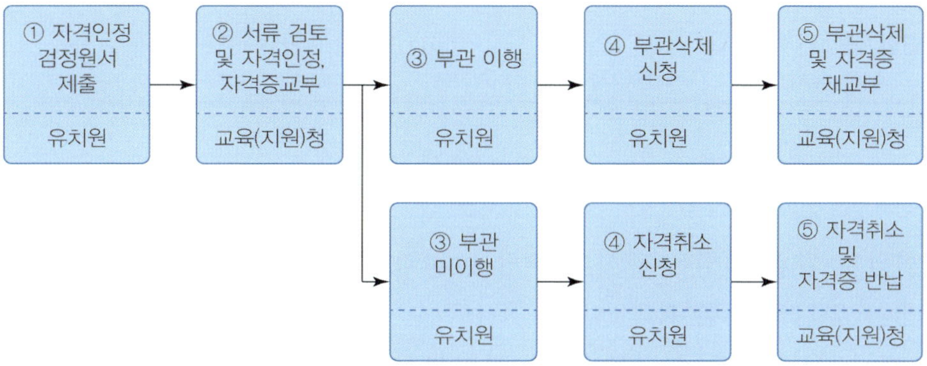

[그림 6-1] 사립유치원 원장 자격인정 업무 흐름도

4) 유치원 교원 배치

유치원 교원의 배치 기준은 「유아교육법 시행령」 제23조에 의하여 유치원에는 원장·원감 외에 학급당 교사 1인 이상을 배치한다. 다만 2학급 이하 유치원은 원장 및 원감이 학급을 담당할 수 있다.

종일제를 운영하는 유치원은 종일제 운영반을 담당하는 교사를 1인 이상 둘 수 있으며, 그 배치 기준은 관할청이 정한다. 유치원에는 교사 중에서 다음 각 호의 구분에 따른 수의 보직교사를 둘 수 있다. 교원 배치 기준은 표 6-3과 같다.

[표 6-3] 교원 배치 기준

<table>
<tr><th>구분</th><th>배치 교사 기준</th><th>비 고</th></tr>
<tr><td>유치원</td><td>원장 · 원감
학급당교사 1명</td><td rowspan="5">• 2학급 이하 유치원 원장 및 원감이 학급을 담당할 수 있다.
• 종일제 운영 담당교사의 배치기준은 관할청이 정한다.
• 유치원에 따라서 학급에 1인 담임과 1인 부담임 또는 보조교사를 배치할 수 있다.</td></tr>
<tr><td>종일제 운영 유치원</td><td>종일제 담당 교사
1명 이상</td></tr>
<tr><td>3~5학급 이상 유치원</td><td>보직교사 1인</td></tr>
<tr><td>6~11학급 이상 유치원</td><td>보직교사 2인</td></tr>
<tr><td>12학급 이상 유치원</td><td>보직교사 3인</td></tr>
<tr><td>급식인원 1일 100인
이상 유치원</td><td>조리사,
영양사 배치</td><td>5개유치원에서 영양사 1명을 공동으로 임용 가능</td></tr>
</table>

(1) 담임 배정

학급의 담임 배정은 교사의 역량을 파악하여 가장 잘 지도할 수 있는 연령을 맡기도록 한다.

담임 배정방식은 무작위 선임 담임제(특정한 원칙이 없이 담임을 배정하는 것), 희망 선임 담임제(교사들의 의견을 청취한 후 배정하는 방식), 연령 고정식 담임제(교사별 담당 연령을 미리 고정해 놓고, 그 교사는 매년 동일한 연령을 담당하는 것), 계속적 담임제(한 번 담당한 학급을 유아들이 초등학교에 입학하기 전까지 계속 담임을 맡는 것) 등이 있다.

(2) 보직임용

교직원의 구성원이 비교적 많은 경우 경영자와 일반 교직원 중간에서 조정과 소통을 담당하고, 경영자를 보좌하며, 일반 교직원을 지도 조언하는 보직자가 필요하다. 유아교육기관의 보직은 주로 부장교사 혹은 팀장, 주임교사가 있으며, 운전기사가 많을 경우 차량운행을 총괄하는 운행주임을 둘 수 있고, 주방의 종사원이 많다면 급식을 총괄하는 주임을 둘 수 있다.

보직임용을 할 경우는 권한과 책임의 한계를 명확하게 규정해야 한다.

자칫하면 권한의 남용으로 인한 교직원 간 갈등의 원인을 만들며, 맡은 역할을 수행하지 못할 경우는 조직의 비효율을 초래할 수도 있다.

(3) 교과 전담교사

요즘은 유아교육기관에서도 업무의 효율화와 전문화를 위해 담임을 맡지 않고 특정교과 혹은 역할을 전담하는 교사를 두는 경우가 많다. 예를 들어 유아들의 조형활동, 음악활동, 체육활동, 외국어 교육 등을 전담하거나 종일반, 야간보육과 같은 근무시간을 전담하여 지도하는 형태가 있다. 교과 전담교사가 있을 경우는 담임교사의 수업부담을 경감시켜 줄 수 있고, 지도 분야의 전문성을 확보할 수 있어 질 높은 교육서비스를 제공할 수 있다. 그러나 교과 전담교사와 담임교사와의 교육계획에 대한 협의가 잘 이루어지지 않을 때는 통합교육에 방해가 되며, 오히려 효율성을 떨어뜨리는 결과를 가져올 수 있다.

(4) 업무분장

유아교육기관을 운영하기 위해서는 다양한 업무가 필요하다. 이를 효과적이고, 확실한 책임하에 집행하기 위해서는 업무를 분담하여 전문적으로 처리할 필요가 있다.

업무분장은 다음과 같은 원칙하에 이루어져야 한다(윤정일, 2002).

① 적재적소주의 원칙: 가능한 한 교직원의 개성, 적성, 희망을 고려한다.
② 변화성의 원칙: 교직원의 미래 발전을 위해서 다양한 부서의 경험을 얻도록 한다.
③ 공정성의 원칙: 사무의 공평한 분담을 고려해야 한다.

업무 분장이 효과적으로 이루어지기 위해서는 구성원 모두가 해당 분야에서 책임과 의무를 다해야 하며, 교직원 간 협력적 태도가 필수적이다.

5) 어린이집 교직원 자격

어린이집 교직원은 어린이집의 관리·운영을 담당하는 원장, 영유아의 보호 및 교육을 담당하는 보육교사, 특수교사나 치료사와 같은 보육교직원과 그 외 간호사, 영양사, 취사부, 관리인, 사무원 및 운전기사 등이 포함된다.

이 중 어린이집별 원장의 자격 기준은 표 6-4~표 6-7과 같다.

[표 6-4] 어린이집 원장의 일반 자격 기준

자격기준
1. 보육교사 1급 자격을 취득한 후 3년 이상의 보육 등 아동복지업무 경력이 있는 사람 1. 「유아교육법」에 따른 유치원 정교사 1급 자격을 취득한 후 3년 이상의 보육 등 아동복지업무 경력이 있는 사람 1. 유치원 원장의 자격을 가진 사람 1. 「초·중등교육법」에 의한 초등학교 정교사 자격을 취득한 후 5년 이상의 보육 등 아동복지업무 경력이 있는 사람 1. 「사회복지사업법」에 의한 사회복지사 1급 자격을 취득한 후 5년 이상의 보육 등 아동복지업무 경력이 있는 사람 1. 「의료법」에 의한 간호사 자격을 취득한 후 7년 이상의 보육 등 아동복지업무 경력이 있는 사람 1. 국가 또는 지방자치단체에서 7급 이상의 공무원으로 보육 등 아동복지업무에 5년 이상 근무한 경력이 있는 사람
보육 등 아동복지업무 경력 가. 다음의 어느 하나에 해당하는 경력 – 어린이집에서 어린이집의 원장, 보육교사, 특수교사의 자격증, 치료사로 근무한 경력 – 육아종합지원센터에서 육아종합지원센터의 장, 보육전문용원, 특수교사, 대체교사 또는 일시보육 담당보육교사로 근무한 경력 – 법 제26조의2 제2항에 따른 일시보육서비스지정기관에서 기관의 장 또는 일시보육 담당 보육교사로 근무한 경력 나. 「유아교육법」에 따른 교육과정과 방과 후과정을 운영하는 유치원에서 원장, 원감, 수석 교사 또는 교사로 근무한 경력 다. 「아동복지법」에 따른 아동복지시설에서 시설장, 총무, 보육사, 생활복지사, 상담지도원 또는 자립지원전담요원으로 근무한 경력 라. 「장애인복지법」에 따른 장애 영유아 거주시설에서 장애영유아와 관련된 업무에 종사한 경력 마. 가목부터 라목까지의 아동복지 업무를 수행하는 시설에서 간호사로 근무한 경력 바. 국가 또는 지방자치단체에서 7급 이상의 공무원으로 보육 등 아동복지에 관한 행정업무에 종사한 경력

[표 6-5] 가정어린이집 원장의 자격 기준

자격 기준
1. 일반 기준에서 정한 자격을 갖춘 자 1. 보육교사 1급 이상 자격을 취득한 후 1년 이상의 보육업무경력이 있는 자
보육업무 경력 가. 다음의 어느 하나에 해당하는 경력 - 어린이집에서 어린이집의 원장, 보육교사, 특수교사 또는 치료사로 근무한 경력 - 육아종합지원센터에서 육아종합지원센터의 장, 보육전문요원, 특수교사, 대체교사 또는 일시보육 담당보육교사로 근무한 경력 - 법 제26조의2제2항에 따른 일시보육서비스지정기관에서 기관의 장 또는 일시보육 담당 보육교사로 근무한 경력 나. 「유아교육법」에 따른 교육과정과 방과 후 과정을 운영하는 유치원에서 원장, 원감, 수석 교사 또는 교사로 근무한 경력

[표 6-6] 영아전담어린이집 원장의 자격 기준

자격 기준
1. 일반 기준에서 정한 자격을 갖춘 사람 1. 간호사 자격증을 취득한 후 5년 이상의 아동간호업무 경력이 있는 사람
아동간호업무 경력 - 병원 소아과나 신생아실, 보건소 모자보건센터, 초등학교 보건실 등에서 근무한 경력

[표 6-7] 장애아전담어린이집 원장의 자격 기준

자격 기준
1. 일반 기준에서 정한 자격을 갖춘 자로서 다음의 어느 하나에 해당하는 사람 1) 대학(전문대학 포함)에서 장애인복지 및 재활 관련 학과를 전공한 자 2) 장애영유아 어린이집에서 2년 이상의 보육업무경력이 있는 자

[표 6-8] 보육교사의 등급 및 자격 기준

자격 기준	
보육교사 (1급)	1. 보육교사 2급 자격을 취득한 후 3년 이상의 보육업무경력과 승급교육을 받은 자 1. 보육교사 2급 자격을 취득한 후 보육 관련 대학원에서 석사학위를 취득한 자로서 1년 이상 보육업무 경력과 승급교육을 받은 자
보육교사 (2급)	1. 전문대학 또는 이와 동등 이상의 학교에서 보육 관련 교과목 및 학점을 이수하고 졸업한 자 1. 보육교사 3급 자격을 취득한 이후 2년 이상의 보육업무 경력과 승급교육을 받은 자
보육교사 (3급)	1. 고등학교 또는 이와 동등 이상의 학교를 졸업한 자로서 교육훈련시설에서 정해진 교육 과정을 수료한 자

또한 어린이집교사의 배치 기준은 시설의 필요, 지역적 상황 및 시설의 규모에 따라 약간씩 차이가 있으며, 「영유아보육법 시행규칙」 제10조 [별표 2]에 제시되어 있다. 보육교사 배치 기준은 표 6-9와 같다.

[표 6-9] 어린이집교사 배치 기준

구분	배치 기준	자격기준	비고
원장	• 전 어린이집별 1인 단, 영유아 20인 이하를 보육하는 시설은 어린이집의 원장이 보육교사를 겸임할 수 있음	영유아보육법 시행규칙 제10조 [별표2]	정원기준
보육교사	• 만 1세 미만 ⇒ 영아 3인당 1인 • 만 1세 이상 2세 미만 ⇒ 영아 5인당 1인 • 만 2세 이상 3세 미만 ⇒ 영아 7인당 1인 • 만 3세 이상 4세 미만 ⇒ 유아 15인당 1인 • 만 4세 이상 미취학 유아 ⇒ 유아 20인당 1인 * 40인당 1인은 보육교사 1급자격자여야 함 • 취학 아동 ⇒ 20인당 1인 • 장애아 3인당 1인 * 장애아 9인당 보육교사 1인은 특수교사 자격소지자여야 함	영유아보육법 시행규칙 제10조 [별표2]	현원기준
간호사	• 영유아 100인 이상을 보육하는 시설의 경우 간호사 1인	–	현원기준
영양사	• 영유아 100인 이상을 보육하는 시설의 경우 영양사 1인	–	현원기준
조리원	• 영유아 40인 이상을 보육하는 시설의 경우 취사부 1인	–	현원기준 (방과 후 제외)

어린이집의 원장은 보육교사를 겸임할 수 없는 것이 원칙이나, 보육정원 20인 이하 시설의 원장은 보육교사를 겸임할 수 있다. 「영유아보육법 시행규칙」 제23조 [별표 8]에 어린이집에서는 가능한 한 만2세 미만 영아반, 만2세 영아반과 만3세 이상의 유아반을 동시에 운영하여야 한다고 명시하고 있다.

3 교원의 임용

1) 임용 및 해임

임용이란 개인에게 특정한 직위를 임명하는 것으로 신규채용, 승진, 승급, 전직, 전보, 겸임, 휴직, 복직, 강임, 직위해제, 면직 및 파면 등을 포함한다. 해임은 맡은 직위에서 그만 두게 하는 것을 말한다. 임용과 해임을 합쳐서 임면이라고 한다.

현행 법에서 교원의 임용은 자격 임용주의, 성적주의 및 전형주의 원칙을 따르며, 교원으로서의 자격을 갖추고 임용을 원하는 모든 자에 대하여 능력에 따라 균등한 임용 기회가 보장되어야 한다.

(1) 유치원교사 임용

유치원의 교원은 학교의 교원과 마찬가지로 「초·중등교육법」과 「사립학교법」에 의해 신분 보장을 받도록 규정하고 있다. 사립유치원교사도 공립 유치원교사와 동일한 자격과 복무를 가지며, 임용되면 7일 이내에 관할 교육청에 보고하여야 한다.

유치원교사의 선발은 공립 유치원교사는 「교육공무원법」에 근거하여 공개 전형방법에 의한다. 따라서 공립 유치원의 교사가 되기 위해서는 유치원교사 임용 후보자 선정 경쟁시험(임용고사)을 치러야 한다. 공립 유치원교사 임용 후보자 경쟁시험은 매년 필요한 인원만큼 선발하여 배치한다. 공립 유치원의 임용권자는 교육청장이다.

사립유치원의 경우에는 사학의 자율성을 보장하는 측면에서 교원 임용의 권한이 교육기관의 경영자에게 위임되어 있으므로 각 기관에서 나름대로의 선발 기준을 가지고 선발하고 있다. 법인이나 개인이 설립한 사립유치원은 원장의 제청으로 이사회의 의결이나 설립자의 의결을 거쳐 구비서류를 당해 교육청장에게 제출하여 최종적으로 임용이 결정된다. 교원의 임명권자는 교원을 임면한 날부터 7일 이내에 관할청에 보고하여야 한다.

유치원 교원 임용하고자 할 때는 먼저 신원조회를 의뢰한 후 회신이 오면 임용에 필요한 서류를 구비하여 관할청으로 임용보고를 한다.

① 신원조사

신원조사의 대상의 관내 유치원 임용예정인 모든 교원이며 구비서류는 다음과 같다.

가. 신원진술서(약식)
나. 기본증명서(상세)
다. 개인정보제공동의서(약식)

② 신원조사 의뢰 및 회신 절차

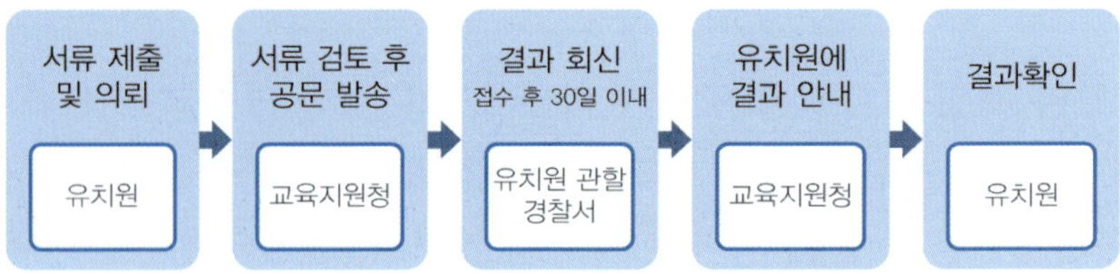

[그림 6-2] 신원조사 의뢰 및 회신 절차

③ 임용보고

임용보고 대상은 신원조사 및 범죄경력조회를 하여 그 결과에 이상이 없는 자이다. 모든 서류는 사본으로 유치원 자체 보관하여야 하며 유치원 자체 임용발령 대장에 작성하여야 한다. 구비서류는 다음과 같다.

가. 임용장
나. 개인정보 수집 및 이용 동의서
다. 성범죄 경력 및 아동학대 관련 범죄 전력 조회 회신서
라. 교육공무원 인사기록카드
마. 주민등록초본

바. 졸업증명서 또는 최종학력증명서

사. 교원자격증

아. 공무원채용신체검사서

자. 경력증명서

(2) 유치원교사 해임

교원이 면직을 청하면 임용권자는 의원면직 제한 여부를 확인하여야 한다.

① 의원면직

면직 예정자는 유치원장에게 최소 30일 전에 사직 의사를 표명하여야 한다. 제출서류는 다음과 같다.

가. 사직서

② 의원면직 제한 여부 확인

가. 「사립학교법」 제54조의5에 의해 의원면직을 신청한 경우 임용권자 또는 임용제청자는 해당 교원이 제한대상에 해당하는지를 감사·조사 및 수사기관의 장에게 확인하여야 함

나. 「사립학교법 시행령」 제24조의2에 의해 감사·조사 및 수사기관의 장은 그 요청을 받은 날부터 10일 확인 결과를 통보하여야 함

③ 교원 의원면직 흐름도

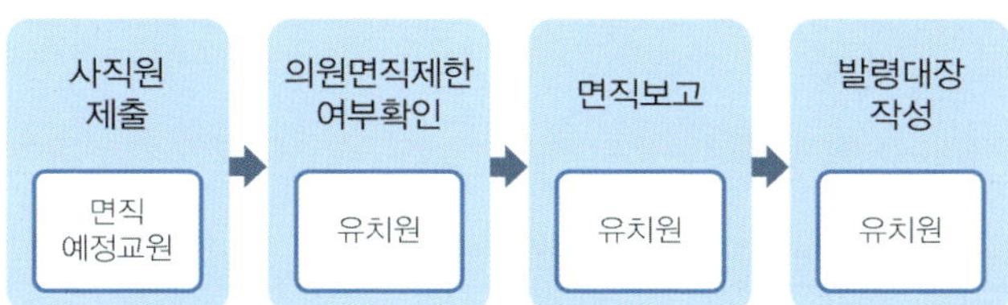

[그림 6-3] **교원 의원면직 흐름도**

④ 교원 인사 · 복무와 관련된 내용은 표 6-10과 같다.

[표 6-10]

순 서	내용
1	신원조사 의뢰요청 공문 예시
2	신원진술서(약식)
3	개인정보 제공 동의서(약식)
4	성범죄 경력 및 아동학대관련범죄 전력 조회 동의서
5	성범죄 경력 및 아동학대관련범죄 전력 조회 신청서
6	임용보고 공문 예시
7	임용장
8	교원 개인정보 수집 및 이용 동의서
9	서약서
10	사직원
11	의원면직 제한 여부 확인 요청 공문 예시
12	면직보고 공문 예시
13	의원면직 사유 확인서
14	교육공무원 인사기록카드

[표 6-11] 신원조사 의뢰 요청 공문 예시

○○유치원

수신 경기도○○교육지원청교육장(○○○○지원과장)
(경유)
제목 신원조사 의뢰 요청

1. 관련: 보안업무규정 제31조
2. 다음과 같이 유치원교사로 임용하고자 신원조사 의뢰를 요청합니다.

성명	주민등록번호	직위(직급)	조사목적	연락처	비고
○○○	000000-0000000	유치원 교사	교사 임용	010-0000-0000	

붙임 1. 신원진술서(약식) 1부.
2. 기본증명서(상세) 1부.
3. 개인정보 제공 동의서(약식) 1부. 끝.

○○유치원장(직인)

담당자 ○○○ 원감 ○○○ 원장 00/00 ○○○
협조자
시행 00유치원-00 (0000. 00. 00.) 접 ( )
우 00000 경기도 00시 00로 000 (00동) / http://유치원홈페이지주소
전화번호 000-000-0000 /팩스번호 000-000-0000 / 담당자이메일주소 / 비공개(6)

[표 6-12] 신원진술서(약식)

[별지 제21호서식] 〈개정 2017.2.22.〉

신 원 진 술 서(약식)

<table>
<tr><td>성 명</td><td></td><td>한 자</td><td></td><td>주민등록번호</td><td></td><td rowspan="4">[사진]
사진파일 가능
(3cm×4cm)
(3.5cm×4.5cm)</td></tr>
<tr><td>등록기준지</td><td colspan="5"></td></tr>
<tr><td>주소</td><td colspan="5"></td></tr>
<tr><td>실거주지</td><td colspan="5"></td></tr>
<tr><td>직 장</td><td colspan="3">직장명 :
소재지 :</td><td>연
락
처</td><td colspan="2">직장전화 :
휴 대 폰 :
E-mail :</td></tr>
</table>

<table>
<tr><td rowspan="4">학 력</td><td>학 교 명</td><td>기 간</td><td>전공학과</td><td>학 위</td><td>소 재 지</td></tr>
<tr><td></td><td>. . ~ . .</td><td></td><td></td><td></td></tr>
<tr><td></td><td>. . ~ . .</td><td></td><td></td><td></td></tr>
<tr><td></td><td>. . ~ . .</td><td></td><td></td><td></td></tr>
<tr><td rowspan="4">경 력</td><td>기관 · 업체 및
정당 · 사회단체명</td><td>기 간</td><td>직 책(직급)</td><td colspan="2">상 벌 관 계(일자)</td></tr>
<tr><td></td><td>. . ~ . .</td><td></td><td colspan="2"></td></tr>
<tr><td></td><td>. . ~ . .</td><td></td><td colspan="2"></td></tr>
<tr><td></td><td>. . ~ . .</td><td></td><td colspan="2"></td></tr>
<tr><td rowspan="3">해 외
거 주
사 실</td><td>거주 국가</td><td>기 간</td><td>거주 목적</td><td colspan="2">동반 가족</td></tr>
<tr><td></td><td>. . ~ . .</td><td></td><td colspan="2"></td></tr>
<tr><td></td><td>. . ~ . .</td><td></td><td colspan="2"></td></tr>
</table>

<table>
<tr><td rowspan="2">병 역</td><td>군 별</td><td>기 간</td><td>병 과</td><td>최종 계급</td><td>미 필 사 유</td></tr>
<tr><td></td><td>. . ~ . .</td><td></td><td></td><td></td></tr>
</table>

<table>
<tr><td rowspan="4">배우자
부모
자녀</td><td>관 계</td><td>성 명</td><td>생년월일</td><td>관 계</td><td>성 명</td><td>생년월일</td></tr>
<tr><td>배우자</td><td></td><td></td><td>子</td><td></td><td></td></tr>
<tr><td>父</td><td></td><td></td><td>子</td><td></td><td></td></tr>
<tr><td>母</td><td></td><td></td><td>子</td><td></td><td></td></tr>
</table>

1. 위 내용은 사실과 다름이 없으며, 기재사항 누락 및 허위기재 사실이 있을 경우「국가공무원법」 등 관계법령에 따라 불이익을 받을 수 있다는 사실을 고지 받았음을 확인합니다.
2. 사실관계 확인을 위하여「개인정보보호법」제15조(개인정보의 수집 · 이용)에 따라 개인정보의 수집 · 이용에 동의합니다.

년 월 일

작 성 자 성명 인(서명 또는 날인)

[표 6-13] 개인정보 제공 동의서(약식)

개인정보 제공 동의서(약식)

■ 본인은 신원조사기관이 본인에 대한 신원조사를 실시할 필요가 있다는 것과 개인정보(범죄 경력 등 민감정보 포함. 이하 동일) 수집 목적 등 아래 유의사항을 이해하였으며, 이를 위해 「개인정보보호법」 등에 의해 보호되고 있는 본인의 개인정보를 동법 제15조(개인정보의 수집 · 이용)의 규정 등에 따라 신원조사기관에 제공하는데 동의합니다.

■ 이에 따라, 개인정보 보유기관장은 원활한 신원조사를 위해 본인에 관한 개인정보를 해당 신원조사기관에게 제공하여 줄 것을 요청합니다.

■ 본인이 서명한 동의서 복사본은 원본과 동일하게 유효하다는 것을 인정합니다.

유의사항 (개인정보 수집 목적 · 관리방법, 정보제공 동의 거부 가능 고지)
▪ 수집된 개인정보자료 · 개인정보 제공 동의서는 신원조사 목적으로만 사용되고,「공공기록물관리에관한법률」에 따라 관리 · 폐기되며 수집하려는 개인정보의 항목은 아래와 같습니다. ▪ 개인의 자유로운 의사에 따라 정보 제공동의를 거부할 수 있습니다. 다만, 이 경우 신원조사를 원활히 진행할 수 없음을 알려드립니다.

년 월 일

성명 (서명)

■ 본인 동의

성명	생년월일	서 명	
		개인정보 제공 동의	민감정보 제공 동의
		자필 서명	자필 서명

※ 신원조사를 위해 수집되는 정보자료 항목

개인정보	민감정보
▪ 주민 조회자료(경찰청)	▪ 범죄경력 · 수사 · 수배 조회자료(경찰청)

개인정보 보유기관장 귀하

[표 6-14] 성범죄 경력 및 아동학대관련범죄 전력 조회 동의서

■ 아동 · 청소년의 성보호에 관한 법률 시행규칙 [별지 제10호의2서식] 〈신설 2018. 3. 21.〉 (앞쪽)

성범죄 경력 및 아동학대관련범죄 전력 조회 동의서

대상자	성 명(외국인의 경우 영문으로 작성)
	주민등록번호(외국인의 경우 외국인등록번호/국적)
	연락처(휴대전화 등)

본인은 ○○기관(시설)(예: 유치원, 어린이집, 아동복지시설, 청소년쉼터, 청소년활동시설, 의료기관 등)의 취업자등으로서「아동 · 청소년의 성보호에 관한 법률」 제56조 및 같은 법 시행령 제25조에 따른 성범죄경력 조회와 ○○기관(시설)(예: 유치원, 어린이집, 아동복지시설, 청소년쉼터, 청소년활동시설, 의료기관 등)의 취업(예정)자 또는 노무 제공(예정)자로서 「아동복지법」 제29조의3 및 같은 법 시행령 제26조의4에 따른 아동학대관련범죄 전력 조회에 동의합니다.

년 월 일

동의자 (서명 또는 인)

__________________**경찰서장** 귀하

유의사항
1. 개인정보 수집항목: 성명, 주민등록번호(외국인의 경우 외국인등록번호 및 국적) 2. 개인정보 제공 거부에 따른 제한사항: 귀하는 개인정보 제공 동의를 거부할 권리가 있으나, 동의 거부 시에는 취업에 제한을 받을 수 있습니다. 3. 개인정보의 수집 · 이용 목적: 수집된 개인정보는 성범죄 경력 조회 신청, 아동학대관련범죄 전력 조회 신청 등을 위하여 사용됩니다. 4. 동의자가 2인 이상일 경우에는 뒤쪽에 일괄하여 작성할 수 있습니다.

210㎜×297㎜[백상지(80g/㎡) 또는 중질지(80g/㎡)]

[표 6-15] 성범죄 경력 및 아동학대관련범죄 전력 조회 신청서

■ 아동 · 청소년의 성보호에 관한 법률 시행규칙 [별지 제9호의3서식] 〈신설 2018. 3. 21.〉

범죄경력회보서 발급시스템 (http://crims.police.go.kr)에서 도 신청할 수 있습니다.

성범죄 경력 및 아동학대관련범죄 전력 조회 신청서

※ 색상이 어두운 난은 신청인이 작성하지 아니하며, [ ]에는 해당되는 곳에 √표를 합니다. (앞쪽)

접수번호	접수일시	처리일시	처리기간 즉시

신청인	성 명		주민등록번호
대상자	성 명(외국인의 경우 영문으로 작성)		
	주민등록번호(외국인의 경우 외국인등록번호/국적)		
운영 또는 취업정보	운영예정 또는 취업(예정)기관명		운영예정 또는 취업(예정)기관 주소 (전화번호:)
	조회용도	[ ] 운영하려는 자용	[ ] 취업(예정)자용 (직종:)

「아동 · 청소년의 성보호에 관한 법률」 제56조 및 같은 법 시행령 제25조에 따라 성범죄 경력 조회와 「아동복지법」 제29조의3 및 같은 법 시행령 제26조의4에 따라 아동관련기관을 운영하려는 사람, 아동관련기관에 취업 중이거나 노무를 제공 중인 사람 또는 취업하거나 노무를 제공하려는 사람에 대한 아동학대관련범죄 전력 조회를 요청하오니 그 결과를 회신해 주시기 바랍니다.

년 월 일

신청인 (서명 또는 인, 정보통신망 이용 시 생략 가능)

______________경찰서장 귀하

첨부서류	1. 아동관련기관의 장 및 아동 · 청소년 관련기관등의 장임을 증명 할 수 있는 자료(인 · 허가증 사본 등) 1부(아동관련기관의 장 및 아동 · 청소년 관련기관등의 장의 경우만 제출합니다) 2. 조회 대상자 본인의 동의서 1부	수수료 없 음

유의사항

1. 대상자가 외국인인 경우 성명은 영문으로 적고, 외국인등록번호 및 국적을 적습니다.
2. 대상자가 2명 이상일 경우에는 뒤쪽에 일괄하여 작성할 수 있습니다.

처리절차

신청서 작성	➔	접 수	➔	취업제한 해당여부 확인	➔	통보
신청인		경찰서장		경찰서장		

210㎜×297㎜[백상지(80g/㎡) 또는 중질지(80g/㎡)]

[표 6-16] 임용보고 공문 예시

○○유치원

수신 경기도○○교육지원청교육장(○○○○지원과장)
(경유)
제목 유치원교사(원장) 임용보고

1. 관련: 사립학교법 제54조
2. 다음과 같이 유치원교사를 임용하고자 합니다.

소속	직위	성명	주민등록번호	출신학교명 (졸업년월일)	소지자격 (자격취득일)	임용일	비고
○○ 유치원	교사	○○○	-	( )	유○정 ( )		전근무지: ○○교육지원청 ○○유치원 (해임일)
							신규, 경력

붙임 1. 임용장 1부.
2. 경력증명서 1부.
3. 개인정보제공동의서 1부.
4. 성범죄 경력 및 아동학대관련범죄 전력 조회 회신서 1부.
5. 주민등록초본 1부.
6. 졸업증명서(사본) 또는 최종학력증명서(사본) 1부.
7. 교원자격증 사본 1부.
8. 공무원 채용신체검사서 1부.
9. 교육공무원 인사기록카드 1부. 끝.

○○유치원장(직인)

담당자 ○○○ 원감 ○○○ 원장 00/00 ○○○

협조자
시행 00유치원-00 (0000. 00. 00.) 접 ( )
우 00000 경기도 00시 00로 000 (00동) / http://유치원홈페이지주소
전화번호 000-000-0000 /팩스번호 000-000-0000 / 담당자이메일주소 / 비공개(6)

[표 6-17] 임용장

임 용 장

직 명 유치원교사
성 명 ○ ○ ○
주민등록번호 000000-0000000

(임명사항)

유치원교사에 임함
○호봉을 급함
○○유치원 근무를 명함

년 월 일

○○유치원장 ○○○ [직인]

[표 6-18] 교원 개인정보 수집 및 이용 동의서

개인정보 수집 및 이용 동의서

경기도교육청은 개인정보 보호법 등 관련 법령상의 개인정보 보호 규정을 준수하며 개인정보 보호에 최선을 다하고 있습니다. 경기도교육청은 개인정보 보호법 제15조 및 같은 법 제22조에 근거하여, 다음과 같이 사립유치원교사 임용을 위하여 개인정보를 수집 · 이용하는 데 동의를 받고자 합니다.

1. 개인정보의 수집 · 이용 목적: 경기도○○교육지원청 소속 유치원 교원 임용
1. 수집하는 개인정보의 항목: 인사기록카드 및 인사서류 일체
1. 개인정보의 보유 및 이용기간: 준영구
1. 정보주체는 개인정보 수집 및 이용에 대해 동의를 거부할 권리가 있음
1. 동의를 거부할 경우 교원 임용 불가

개인정보 수집 및 이용에 동의하십니까?	□ 동의함	□ 동의하지 않음

※ 수집한 개인정보는 정보주체의 동의 없이 수집한 목적 외로 사용하거나 제3자에게 제공되지 않습니다.

년 월 일

소 속 :
직 급 :
성 명 : (인)

경기도○○교육지원청 교육장 귀하

[표 6-19] 서약서

서 약 서

소 속:
작:
성 명:

본인은 재직 중 업무상 지득한 기밀과 ○○유치원의 보안 사항을 퇴직 후에도 누설하지 않을 것을 서약합니다.

년 월 일

서 약 자:

○○유치원장 귀하

※ 모든 내용을 A4 1매 작성, 본인 성명과 서명 자필 작성 후 유치원 자체 보관

[표 6-20] 사직원

사 직 원

소 속:
직:
성 명:

개인사정으로 인하여 사직하고자 하오니 청허하여 주시기 바랍니다.

년 월 일

○○유치원 근무
유치원교사 ○ ○ ○ (인)

○○유치원장 귀하

※ 모든 내용을 A4 1매 자필로 작성하여 제출

[표 6-21] 의원면직 제한 여부 확인 요청 공문 예시

○○유치원

수신 수신자 참조
(경유)
제목 사립유치원 교원 의원면직 제한 대상 해당 여부 확인 요청

1. 관련: 「사립학교법」제54조의5(의원면직의 제한) 제2항
2. ○○유치원 소속 교원의 의원면직 신청에 대하여, 대상자가 비위 등으로 수사 또는 조사 중인지 여부를 다음과 같이 확인 요청하니, 그 결과를 빠른 시일 내에 회신하여 주시기 바랍니다.

가. 대상자

소 속	직	성 명	주민등록번호	주 소	조회 목적
00유치원	교사	가나다		주민등록등본 상의 주소 기재	의원면직 신청 사립학교 교원 인사업무 처리

나. 회신 서식

조회 대상자 인적사항			조회내용	해당여부 (O, X)	비고 (내용 요약)
성 명	주민등록번호	주 소			

다. 확인 요청 사항
1) 비위와 관련하여 형사사건으로 기소 중인지의 여부
2) 징계위원회에 중징계의결 요구 중인지의 여부
3) 수사기관에서 비위와 관련하여 조사 또는 수사 중인지의 여부
4) 행정기관의 감사부서 등에서 비위와 관련하여 내사 중인지의 여부. 끝.

○○유치원장(직인)

담당자 ○○○ 원감 ○○○ 원장 00/00 ○○○

협조자
시행 00유치원-00 (0000. 00. 00.) 접 ( )
우 00000 경기도 00시 00로 000 (00동) / http://유치원홈페이지주소
전화번호 000-000-0000 /팩스번호 000-000-0000 / 담당자이메일주소 / 비공개(6)

[표 6-22] 면직보고 공문 예시

○○유치원

수신 수신자 참조
(경유)
제목 사립유치원 교원 의원면직 제한 대상 해당 여부 확인 요청

1. 관련: 사립학교법 제54조
2. 의원면직 유치원교사에 대해 다음과 같이 보고합니다.

소속	직위	성명	주민등록번호	면 직 일	해임사유	비고
○○ 유치원	교사		–		의 원 면 직	

붙임 1. 사직원 사본 1부.
2. 의원면직 사유 확인서 1부.
3. 의원면직 제한 대상 해당 여부 회신서 4부. 끝.

○○유치원장(직인)

담당자 ○○○ 원감 ○○○ 원장 00/00 ○○○
협조자
시행 00유치원-00 (0000. 00. 00.) 접 ( )
우 00000 경기도 00시 00로 000 (00동) / http://유치원홈페이지주소
전화번호 000-000-0000 /팩스번호 000-000-0000 / 담당자이메일주소 / 비공개(6)

[표 6-23] 의원면직 사유 확인서

의원면직 사유 확인서

소　　속:
직　　급 :
성　　명 :
생년월일 :

상기 자가 의원면직을 신청함에 있어 다음 사항을 확인합니다.

확　인　내　용	해 당 여 부	비　고
○ 비위와 관련하여 형사사건으로 기소 중인지의 여부		
○ 징계위원회에 중징계의결 요구중인지의 여부		
○ 감사원, 검찰, 경찰 및 그 밖의 수사기관에서 비위와 관련하여 조사 또는 수사 중인지의 여부		
○ 행정기관의 감사부서 등에서 비위와 관련하여 내부감사 또는 조사가 진행 중인지의 여부		
○ 면직 신청 사유 :		

년　　월　　일

확인자　소속)　　　　직)　　　　성명)　　　　(인) (직인)

※ 「사립학교법」 제54조의 5에 의거 임용권자 또는 임용제청권자가 비위여부 확인

[표 6-24] 교육공무원 인사기록카드

갑-1 [별지 제1호 서식]

교육공무원 인사기록카드

구비서류	제 출 서 류	담당공무원 확인사항 (동의하지 않는 경우 해당 서류 제출)
	1. 최 종 학 력 증 명 서 ☐ 2. 경 력 증 명 서 ☐ 3. 가 족 관 계 증 명 서 ☐ 4. 채 용 신 체 검 사 서 ☐ 5. 결 격 사 유 조 회 회 보 서 ☐ 6. 신 원 조 사 회 보 서 ☐ 7. 사 진 (명 함 판 상 반 신) ☐ 8. 그 밖 에 필 요 한 서 류 ☐	병적증명서 또는 병적사항이 기재된 주민등록등 초본

본인은 이 건 업무처리와 관련하여 「전자정부법」 제36조 제1항에 따른 행정정보의 공동이용을 통하여 담당공무원이 위의 담당공무원 확인사항을 확인하는 것에 동의합니다.

신청자(대표자) (서명 또는 인)

285mm×407mm(백상지 150g/㎡)

갑-2

분 류 번 호		성 명(한자)	
주민등록번호		연 금 번 호	

(교육공무원 인사기록카드)

사 진 명함판 (5cm x 7cm)	성 명 (한글)		성 별	주 소					생 활 근 거 지	
	병역관계	해당 없음	미 필		복 무					
			신체검사 연월일	신체등위	병역종류	군 별	병 과	계 급	군 번	입대년월일 / 제대년월일 / 주특기
	개인 신상 관계	신체 사항	신 장		체 중		시 력		색 맹	혈액형
			cm		kg		좌( ), 우( )			

가족관계	관계	성 명	생 년 월 일	직 업	관계	성 명	생 년 월 일	직 업

학력	기간 부터	기간 까지	학교명 및 전공학과	학 위	기간 부터	기간 까지	학교명 및 전공학과	학 위

갑-4

연구 실적								가 산 점					
연구주제·주최기관	연구기간	등급	기록자인	연구주제·주최기관	연구기간	등급	기록자인	영 역	연 도	기록자인	영 역	연 도	기록자인

적성검사	시행년월일	일반지능검사	종 합 적 성 검 사 (검사사항)								다면적적성검사 (특징적 징후)	적 성 분 야
			( )	( )	( )	( )	( )	( )	( )	( )		

비고	

작성요령	1. 이 표의 기록은 확실하고 정확해야 합니다. 2. 본인의 성명은 한글과 한자로 쓰고, 주소(연월로 적습니다) 및 본표에 기재되는 다른사람의 성명은 한글로 적습니다. 3. 적성검사란은 필요에 따라 시행한 경우 해당 검사사항을 적습니다. 4. 비고란은 기재사항의 정정 등 특기사항을 적습니다.	기록사항확인	본인	본표의 기재사항은 사실과 상위없음을 서약함. 년 월 일 직 성명
			소속기관의장	본표의 기재사항은 사실과 상위없음을 확인함. 년 월 일 직인

(3) 어린이집교사 임용 및 해임

① 어린이집 보육교직원의 임면은 국·공립 어린이집의 원장은 시설·군수 또는 구청장이 임면하되, 법인·단체 또는 개인에게 위탁 운영하는 경우로써 보육교직원 임면권을 수탁자에게 위임한 경우에는 수탁자가 임면한다. 법인·직장·가정·민간 어린이집의 경우, 시설 설치자가 임면한다.

② 신규채용은 공개경쟁을 원칙으로 하며 자격을 갖춘 자를 채용하여야 한다. 어린이집의 장은 전임하여야 하므로 상근이 어려운 경우 채용 대상에서 제외하여야 한다.

③ 보육교사는 국·공립 어린이집의 경우 유치원처럼 전국적으로 임용시험을 실시하는 것이 아니라, 필요한 경우에 따라 국가 또는 지방자치단체의 장이나 각 기관별로 공개모집을 한다. 사립 어린이집은 원장의 결정에 따라 채용방법이 결정되며, 특수교사, 치료사, 간호사, 영양사는 자격을 갖춘 자를 채용하여야 한다.

④ 최종적인 임면권자는 법인이나 단체의 대표자 또는 시설 설치자이며, 다만 국·공립 어린이집을 위탁 운영하는 경우에는 국·공립 어린이집을 위탁 운영하는 자에게 위임할 수 있다. 어린이집 임면권자가 보육교직원을 채용할 경우에는 반드시 구비서류를 제출받아 자격의 적격 여부를 판단하고, 관련 서류를 비치하고 기록·관리·보관하여야 한다.

⑤ 임면권자는 보육교직원 채용, 휴직, 출산휴가, 육아휴직, 1개월 이상의 장기병가, 퇴직 등의 임면사항을 14일 이내에 관할 시·군·구청장에게 필요한 서류를 갖춰 보고하여야 한다.

어린이집 보육교직원 신규채용 시, 임면보고 시 구비서류 및 어린이집에 비치·관리하여야 할 서류는 표 6-25와 같다. 보육교직원 임면보고를 받은 시장·군수·구청장은 어린이집에 채용된 자가 결격사유에 해당하는지 여부를 신원조회를 통하여 확인한다.

[표 6-25] 어린이집 교원 임면 시 구비서류

절차	구비서류
임용 보고 시	1. 인사기록카드 1부 2. 자격증 사본 1부 3. 주민등록등본 1부 4. 채용신체검사서 1부 ※ 채용기간이 1개월 미만인 대체교사(임용교사)는 보건소의 전염성 질환 (간염, 결핵, 티푸스,성병 등)에 대한 채용신체검사서로 갈음할 수 있음 5. 자격증사본 1부 6. 성범죄경력조회서 1부(임면권자가 관할 경찰서에 요청)
해임 시	1. 자필 사직서 1부

4 보수 체계

보수는 개인의 정신적·육체적 노력에 대한 보상으로 주어지는 것으로, 그 직종에 종사하는 사람들의 직무만족과 밀접한 관계가 있으며 봉급과 기타 각종 수당을 합산한 금액을 의미한다. 봉급은 직무의 곤란성 및 책임 정도, 재직기간 등에 따라 직종별, 호봉별로 지급되는 급여이며 수당은 직무여건 및 생활여건 등에 따라 지급되는 부가 급여를 의미한다(임재택, 2001).

호봉은 보수를 받을 때에 기준이 되는 금액을 의미하며 근무경력의 기간에 따라 1년을 단위로 인건비 책정을 달리하는 기준을 말한다. 유아교사의 보수는 유치원과 어린이집이 보수체계의 기준, 보수를 산출하는 방식, 경력 인정범위 등에 있어서 차이가 있다.

1) 유치원교사 봉급

유치원교사의 봉급은 매년 유·초·중등 교원 봉급 기준에 따라 지급된다.

유치원교사로 처음 임용된 후 적용받는 호봉은 2년제를 졸업하면 6호봉, 3년제는 7호봉, 4년제는 8호봉이 적용되나, 사범대학의 유아교육과를 졸업하면 이보다 1등급 높은 9호봉이 적용된다. 이는 학력을 경력으로 인정해 주고, 사범계 출신에 대한 1호봉의 우대가 주어지기 때문이다.

호봉은 매년 1등급씩 올라가며 호봉을 기준으로 봉급액이 적용되고, 봉급액을 기준으로 담임수당, 교직수당과 같은 수당이 지급된다. 각종 수당은 공립 유치원 교원인 경우는 교육공무원 규정에 의해 지급되나 사립유치원의 경우 각 유치원의 실정에 따라 다르다.

그러나 사립유치원도 유치원평가가 이루어지고, 교사처우 개선에 대한 정부의 의지가 커짐에 따라 사립유치원교사의 담임수당과 처우개선 지원이 국가와 지방자치단체의 예산으로 이루어지고 있다. 앞으로 정부로부터 사립유치원 교원의 인건비 지원이 점차 증가될 것으로 기대된다. 2020년도 호봉별 봉급액은 그림 6-4와 같다.

2020년도 유치원 교원의 봉급체계

유치원 · 초등학교 · 중학교 · 고등학교 교원 등의 봉급표

(제5조 및 별표 1 관련)

(월지급액, 단위: 원)

호봉	봉급	호봉	봉급
1	1,656,000	21	3,156,200
2	1,706,200	22	3,272,700
3	1,757,000	23	3,388,300
4	1,807,700	24	3,504,000
5	1,858,900	25	3,619,700
6	1,909,900	26	3,735,900
7	1,960,300	27	3,857,000
8	2,010,600	28	3,977,900
9	2,061,700	29	4,104,300
10	2,117,500	30	4,231,200
11	2,172,100	31	4,357,600
12	2,228,000	32	4,483,800
13	2,329,400	33	4,612,100
14	2,431,300	34	4,740,000
15	2,533,100	35	4,868,000
16	2,635,100	36	4,995,600
17	2,735,900	37	5,106,700
18	2,841,400	38	5,217,800
19	2,946,400	39	5,329,200
20	3,051,300	40	5,439,800

비고: 유치원 · 초등학교 · 중학교 · 고등학교의 기간제 교원에게는 제8조에 따라 산정된 호봉의 봉급을 지급하되, 교육부장관이 정하는 사유를 제외하고는 고정급으로 하고, 교육공무원이었던 사람이 기간제 교원으로 채용되는 경우의 봉급은 공무원연금 또는 명예퇴직수당을 지급받은 사실 등을 고려하여 교육부장관이 정하는 금액으로 한다. 다만, 「교육공무원임용령」 제13조 제2항에 따라 시간제로 근무하는 기간제 교원으로 임용된 사람에게 지급하는 월봉급액은 해당 교원이 정상근무 시 받을 봉급월액을 기준으로 하여 근무시간에 비례하여 지급한다.

출처: https://cafe.naver.com/teacher4152/166

[그림 6-4] 2020년도 교원의 호봉별 봉급액

2) 사립유치원 교원 기본급 보조

국가에서는 사립유치원 교원의 기본급을 보조해 주고 있다. 2020년 기준 지원 대상 및 지원액은 표 6-26과 같다.

[표 6-26] 사립유치원 교원 기본급 지원 대상 및 지원액

구분		대상	지원단가
담임수당		교육지원청에 임용 보고된 학급담임교사	1인당 월 130,000원
기본급 보조	교직 수당	교육지원청에 임용 보고된 원장, 원감, 학급, 담임교사, 방과 후과정담당 교사 (원당 1명)	1인당 월 250,000원
	인건비 보조금	교육지원청에 임용 보고된 원장, 원감, 학급, 담임교사, 방과 후과정담당 교사 (원당 1명)	1인당 월 270,000원

3) 단기대체교사 인건비 지원

단기대체교사 인건비 지원 기준은 「국가공무원 복무규정」의 경조사 유형 및 법정휴가일수를 참고하되, 법정휴가일 수 범위 내에서 휴가 중 대체교사 인건비를 표 6-27과 같이 지원하고 있다.

[표 6-27] 경조사별 휴가일수 표

구분	대상	일수
결혼	본인	5
	자녀	1
출산	배우자	10
입양	본인	20
사망	배우자, 본인 및 배우자의 부모	5
	본인 및 배우자의 조부모 · 외조부모	4
	자녀와 그 자녀의 배우자	4
	본인 및 배우자의 형제자매	1
출산휴가	본인	90

「국가공무원 복무규정」 제20조 제①항 관련

(1) 지원 단가: 1일 69,000원

(2) 지원일수

① 경조사: 단기대체교사 근무일수

② 출산휴가: 단기대체교사 근무일수

가. 유급휴일 및 연차 유급휴일을 포함하여 지급 가능

나. 「관공서의 공휴일에 관한 규정」의 공휴일 유급으로 처리 가능

- 자격연수: 단기대체교사 근무일수

※ 방학기간 제외

(3) 지원 방법

① 경조사, 출산휴가 및 자격연수 계획에 따라 대체교사 신청서 제출

가. 최소 2주 이전 증빙서류를 갖춰 대체교사 지원금 신청

(단 사망 또는 조산으로 인한 신청 시 사후 신청 가능)

나. 신청서류: 대체교사 인건비 지원 신청서, 서약서, 경조사 등 관련 증명서, 대체교사 이력서, 대체교사 자격증 사본, 대체교사 통장 사본

② 대체교사 근무 완료 후 사립유치원은 3일 이내에 지원금 정산보고

가. 정산 서류 대체교사 출근부, 휴가교사의 근무상황부 사본 등

③ 교육지원청은 사실 여부 확인 후 대체교사에게 지원비 송금

4) 어린이집교사 봉급

어린이집 보육교직원의 보수 기준은 보육교사 등의 호봉, 근무성적과 시설의 운영여건 및 당해 연도 「어린이집 보육교직원 인건비 지급 기준」을 참고하여 지급하되, 지방자치단체의 장 또는 어린이집을 설치 · 운영하는 자는 재정형편에 따라 이 기준을 초과하여 보수를 보조 또는 지급할 수 있다. 민간 어린이집의 경우에는 시설의 재정 형편에 따라 원장과 보육교직원이 협의하여 보수 기준을 달리 정할 수 있다. 다만, 보육교직원의 보수를 너무 낮게 책정해서는 안 된다.

어린이집 보육교직원의 신규채용 시 초임 호봉은 1호봉으로 하되 근무경력 1년을 1호봉씩으로 하여 초임 호봉을 확정한다. 2019년도 정부지원 어린이집 보육교직원 인건비 지급 기준은 그림 6-5와 같다.

2020년 보육교직원 인건비 지급기준

(단위: 원)

호봉	원장		보육교사		조리원	
	보수총액	월지급액	보수총액	월지급액	보수총액	월지급액
1	25,166,400	2,097,200	22,940,400	1,911,700	21,580,800	1,798,400
2	25,824,000	2,152,000	23,430,000	1,952,500	21,790,800	1,815,900
3	26,643,600	2,220,300	23,919,600	1,993,300	22,000,800	1,833,400
4	27,416,400	2,284,700	24,410,400	2,034,200	22,210,800	1,850,900
5	28,196,400	2,349,700	24,900,000	2,075,000	22,420,800	1,868,400
6	29,496,000	2,458,000	25,636,800	2,136,400	22,630,800	1,885,900
7	30,526,800	2,543,900	26,248,800	2,187,400	22,840,800	1,903,400
8	31,639,200	2,636,600	26,696,400	2,224,700	23,007,600	1,917,300
9	32,526,000	2,710,500	27,240,000	2,270,000	23,260,800	1,938,400
10	33,415,200	2,784,600	27,874,800	2,322,900	23,618,400	1,968,200
11	34,538,400	2,878,200	28,820,400	2,401,700	24,060,000	2,005,000
12	35,514,000	2,959,500	29,676,000	2,473,000	24,398,400	2,033,200
13	36,246,000	3,020,500	30,422,400	2,535,200	24,867,600	2,072,300
14	37,028,400	3,085,700	31,088,400	2,590,700	25,411,200	2,117,600
15	38,065,200	3,172,100	31,753,200	2,646,100	25,947,600	2,162,300
16	38,835,600	3,236,300	32,696,400	2,724,700	26,779,200	2,231,600
17	39,586,800	3,298,900	33,386,400	2,782,200	27,412,800	2,284,400
18	40,420,800	3,368,400	34,076,400	2,839,700	28,072,800	2,339,400
19	41,229,600	3,435,800	34,765,200	2,897,100	28,704,000	2,392,000
20	41,928,000	3,494,000	35,455,200	2,954,600	29,360,400	2,446,700
21	43,128,000	3,594,000	36,580,800	3,048,400	30,412,800	2,534,400
22	43,904,400	3,658,700	37,257,600	3,104,800	31,015,200	2,584,600
23	44,598,000	3,716,500	37,852,800	37,852,800	31,615,200	2,634,600
24	45,290,400	3,774,200	38,528,400	3,210,700	32,188,800	2,682,400
25	46,063,200	3,838,600	39,147,600	3,262,300	32,815,200	2,734,600
26	46,779,600	3,898,300	39,765,600	3,313,800	33,387,600	2,782,300
27	47,443,200	3,953,600	40,302,000	3,358,500	33,811,200	2,817,600
28	48,132,000	4,011,000	40,892,400	3,407,700	34,381,200	2,865,100
29	48,764,400	4,063,700	41,535,600	3,461,300	34,923,600	2,910,300
30	49,458,000	4,121,500	42,096,000	3,508,000	35,491,200	2,957,600

보육교사: 간호사, 영양사, 특수교사, 치료사 포함

출처: https://blog.naver.com/purity_he/221473809100

[그림 6-5] 2020년 보육교직원 인건비 지급기준

5 교원교육과 복무

1) 교원양성

(1) 유치원교사

유치원교사는 교육과학기술부의 교원양성정책에 따라 각급 대학에 설치된 유아교육과에서 양성하며, 일부 아동복지과나 보육과 등 유사 교과목을 이수하는 학과에서도 정원에 일정하게 할당된 비율만큼 유치원교사 자격증을 교부할 수 있다. 유치원교사 양성은 교육부의 교사양성정책에 따라 엄격하게 관리되고 국가 전체의 정원과 지역별 정원이 통제되고 있다.

현재 유치원교사 양성체제는 4년제 대학과 2, 3년제 대학으로 다원화되어 있다. 유치원교사자격증은 수학 연한에 관계없이 유치원교사 2급이 주어지며, 다만 교사로 임용될 때 교육 년한에 따라 호봉에 차등을 둔다.

(2) 보육교사

보육교사의 양성은 「영유아보육법」의 규정에 따라 이루어진다. 보육교사는 「고등교육법」 제2조에 따른 학교에서 보건복지부령으로 정하는 보육 관련 교과목과 학점을 이수하고 전문학사학위 이상을 취득한 사람과 고등학교 또는 이와 같은 수준 이상의 학교를 졸업한 자로서 보건복지부령으로 정하는 교육훈련시설에서 소정의 교육과정을 이수한 사람이다. 보육교사의 등급은 1·2·3급이 있는데, 1년 과정 보육교사양성기관을 졸업하면 3급을 받고, 전문대학 이상의 학교를 졸업하면 보육교사 2급을 받는다.

보육교사는 유치원교사와는 달리 양성체제가 다양하여 각급 대학의 유아교육과, 아동복지과, 아동학과, 보육과 등 다양하게 관련 전공학과에서 양성된다.

2) 복무규정

(1) 유치원교사 복무

공립 유치원 교원은 교육공무원으로 국가공무원복무규정을 준수하고 사립유치원 교원은 「사립학교법」 제55조에 의거 공립 교원에 관한 규정을 준용하며, 복무상의 의무(국가공무원법, 국가공무원 복무규정)에 의해 표 6-28과 같이 유치원 교원으로서의 의무를 다하여야 한다.

[표 6-28] 유치원 교원의 의무

구분	내용
직무상의 의무	성실의무 복종의 의무, 직장 이탈금지, 친절 · 공정의 의무, 종교중립의 의무, 비밀엄수의 의무, 청렴의 의무
신분상의 의무	품위 유지의 의무, 정치 운동의 금지, 집단 행위의 금지, 영리 업무 및 겸직 금지

(2) 근무사항 관리

① 용어의 정의는 표 6-29와 같다.

[표 6-29] 근무 관련 용어의 정의

구분	내용
출근	근무시작 시간까지 근무 장소, 사무실 또는 현장에 도착하는 것
지각	근무 장소에 근무시작 시간 이후에 출근하는 것
조퇴	근무종료 시간 이전에 퇴근하는 것
외출	근무시간 중 개인용무를 위하여 근무 장소 외부로 나간 후 근무종료, 시간 이전에 돌아오는 것
퇴근	그날의 업무를 종료하고 근무종료 시간 이후에 근무 장소를 떠나는 것
결근	출장, 휴가 등의 정당한 사유 없이 근무종료 시간까지 출근하지 아니하는 것

② 개인별 근무상황부의 비치 관리

가. 각급 기관의 장은 소속교원의 복무관리를 위하여 근무상황부를

개인별로 비치하여야 함(국가공무원 복무규칙 제7조).

나. 근무상황부는 부서별(필요시 기관전체 실본부 또는 국별)로 관리함

③ 근무상황부 등의 기재

가. 휴가, 지각, 조퇴, 외출 또는 출장을 하고자 하는 때에는 근무상황부 또는 근무상황카드에 의하여 소속기관의 장의 승인을 받아야 하며 불가피한 사유로 사전에 승인을 받지 못한 경우에는 사후에 지체 없이 승인을 받아야 함

나. 승인을 받지 않고 출근하지 않은 경우에는 근무상황부에 결근으로 처리함

※ 근무시간 중 개인 용무를 위하여 청사 외부로 나가고자 하는 경우 사전 초과근무명령 등으로 인하여 근무종료 시간 이후 근무 장소에 복귀할 예정이라면 외출로 처리하며 근무 장소로 복귀할 계획이 없는 경우에는 반일연가 또는 조퇴로 처리함

④ 업무의 인계

가. 전보, 파견, 전출, 휴직, 정직, 직위해제, 면직 등의 명령을 받을 때에는 지체 없이 담당업무 중 미결된 사항과 관련문서 물품의 목록을 작성하고 필요한 경우에는 설명서를 첨부하여 소속기관의 장이 지정하는 자에게 업무를 인계하여야 함(국가공무원 복무규칙 제11조).

나. 출장 휴가 등으로 인하여 장기간 근무지를 이탈하는 경우에는 소속기관의 장이 지정하는 자에게 그 담당업무를 인계하여야 함.

⑤ 서류보관 등

가. 퇴근하는 때에는 문서 및 물품을 잠금장치가 된 지정 서류함에 보관하여야 함.

나. 유가증권 및 비밀문서 등 특별한 관리가 필요한 문서 및 물품의 경우에는 일반문서 및 물품과 별도로 보관하여야 함(국가공무원 복무규칙 제12조).

(3) 근무조건

유치원교사와 어린이집교사의 근로시간은 노동관련 법령에 의하며 1주간의 근로시간은 휴게시간을 제외하고 40시간을 초과할 수 없으며, 1일의 근로시간은 휴게시간을 제외하고 8시간이 원칙이다. 그러나 각 기관의 사정에 따라 연장 근무할 수 있고, 그에 따른 연장근무수당을 어린이집의 보육교직원은 근무시간 동안 상시 해당 직무에 종사하여야 하는 전임이므로 다른 업무를 겸임할 수 없다. 다만, 어린이집 원장이 간호사 또는 영양사 자격이 있을 때에는 간호사 또는 영양사를 겸임할 수 있다.

따라서 어린이집 원장 및 보육교사는 휴일, 휴가 등으로 근무를 하지 않는 날을 제외하고는 근무시간 동안 어린이집에 상주하며 상시 해당 직무에 종사하여야 한다. 어린이집 원장은 근무시간 중에 대가를 받고 3개월 이상 월평균 4회 또는 월평균 8시간을 초과하는 세미나, 공청회, 토론회, 발표회, 심포지엄, 교육과정에 참석하여 강의 · 강연 · 발표 · 토론하는 행위를 할 수 없으며, 근무시간에 대가(월 50만원 초과)를 받고 외부강의 등을 할 수 없다(보건복지가족부, 2010).

(4) 휴가제도

유치원 교원은 학교의 교원과 마찬가지로 신분보장을 받도록 규정하고 있으므로 각종 연가나 휴가의 혜택을 받을 수 있다. 그러나 사립유치원의 경우 각 유치원의 사정에 따라 정하여지는데, 현실적으로 이러한 모든 혜택을 적용받는 것이 불가능하나 최근 교육청에서는 사립유치원의 교사 휴가로 인한 공백을 최소화하기 위해 대체교사를 파견하는 제도를 시행하고 있다.

① 휴가의 종류는 표 6-30과 같다.

[표 6-30] 휴가의 종류

구분	내용
연가	정신적 · 신체적 휴식을 취함으로써 근무능률을 유지하고 개인 생활의 편의를 위하여 사용하는 휴가
병가	질병 또는 부상으로 직무를 수행할 수 없는 경우 또는 감염병에 걸려 다른 공무원의 건강에 영향을 미칠 우려가 있을 때 부여받는 휴가
공가	공무원이 일반국민의 자격으로 국가기관의 업무수행에 협조하거나 법령상 의무의 이행이 필요한 경우에 부여받는 휴가
특별휴가	사회통념 및 관례상 특별한 사유(경조사 등)가 있는 경우 부여받는 휴가

② 휴가의 실시 원칙

가. 교원의 휴가는 연가, 병가, 공가, 특별휴가로 구분함

나. 기관장 또는 학교의 장은 휴가를 허가함에 있어 소속 교원이 원하는 시기에 법정 휴가일수가 보장되도록 하되 연가는 학생들의 수업 등을 고려하여 부모 생신일 또는 기일 등을 제외하고는 특별한 사유가 없는 한 방학 중에 실시하고, 휴가로 인한 수업 결손 등이 발생하지 않도록 필요한 조치를 취하여야 함

③ 휴가 등의 허가권자 및 절차

가. 「위임전결규정」이 정한 허가권자에게 근무 상황부 또는 근무상황카드에 의하여 미리 신청하여 사유발생 전까지 허가를 받아야 함

나. 다만, 병가 · 특별휴가 등 불가피한 경우에는 당일 정오까지 필요한 절차를 취하여야 하며, 이 경우 다른 교원으로 하여금 이를 대행하게 할 수 있음

다. 교원이 정해진 시간까지 출근할 수 없을 때에는 소속기관에 미리 신고하여야 하고, 그 후 출근한 때에는 지각으로 출근하지 않는 때에는 결근으로 처리함

라. 유치원장의 휴가는 상급기관의 장(공립 유치원은 교육장 사립유치원은 임용권자)의 허가를 받아 실시함

마. 문서·전화 또는 구두로 휴가 신청 가능(행선지 연락처 휴가기간 신청사유)

④ 휴가실시 등에 있어 유의할 점

가. 긴급 시 연락이 가능하도록 연락체계를 유지하여야 함

나. 휴가를 실시하는 자는 담당사무를 소속기관의 장이 정한 자에게 사전에 인계하여 업무의 연속성을 유지하여야 함

다. 근무상황부 또는 근무상황카드를 관리하는 부서의 장은 근무상황을 수시로 확인하여 연가사유의 고의적 병가처리, 지각·조퇴·외출 사실의 묵인, 진단서 제출 없이 연간 일을 초과한 병가일수의 연가미공제 등의 사례가 발생하지 않도록 하여야 함

⑤ 어린이집 교직원들은 순번제로 휴가를 실시하고 있으며 보수교육, 출산휴가 등으로 공백이 생기는 경우에는 대체교사를 배치하여야 한다. 어린이집 교직원들은 휴가 등에 관하여는 「근로기준법」 등 노동관련 법령에 의하여 고용, 산전·후 휴가, 육아휴직 등과 관련이 있는 사항에 대하여서는 「남녀고용평등법」의 규정을 준용한다(보건복지가족부, 2010).

(5) 징계

교직원 등 기관 종사자가 업무에 있어 과실을 범하였을 때는 이에 준하는 징계를 받게 된다. 교육공무원의 징계사유가 될 수 있는 것으로는 「국가 공무원법」 및 동법에 의한 명령위반의무, 직무상의 의무 위반 및 직무태만, 직무내외 불문하고 체면이나 위신을 손상한 경우 등이 해당된다.

징계의 종류는 파면, 해임, 정직 등 중징계와 감봉과 견책 등의 경징계가 있으며, 그에 따른 효력은 다음과 같다.

① 파면: 공무원 관계로부터 배제되어 5년간 공무원에 임용될 수 없으며, 재직기간이 5년 미만이면 퇴직 급여의 1/4을 감액하며, 5년 이상이면 1/2 감액하여 지급한다.
② 해임: 공무원 관계로부터 배제되어 3년간 공무원에 임용될 수 없으며, 단 퇴직 급여는 정상 지급된다.
③ 정직: 신분은 유지하나 1개월에서 3개월 이하 직무에 종사하지 못하며, 보수의 2/3를 감액한다. 처분기간 동안 경력평점에서 제외될 뿐 아니라 18월 정직처분기간 동안 승진 및 승급에 제한을 받는다.
④ 감봉: 1개월 이상 3개월 이하 기간 동안 보수의 1/3을 감액하며, 12월 감봉 처리기간 동안 승진 및 승급에 제한을 받는다.
⑤ 견책: 전과에 대해 훈계하고 회개하는 것을 말하며, 6개월간 승진 및 승급에 제한을 받는다.

3) 현직 교원 교육

유아교사는 전문직으로서 유아들의 성장을 돕고, 지식을 전수하는 역할을 한다. 사회의 변화에 따라 새로운 지식이 생겨나고, 가르치기 위한 새로운 접근방법들이 개발되어 유아교육이 발전하게 된다. 현직에 종사하는 교사들은 새로운 접근방법 등을 익혀 유아들의 교육에 접목해야 하며, 계속해서 효율적인 교육을 위해서 연구해야 한다. 유치원에서는 재직 중에 받는 교육을 연수라 칭하고, 어린이집의 경우는 보수교육이라 칭한다.

(1) 유치원 교원의 연수

유치원 교원의 교육훈련을 연수라 칭하는데 연수는 여러 가지로 분류된다. 교원 등의 연수에 관한 규정(대통령령 제20942호)에 따르면 연수는 직무연수와 자격연수로 분류된다.

① 직무연수

직무연수는 교육의 이론 · 방법 및 직무수행에 필요한 능력배양을 위한 연수를 말한다. 직무연수의 기간은 당해 연수원장이 필요에 따라 정한다. 직무연수의 연수대상자는 관할 교육감 또는 국립의 학교장이 지명하되, 교육감은 연수과정별로 필요하다고 인정하는 경우에는 교육장 또는 공립 · 사립학교의 장으로 하여금 연수대상자를 지명하게 할 수 있다.

② 자격연수

유치원교사의 자격연수는 교원의 상위 자격을 취득하기 위한 연수를 말하는데, 자격연수의 종류는 1급 정교사과정 · 원감과정 · 원장과정으로 분류된다. 연수교육과정은 교육과학기술부령으로 정한다.

[표 6-31] 유치원교사의 자격연수

구분	연수일	연수시간
1급 정교사, 원감	30일 이상	180시간 이상
원장	50일 이상	360시간 이상

1급 정교사 과정 및 원감 과정의 연수대상자는 그 연수과정에 해당하는 교원자격에 관한 교육경력이 있는 자 중에서 관할교육장 또는 학교의 장의 추천을 받아 관할 교육감이 지명한다.

원장과정의 연수대상자는 원장자격에 관한 교육경력이 있는 자와 「교원자격검정령」 제23조의 규정에 의하여 원장의 자격인정을 받은 자 중에서 교육과학기술부 장관이 정하는 기준에 따라 관할교육감이 지명한다.

(2) 보육교사의 보수교육

보수교육이란 보육교직원의 자질 향상을 위해 실시하는 교육으로서 보육에 필요한 지식과 능력을 유지 · 개발하기 위하여 어린이집 보육교직원이 정기적으로 받는 직무교육과 보육교사가 상위 등급의 자격을 취득하기 위해 받아야 하는 승급교육을 말한다. 즉, 보수교육의 종류는 직무교육과 승급교육으로 구분된다.

[표 6-32] 보육교사 보수교육

구분	내용		대상자
직무교육	일반 직무교육	보육교사 직무교육	• 보육업무경력 2년 경과 • 직무교육을 받은 해부터 2년 경과
		어린이집 원장 직무교육	• 어린이집 원장 업무 개시 첫해 • 어린이집 원장 직무교육을 받은 해부터 2년 경과 • 특별직무연수를 받은 경우는 일반직무교육을 받은 것으로 인정
	특별 직무 교육	영아보육 직무교육	영아, 장애아, 방과 후 담당 보육교사로 근무하고자 하는 자는 사전에 특별직무교육을 받아야 하는 것이 원칙이나 불가피하게 받지 못한 경우는 채용 후 6개월 이내에 받아야 함
		장애아보육 직무교육	
		방과 후교육 직무교육	
승급 교육	2급 보육교사 승급교육		보육교사 3급의 자격을 취득한 후 보육경력이 만 6개월이 경과한 자
	1급 보육교사 승급교육		보육교사 2급의 자격을 취득한 후 보육경력이 만 2년이 경과한 자 및 석사학위 소지자로서 보육교사 2급의 자격을 취득한 경우 보육경력이 만 6개월이 경과한 자

6 유아교육기관 교원의 역할

1) 원장의 역할

유아교육기관의 장은 기관의 전체적인 운영을 총괄하는 사람이다. 「유아교육법」 제21조에 '원장은 원무를 총괄하고 소속 교직원을 지도·감독하며 원아를 교육한다.'고 유치원 원장의 임무를 명시하고 있으며, 「영유아보육법」 제18조에 '어린이집의 장은 어린이집을 총괄하고 보육교직원을 지도·감독하며 영유아를 보육한다.'라고 명시되어 있다.

유아교육기관 원장은 유아교육기관의 운영, 교직원 관리 및 원아관리의 모든 영역에 대한 지식을 습득하고 총괄할 수 있어야 한다. 원장은 기관의 경영자이면서 교육행정가, 재원확보자, 대외 홍보자, 운영계획자 유아교육자일 뿐만 아니라 나아가 교사, 학부모의 상담자 역할까지도 담당해야 한다. 유아교육기관의 업무와 관련하여 원장이 실제 담당해야 할 임무는 다음과 같다.

(1) 유아교육기관 전체의 운영계획
(2) 교육철학 및 교육목표의 설정
(3) 교육과정 계획 및 평가
(4) 교직원 인사관리 및 교육
(5) 유아교육기관 홍보 및 원아모집
(6) 시설·설비관리, 비품과 교재·교구 관리
(7) 재정관리
(8) 행정적 업무처리
(9) 부모교육 및 지역사회 관계유지

2) 원감의 역할

유치원의 경우에는 원감의 직책이 있으며, 「유아교육법」 제21조에 "원감은 원장을 보좌하여 원무를 관리하고 원아를 교육하며, 원장이 부득이한 사유로 직무를 수행할 수 없을 때에는 그 직무를 대행한다. 다만, 원감을 두지 아니하는 유치원의 경우에는 원장에 미리 지명한 교사가 그 직무를 대행한다."고 명시되어 있다. 유아교육기관에서 원감은 중간 관리자로서 원장과 교사 및 직원 간의 중재자 역할을 하는 경우가 많다.

3) 교사의 역할

유아교사의 역할은 영유아를 위한 보호와 교육적 서비스를 제공하는 것이며, 「유아교육법」 제21조에 '교사는 법령이 정하는 바에 따라 원아를 교육한다.'고 명시되어 있으며, 「영유아보육법」 제18조에 '보육교사는 영유아를 보육하고 어린이집의 장이 불가피한 사유로 직무를 수행할 수 없을 때에는 그 직무를 대행한다.'고 규정하고 있다.

(1) 교육자로서의 역할

영유아들이 건전한 사회 구성원으로 성장하기 위해서는 전인적 인간으로 성장하도록 해야 한다. 교육의 목표 설정과 아이들이 경험하게 될 내용 선정과 조직, 그리고 가르치는 방법에 대한 계획과 실행, 평가에 이르기까지 모두 교사가 전문적인 지식을 가지고 수행해야 한다.

(2) 양육 역할

양육자로서 교사는 영유아들의 기본적인 욕구, 즉 먹는 것, 입는 것, 쉬는(수면) 것, 사랑해 주는 것을 충족시켜 주어야 한다.

(3) 상담(치료) 역할

아이들이 어떤 이유로 마음의 상처를 받을 경우 아이들의 성장은 왜곡되고, 아이들의 행동은 정상 궤도를 이탈하게 된다. 교사는 아이들이 정상적인 행동을 하는지, 성장의 진로가 왜곡되지 않는지 진단할 수 있는 안목을 가져야 한다. 심리치료는 교사가 전문적인 능력을 가졌다면 진단과 치료가 가능하지만 신체적인 문제는 이상 징후를 발견하고 의사에게 진찰을 의뢰하는 일이 중요하다. 조기에 문제를 발견할 수 있는 기회를 잃지 않아야 한다.

수행하기

1. 인사관리의 중요성 및 원리를 설명하시오.

2. 자신이 신임교사로 임용된다고 가정하여 임용공문을 작성하시오.

3. 경력 8개월 교사가 받을 수 있는 보수를 산출하시오.

4. 교사의 역할을 설명하고, 유아반, 영아반, 방과 후반 등의 해당 학급의 교사의 역할 차이는 무엇인가 생각해 보시오.

5. 유치원과 어린이집 교직원의 종별과 자격기준을 설명하시오.

CHAPTER

07 유아교육기관 재정관리

Management for Early Childhood Education Institutions

교육기관의 운영관리를 위한 계획이 세워지면 우선적으로 이를 실천할 수 있는 재정이 확보되어야 한다. 우리나라의 국·공립 유치원 또는 어린이집은 공적인 자금으로 운영되지만 법인과 개인이 설립한 유아교육기관은 사적인 투자에 의해 운영되며 대부분의 재원을 수요자로부터 사용료를 받아 운영된다.

운영을 위해 재정을 확보한 후에는 이를 효율적으로 운영하기 위한 재정관리가 필요하다. 유아교육기관은 일정기간을 회계연도로 하여 교육비의 수입과 지출에 관한 예산을 편성하고 이를 집행한다. 유아교육기관의 예산은 세입과 세출로 구별되며 세출은 회계절차에 의해서 집행하고 그 결과를 결산한다.

1 유치원 재정관리

1) 개념

회계란 재정활동의 일부로서 금전, 물품, 기타 재산들의 출납과 보관·관리 등 유용한 재무정보(회계정보)를 종합적으로 정리·기록하여 그 이용자가 합리적으로 의사결정할 수 있도록 전달해 주는 정보시스템(Information system)이다.

알아두기 용어해설

- **재정**(Finance): 지방자치단체의 경제 주체로서의 종합적인 경제활동
- **예산**(Budget): 회계 연도 내의 세입, 세출의 재정적 계획
- **회계**(Accounting): 계수로서 연속적으로 종합 정리하는 작용

2) 재정운영 원칙

(1) **건전재정 운영의 원칙**: 법인과 학교의 재무와 회계는 건전하게 운영하여야 하며 국가의 정책과 사회의 공공기관으로서의 의무와 그 설립목적에 반해서는 안 됨(재무회계 규칙 제4조)

(2) **수입의 직접사용 금지**: 법인과 학교의 모든 수입은 각각 세입세출예산에 편입하여야 하며, 이를 직접 사용하지 못함(재무회계 규칙 제6조)
※예외: 입찰보증금 · 계약보증금 등 보관금과 잡종금

(3) **예산총계주의**: 수입과 지출은 누락됨이 없이 모두 예산에 편입해야 함(재무회계 규칙 제11조)

(4) **성립 전 예산의 집행금지**: 사학기관 재무 · 회계 규칙에서 정한 절차에 따라 성립한 예산이 아니면 집행하지 못하고 추가경정예산의 절차를 밟지 않고서는 기정예산을 초과하여 집행하지 못함(재무회계 규칙 제20조)

(5) **목적 외 사용금지(한정성의 원칙)**: 법인 · 교비회계 세출예산은 목적 외에 사용하지 못하며 교비회계의 타 회계 전출은 엄격히 금지됨(사립학교법 시행령 제13조 제2항, 재무회계 규칙 제21조 제1항)

(6) **공개성의 원칙**

① 매 회계연도 개시 5일 이전 관할청 보고 및 학교홈페이지 공개(1년간)하고 '유치원의 공시 정보 범위 · 공시횟수 및 시기'에 의거 4월 공시

② 추경은 편성된 날로부터 15일 이내에 보고(사립학교법 제31조 제1항, 동법 시행령 제14조 제1 · 2 · 4항, 재무회계 규칙 제24조)

(7) 회계연도 독립의 원칙: 당해 연도 경비는 당해 연도 세입으로 충당해야 하고 당해 연도 책정경비의 다음연도 사용제한 일반원칙

(8) 시설 · 설비를 위한 경비 및 적립금은 교직원 인건비, 공공요금 및 제세, 기타 유치원교육에 직접 필요한 제 경비를 반영하여 경비 간의 과 · 부족이 발생하지 않도록 편성한 후 잉여재원이 있는 경우에 한하여 계상함

알아두기 회계연도 및 출납폐쇄기한

- 유치원회계 회계연도 매년 3월 1일에 시작하여 다음연도 2월 말일 종료
- 출납폐쇄기간은 회계연도 종료 후 20일이 되는 날(3월 20일 기준)

3) 회계

회계는 실질적 거래를 회계단위로 기록, 분류하고 재무적 정보를 제공하기 위한 일련의 과정 또는 체계를 말한다. 사용되는 용어는 수입, 지출, 반납(지출관련), 징수결의, 과오납반환(수입관련) 등이다.

(1) 회계절차

① 수입: 징수결정 → 수납 → 세입결산

② 지출: 품의 → 지출원인행위 → 지출결의 → 지급명령

※ 주요 법령(기준)은 지방재정법, 지방회계법, 특별회계 재무회계 규칙, 예산편성 기본지침, 학교회계 예산편성 기본지침, 사학기관 재무회계 규칙을 따른다.

(2) 회계과정은 표 7-1과 같다.

[표 7-1] 회계과정

구분		명령기관	집행기관
대상	학교	학교의 장	학교의 장이 임면
	유치원	원장	원감, 교사, 직원 중 원장이 임면한 자
행위	수입	징수결의서 최종결재 수입일계표 최종결재	수입금 수납관리
	지출	원인행위 최종결재	지출결의 최종결재, 지급명령

(3) 회계는 다음과 같은 특성을 갖는다.

① 엄정성: 회계 문서에 기명날인함으로써 책임소재의 명확히 한다.
② 정확성: 개서, 삽입, 삭제, 정정, 도말 등을 제한한다.
③ 공정성: 기회균등 등 경쟁의 원칙을 지킨다.
④ 통일성: 서식, 시기, 내용 등의 법규화로 재량성을 인정하지 않는다.

(4) 회계 관계 직원의 변상책임

회계관계직이 고의 또는 중대한 과실로 법령이나 그 밖의 관계규정 및 예산에 정하여진 바에 위반하여 재산상 손해를 끼친 경우에는 변상할 책임이 있다.

(5) 회계업무 책임에 따른 감사 처분

① 처분 종류

가. 신분상 처분으로 징계(중징계, 경징계), 경고, 주의 등이 있다. 처분대상자는 원인행위를 한 자, 선량한 관리자로서의 주의, 의무, 지도, 감독의 책임을 다하지 못한 자, 지적사항이 발생되도록 영향을 미친 자이다.
나. 행정상 처분: 시정, 개선, 권고, 통보/고발, 수사의뢰 등이 있다.
다. 재정상 처분: 시정(회수), 반환, 변상명령 등

4) 예산과 편성

예산이란 한 회계연도 동안 유치원이 교육활동을 실천해 나가는 데 필요한 세입과 세출의 체계적인 계획서를 말한다. 따라서 유치원 예산에는 한 회계연도 동안의 유치원의 제반 활동 및 이에 따른 재정소요액이 나타나야 하며, 유치원 예산을 통하여 유치원의 전반적 계획을 파악할 수 있어야 한다.

예산편성은 전년도 현황을 파악하여 현실성 있고 구체적으로 편성하여 과부족이 발생하지 않도록 한다. 즉, 원아들에게 징수하는 입학금, 수업료, 전년도 불용액, 수혜성경비(수익자부담교육비) 등을 가지고 1년간 유치원 운영에 필요한 경비를 활동사업(과목)별로 추정하여 편성하는 것을 뜻한다.

매 회계연도 개시 5일 이전에 유치원홈페이지 및 관련 홈페이지에 공개해야 한다. 즉, 매년 5월 **유치원알리미**(http://e-childschoolinfo.mest.go.kr)를 통해 예산서를 공시해야 한다.

(1) 예산의 종류

① 본예산

유치원운영위원회 자문(이사회 의결)을 거쳐 확정 고시된 매 회계연도 최초의 예산이다.

② 추가경정예산

예산안이 확정된 이후에 발생한 사유로 인하여 이미 성립된 본예산상이 내용에 추가하거나 예산에 변경(예산액의 과부족, 예산목적 변경, 비목 간 조정 등)을 가할 필요가 있을 때 유치원의 장이 다시 예산을 편성, 유치원운영위원회의 자문을 거쳐 성립된 예산이다.

③ 성립 전 예산

사용 용도가 지정된 소요경비 전액이 교부된 경비(목적사업비)와 수익자 부담 경비에 대하여 유치원운영위원회의 예산 승인 전에 예산을 집행한 후 차기 추경예산에 반영하여(성립 전 예산임을 명시) 승인절차를 거치는 것을 말한다.

(2) 예산 편성 흐름

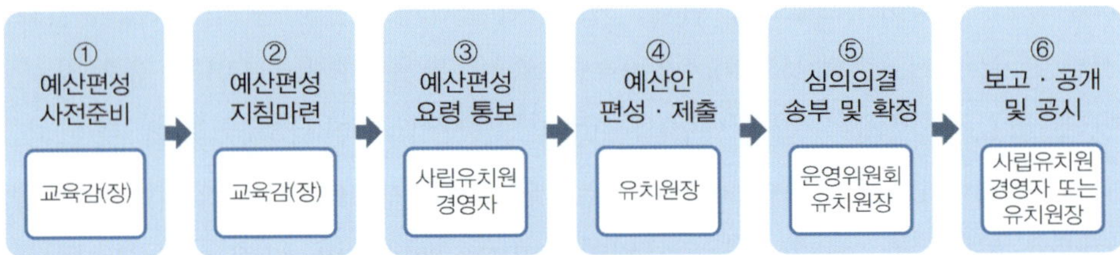

[그림 7-1] **예산 편성 흐름도**

(3) 예 · 결산 과목체계 및 과목내용

① 유치원회계 세입 · 세출 예산항목

유아교육기관의 수입은 유치원 입학금, 교육비가 주된 수입이며 국가에서 주는 보조금과 지원금이 있다. 유아교육기관의 입학금과 교육비는 서면으로 보호자에게 통지하여 금융기관을 통하여 수납하도록 되어 있다. 일반적으로 입학금은 입학 시에 전액을 징수하지만 수업료는 1년을 4기로 나누어 징수하거나 매월 징수하고 있다. 세출은 예산집행 품의와 지출원인행위(계약 등)에 의하여 부담한 채무를 이행하기 위하여 현금을 지급할 때까지의 일체의 행위를 말한다. 유아교육기관의 세출은 인건비, 관리운영비, 재산조성비, 수익자부담경비, 예비비 등으로 나눌 수 있으며 관련 내용은 표 7-2와 같다.

[표 7-2] 유아교육기관의 세입 · 세출

세입('천원'단위, 산출기초는 '원'단위)

- ▹ 관항목 구분, 절사 원칙
- ▹ 지원 · 재원부담주체에 따라 구분

관	항	목
보조금및 지원금	공통과정 지원금	공통과정지원금
	방과 후과정 운영보조금	방과 후과정운영보조금
	인건비 보조금	국가보조금
		지방자치단체보조금
		교육청보조금
	자본보조금	국가보조금
		지방자치단체보조금
		교육청보조금
	일반운영 보조금	국가보조금
		지방자치단체보조금
		교육청보조금
수익자 부담수입	교육비	입학금 · 일반 교육과정비
	방과 후 과정비	방과 후교육 · 돌봄비
		방과 후특성화비
	급식비 · 간식비	일반급식비 · 간식비
		특별급식비 · 간식비
	그밖의 수익자 부담수입	현장체험학습비
		통학차량이용비
		졸업앨범비
		그밖의교육활동수익자부담수입
설치 · 경영자 이전수입	경영자이전 수입	설치 · 경영자이전수입
차입금	차입금	단기차입금차입
		장기차입금차입
적립금이	적립금이전	적립금이전수입

세출('천원'단위, 산출기초는 '원'단위)

- ▹ 관항목 구분, 절상 원칙
- ▹ 경비 성격 및 재원부담주체에 따라 구분

관	항	목
인건비	교원인건비	급여
		수당
		복리후생비
		법정부담금
		퇴직금및퇴직적립금
	직원인건비	상동
	그밖의 인건비	그밖의인건비
운영비	관리운영비	수용비
		수수료및제세공과금
		연료비
		여비
		그밖의관리운영비
	업무추진비	일반업무추진비
		직책급업무추진비
일반교육활동비	일반교육 활동비	교사연수 · 연구비
		교재 · 교구구입비
		행사비
		복리비
		일반급식비 · 간식비
선택적 교육활동비	방과 후교육활동비	방과 후교육 · 돌봄비
		방과 후특성화비
	그밖의 교육활동비	현장체험학습비
		통학차량이용비
		특별급식비 · 간식비
		졸업앨범비
		수익자부담재원교육활동비
적립금	적립금	적립금
상환금	상환금	단기차입상환금
		장기차입상환금

(계속)

전수입	수입		반환금	반환금	보조금반환금
잡수입금	잡수입금	이자수입 · 행정활동수입			수익자반환금
기부 · 후원수입	기부 · 후원수입	기부 · 후원금수입	시설 · 설비비	시설비	신 · 증축비
					유지비
지연 수납수입	지연수납 수입	지연수납수입		설비 · 비품비	취득비
					유지비
전년도 이월금	전년도 이월금	이월사업비	지연지출금	지연지출금	지연지출금
		정산대상재원사용잔액			
			잡지출	잡지출	잡지출
		순세계잉여금	예비비	예비비	예비비

(4) 세입 · 세출 구조 및 해설

유아교육기관에서는 다음의 양식에 맞춰 예산안을 편성하여 교육청으로 제출한다. 세입 · 세출 구조 및 해설은 표 7-3, 표 7-4와 같다.

① 세입과목 구조 및 과목 해설(사학기관 재무 · 회계 규칙 제15조의2)[별표5]

[표 7-3] 세입과목 구조 및 과목 해설(사학기관 재무 · 회계 규칙 제15조의2)

관	항	목	세부 내역
1. 보조금 및 지원금			국가 · 지방자치단체 및 교육청으로부터 교부받는 보조금 및 지원금
	1. 공통과정지원금		「유아교육법 시행령」 제29조에 따른 공통과정지원금(학부모 등이 지원금을 받아 유치원에 납입하는 금액을 포함한다)
		1. 공통과정지원금	
	2. 방과 후과정운영보조금		방과 후과정 운영을 위한 보조금(방과 후과정 관련 인건비 보조금 및 급식비 · 간식비 보조금을 포함한다)
		1. 방과 후과정운영 보조금	
	3. 인건비 보조금		교원 급여 등 인건비 관련 보조금 ※ 방과 후과정 관련 인건비 보조금은 방과 후과정운영 보조금으로 처리
		1. 국가보조금	
		2. 지방자치단체보조금	

(계속)

관	항	목	세부 내역
		3. 교육청보조금	
	4. 자본 보조금		교사(校舍) 등 시설 · 설비 및 장비 관련 보조금
		1. 국가보조금	
		2. 지방자치단체보조금	
		3. 교육청보조금	
	5. 일반운영 보조금		급식비 · 간식비 보조금 등 위에서 나열되지 않은 유치원 운영 관련 보조금 ※ 방과 후과정 관련 급식비 · 간식비 보조금은 방과 후과정운영 보조금으로 처리
		1. 국가보조금	
		2. 지방자치단체보조금	
		3. 교육청보조금	
2. 수익자부담수입			학부모 등이 유치원에 납부한 비용
	1. 교육비		
		1. 입학금	
		2. 일반 교육과정비	일반 교육과정 운영을 위해 받은 수익자부담금 ※ 학부모 등이 공통과정지원금을 받아 납입한 금액은 공통과정지원금으로 처리
	2. 방과 후과정비		
		1. 방과 후교육 · 돌봄비	방과 후교육 및 돌봄활동을 위해 받은 수익자부담금 ※ 방과 후 특성화교육을 위해 받은 비용은 방과 후특성화비로 처리
		2. 방과 후특성화비	방과 후교육 중 특성화교육을 위해 받은 수익자부담금
	3. 급식비 · 간식비		
		1. 일반급식비 · 간식비	일반 교육과정 시간의 급식 · 간식 제공을 위해 받은 수익자부담금
		2. 특별급식비 · 간식비	일반 교육과정 시간 외(방과 후과정 또는 아침 · 저녁 시간 등)에 제공되는 급식 · 간식 제공을 위해 받은 수익자부담금
	3. 그 밖의 수익자부담수입		
		1. 현장체험학습비	소풍 및 견학 등의 현장체험학습활동을 위해 받은 수익자부담금
		2. 통학차량이용비	통학차량이용을 위해 받은 수익자부담금
		3. 졸업앨범비	졸업앨범 제작 · 구입을 위해 받은 수익자부담금
		4. 그 밖의 교육활동 수익자부담수입	위에서 나열되지 않은 수익자부담금

(계속)

관	항	목	세부 내역
3. 설치 · 경영자이전수입			설치 · 경영자가 학교회계로 이전한 금액 ※ 설치 · 경영자가 대출을 받아 학교회계로 이전한 금액은 차입금으로 처리
	1. 설치 · 경영자이전수입		
		1. 설치 · 경영자이전수입	
4. 차입금			유치원 운영을 위해 금융기관 등에서 대출을 받은 금액으로서 학교회계로 이전된 금액
	1. 차입금		
		1. 단기차입금	대출을 받은 회계연도 종료 전에 상환할 것이 예정된 차입금
		2. 장기차입금	단기차입금 외의 차입금
5. 적립금이전수입			적립금에서 학교회계로 이전된 금액
	1. 적립금이전수입		
		1. 적립금이전수입	
6. 잡수입금			
	1. 잡수입금		
		1. 이자수입	금융기관 등에 예치한 예금의 이자수입
		2. 행정활동수입	물품 등 자산 매각 수입, 임대료 수입, 사용료 수입 및 보험금 수입 등 행정활동으로 발생한 수입
7. 기부 · 후원금수입			기부 또는 후원으로 발생한 수입
	1. 기부 · 후원금수입		
		1. 기부 · 후원금수입	
8. 지연수납수입			해당 회계연도 전에 이전 또는 수납되었어야 하나 이전 · 납부되지 않다가 해당 회계연도에 이전 · 납부된 수입
	1. 지연수납수입		
		1. 지연수납수입	
9. 전년도이월금			
	1. 전년도이월금		
		1. 이월사업비	명시이월, 사고이월 및 계속비 이월 금액
		2. 정산대상재원사용잔액	전년도에 국가, 지방자치단체 및 교육청 등으로부터 지원받은 목적사업비 등의 집행 잔액
		3. 순세계잉여금	전년도 세계잉여금 중 이월사업비와 정산대상재원사용잔액을 제외하고 남는 금액

1. 관 · 항은 해당하는 관 · 항만을 선택하여 사용한다.
2. 목은 필요에 따라 추가하거나 삭제할 수 있다.
3. 결산을 하는 경우에는 예산에서 사용한 관 · 항 · 목에 따른다.

② 세출과목 구조 및 과목해설(사학기관 재무 · 회계 규칙 제15조의2)[별표6]

[표 7-4] 세출과목 구조 및 과목해설(사학기관 재무 · 회계 규칙 제15조의2)

관	항	목	세부 내역
1. 인건비			유치원에서 근무하는 교직원 등의 인건비
	1. 교원인건비		정규직 교원인건비
		1. 급여	기본급 및 성과상여금
		2. 수당	정근수당, 가족수당, 시간외근무수당, 교직수당 등 보수지급 명목으로 지급되는 각종 수당
		3. 복리후생비	정액급식비, 명절휴가비, 연가보상비 등 보수지급 명목으로 지급되는 복리증진비
		4. 법정부담금	사립학교교직원연금, 국민연금, 건강보험, 고용보험 및 산재보험 등과 관련하여 지출하는 금액
		5. 퇴직금 및 퇴직적립금	퇴직급여 및 퇴직적립금
	2. 직원인건비		정규직 직원인건비
		1. 급여	기본급 및 성과상여금
		2. 수당	정근수당, 가족수당 및 시간외근무수당 등 보수지급 명목으로 지급되는 각종 수당
		3. 복리후생비	정액급식비, 명절휴가비, 연가보상비 등 보수지급 명목으로 지급되는 복리증진비
		4. 법정부담금	사립학교교직원연금, 국민연금, 건강보험, 고용보험 및 산재보험 등과 관련하여 지출하는 금액
		5. 퇴직금 및 퇴직적립금	퇴직급여 및 퇴직적립금
	3. 그 밖의 인건비		무기계약직 보수, 기간제근로자 보수, 보조 · 대체교사 보수 및 일용직 급여 등 위에서 나열되지 않은 인건비
		1. 그 밖의 인건비	
2. 운영비			
	1. 관리운영비		
		1. 수용비	소모품 구입비, 인쇄비, 교육용도서 외 일반도서 구입비, 차량 정비 · 유지비, 청소용역비, 임차료, 대관료 및 비품대여료 등 유치원운영에 소요되는 일반적인 경비 ※ 통학차량 정비 · 유지비는 통학차량이용비로 처리
		2. 수수료 및 제세공과금	전기 · 전화요금, 하수도료, 상하수도료, 안전공제회비, 보험료, 자동차세, 환경개선부담금 및 교직원 건강검진비 등 각종 수수료 및 제세공과금 성격의 경비

(계속)

관	항	목	세부 내역
		3. 연료비	도시가스비, 지역난방료 및 차량 유류대 등 건물 난방 및 차량유지 등을 위해 사용하는 연료비 ※ 통학차량 유류대는 통학차량이용비로 처리
		4. 여비	출장에 따른 소요 여비
		5. 그 밖의 관리운영비	위에서 나열된 것 외에 유치원 운영을 위하여 소요된 경비
	2. 업무추진비		
		1. 일반업무추진비	유치원 운영 업무추진비 및 일반사업추진 업무추진비
		2. 직책급업무추진비	직책에 따른 업무추진을 위해 해당 직책을 가진 사람에게 지급하는 경비
3. 일반교육활동비			유치원 일반 교육활동 소요 경비
	1. 일반교육활동비		
		1. 교사연수 · 연구비	교직원 연수비 및 연구비
		2. 교재 · 교구구입비	교육 기자재, 교육용도서 등 구입 및 제작 소요 경비
		3. 행사비	원아 교육과 직접 관련된 각종 행사 소요 경비
		4. 장학금	원아에게 지급되는 장학금
		5. 복리비	원아건강검진비 등 원아 건강 및 안전 관련 소요 경비
		6. 일반급식비 · 간식비	일반 교육시간 내 제공되는 급식 및 간식을 위한 소요 경비
4. 선택적교육활동비			
	1. 방과 후교육활동비		
		1. 방과 후교육 · 돌봄비	방과 후교육 및 돌봄활동을 위한 소요 경비
		2. 방과 후특성화비	방과 후교육 중 특성화교육을 위한 소요 경비
	2. 그 밖의 교육활동비		
		1. 현장체험학습비	소풍 및 견학 등의 현장체험학습활동을 위한 소요 경비
		2. 통학차량이용비	통학차량 정비 · 유지비 및 유류대 등 통학차량 이용을 위한 소요 경비
		3. 특별급식비 · 간식비	일반 교육과정 시간 외(방과 후과정 또는 아침 · 저녁 시간 등)에 제공되는 급식 · 간식 제공을 위한 소요 경비
		4. 졸업앨범비	졸업앨범 제작 · 구입 소요 경비
		5. 수익자부담재원교육활동비	위에서 나열된 것 외에 수익자부담금을 재원으로 하는 교육활동 소요 경비
5. 적립금			건축적립금 및 관할청이 특히 필요하다고 보아 인정한 적립금 ※ 퇴직적립금은 인건비로 처리
	적립금		
		적립금	

(계속)

관	항	목	세부 내역
6. 상환금			유치원 운영을 위해 금융기관 등에서 학교회계로 이전된 차입금을 상환하기 위해 지출한 금액
	1. 상환금		
		1. 단기차입상환금	대출을 받은 회계연도 종료 전에 상환할 것이 예정된 차입금의 원리금 상환액
		2. 장기차입상환금	단기차입상환금 외의 차입금 원리금 상환액
7. 반환금			
	1. 반환금		
		1. 보조금반환금	보조금 미사용 등에 따른 반환금
		2. 수익자반환금	수익자부담금 미사용에 따른 반환금
8. 시설 · 설비비			
	1. 시설비		
		1. 신 · 증축비	시설 신 · 증축비 및 부대 경비
		2. 유지비	시설 유지, 수선 및 개 · 보수 소요 경비
	2. 설비 · 비품비		
		1. 취득비	설비 설치비, 비품 구입비, 차량 구입비(차량할부금 포함) 등 설비나 비품 취득 소요 경비
		2. 유지비	설비, 장비 및 비품의 정비 · 유지 비용 ※ 차량 정비 · 유지 비용은 차량 성격에 따라 수용비 또는 통학차량이용비로 처리
9. 지연지출금			해당 회계연도 이전에 지출되었어야 하나 지출되지 않았다가 해당 회계연도에 지출된 사업비 등
	지연지출금		
		지연지출금	
9. 잡지출			원 단위 절사금 등 위에서 나열되지 않은 성격의 지출
	잡지출		
		잡지출	
10. 예비비			재해 · 재난 관련 비용 등 예산 외의 예측할 수 없는 지출이나 예산의 초과 지출에 충당하기 위한 경비
	예비비		
		예비비	

1. 관 · 항은 해당하는 관 · 항만을 선택하여 사용한다.
2. 목은 필요에 따라 추가하거나 삭제할 수 있다.
3. 결산을 하는 경우에는 예산에서 사용한 관 · 항 · 목에 따른다.

5) 예산집행

재정관리를 규모 있게 하기 위해서는 앞에서 고려한 교육비(보육료)에 근거하여 세입이 실행되며 세입에 따라 세출이 조정되어 실행되어야 한다.

(1) 지출의 흐름

① 사립유치원 지출절차 4단계: 품의 → 지출원인행위 → 지출결의 → 지급명령

② 원장은 최소한 2번 결재, 출납원 최소 2번에서 최대 4번 결재 필요함

③ 지출의 흐름은 표 7-5와 같다.

[표 7-5] 지출의 흐름

흐름	내용	주관	비고(결재)
① 집행품의	• 예산범위 내에서 집행목적, 집행액(예정적), 집행내역 등을 기재	사업담당자	금액에 따라 다름
② 품의접수	• 사업부서에서 품의 결재한 사항을 경리담당자가 접수하는 과정	경리담당부서(행정실)	
③ 지출원인행위(계약)	• 확정된 채무(금액), 계약자, 채주 등을 작성 집행	경리담당부서(행정실)	원장(분임)재무관
④ 납품(준공) 및 검수	• 계약기간 이행 여부확인/검수는 납품 또는 준공 – 통지 받은 날로부터 14일 이내	경리담당부서(행정실)	검사 · 검수 메뉴 없음
⑤ 청구	• 업체로부터 청구를 받음 – 세금계산서 또는 계산서 청구	업체	
⑥ 지출결의	• 지출원인행위에 기인하여 지출을 결정하는 것	경리담당부서(행정실)	행정실장 출납원(지출원)
⑦ 지급명령(대가지급)	• 대가지급: 청구일로부터 5일 이내 • 금고에서 거래기관으로 지급할 것을 명령하는 것 – 통상: 현금으로 지급할 때 – 집합: 2인 이상의 채주에게 지급할 때	경리담당부서(행정실)	행정실장 출납원(지출원)

(계속)

흐름	내용	주관	비고(결재)
	– 송금: 채주의 계좌로 지급할 때 – 대체: 고지로서 납부할 때		
⑧ 지출부 및 현금출납부 등기	• 증빙서류 편철 및 보존(5년)	경리담당부서 (행정실)	

[표 7-6] 품의요구서(예시)

<table>
<tr><td colspan="9">물품구입(수리, 운반)품의 및 요구서</td></tr>
<tr><td>건 명</td><td colspan="5">슬기반 사무용 책상</td><td>담당</td><td>원감</td><td>원장</td></tr>
<tr><td>관</td><td>운영비</td><td>항</td><td>관리운영비</td><td>목</td><td>수용비</td><td></td><td></td><td></td></tr>
<tr><td colspan="9">아래와 같이 (구입), 수리, 운반코자 합니다.</td></tr>
<tr><td colspan="9">물품 (구입, 수리, 운반) 명세</td></tr>
<tr><td rowspan="2">품명</td><td rowspan="2">규격</td><td rowspan="2">단위</td><td rowspan="2">수량</td><td colspan="2">예정가격</td><td rowspan="2" colspan="3">비 고</td></tr>
<tr><td>단 가</td><td>금 액</td></tr>
<tr><td>사무용 책상</td><td>850x360x1790</td><td>대</td><td>5</td><td>40,000</td><td>200,000</td><td colspan="3"></td></tr>
<tr><td></td><td>이</td><td>하</td><td>빈</td><td>칸</td><td></td><td colspan="3"></td></tr>
<tr><td></td><td></td><td></td><td></td><td></td><td></td><td colspan="3"></td></tr>
<tr><td></td><td></td><td></td><td></td><td></td><td></td><td colspan="3"></td></tr>
<tr><td></td><td></td><td></td><td></td><td></td><td></td><td colspan="3"></td></tr>
<tr><td></td><td></td><td></td><td></td><td></td><td></td><td colspan="3"></td></tr>
<tr><td></td><td></td><td></td><td></td><td></td><td></td><td colspan="3"></td></tr>
<tr><td>합 계</td><td></td><td></td><td>5</td><td>40,000</td><td>200,000</td><td colspan="3"></td></tr>
<tr><td colspan="9">위 물품을 (납품, 수리, 운반)토록 하여 주시기 바랍니다.
20년 월 일
요구자 직 교사 성명 : ○ ○ ○ (인)
○○유치원장 귀하</td></tr>
</table>

[표 7-7] 지출결의서(예시)

(앞 면)

증 제3호

지 출 결 의 서

담 당	원 감	원 장	2018회계연도 ○○유치원회계	담 당	지 출 원

구분	일자	인	관·항·목	과목	구분	일자	인
계 약 (주 문)	2018년 3월 5일	㉴	관	운영비	청 구	2018년 3월 7일	㉴
지출원인 행위등기	2018년 3월 5일	㉴	항	관리 운영비	지 출	2018년 3월 10일	㉴
납 품 (준공,운반)	2018년 3월 7일	㉴			지출부 등 기	2018년 3월 10일	㉴
검 사 (검 수)	2018년 3월 7일	㉴	목	수용비	물품(재산) 대장등기	2018년 3월 10일	㉴

적 요	□ 슬기반 사무용 책상 구입 ○ 교사용 보조책상 40,000원×5대=200,000원

승 낙 사 항

본 계약에 있어서는 이면의 사항을 승낙합니다.

2018년 3월 5일

공급자 상　　　호: ○○사무용가구
사업자번호: ○○○-○○-○○○○○
성　　　명: ○○○ ㉴
주민등록번호 :
주　　　소: 경기도 ○○시 ○○구 ○○로 ○○
계 좌 번 호: ○○은행
○○-○○-○○

공급가액	₩181,818
부 가 세	
합 계	
소 득 세	
기타공제	
공제액계	
지 급 액	금이십만원정 (₩200,000)

물품구입은 반드시 비품대장에 등재

일반과세자 반드시 세금계산서 징구

(인 지) 첨부란이 부족할 경우 뒷면에 붙임

위의 금액을 영수합니다.
2018년 3월 10일
성 명 ○○사무용가구 ㉴
계좌입금

1. 결의서 번호는 회계연도 지출일련번호 기재
2. 원장란은 지출원인행위시 날인하고 출납원란은 지급 시 날인
3. 물품 구입 시 물품대장에 반드시 기록하여야 함.

납입기한까지 납품하지 못할 경우
지연배상금을 부과하여야 함.
(대가 지급시 지연배상금을 제외하고 지급)

[표 7-8] 지출결의서(예시)

(뒷 면) 물품인 경우

승낙사항(물품구입)

1) 2018년 3월 8일까지 지정한 장소에 납품하여야 하며, 납품된 물품 중 검사에 불합격한 물품이 있을 때에는 지정기일까지 교환하여야 한다.
2) 납품기한내에 완납하지 못할 때에는 그 지연일수 1일에 대하여 납품되지 아니한 물품 대가의 1000분의 (1.5)에 해당하는 **지연배상금**을 납입하여야 한다.
3) 납품기한 또는 교환기간 경과후 10일까지 납품하지 못하는 때 또는 납품된 물품이 규격서 · 견본 등과 다른 때에는 그 계약을 해제할 수 있다.
4) 제3호에 의하여 계약을 해제한 때에는 손해 배상으로서 계약이 해제된 물품대가의 100분의 10에 해당하는 금액을 납입하여야 한다.
5) 제2호 및 제4호에 의하여 납입하여야 할 금액은 물품대금과 상계할 수 있다.

구 입 물 품 명 세 서

품 명	규 격	수량	단 위	단 가	금 액	비 고
사무용 책상	850x360x1790	5	대	40,000	200,000	
			−이하빈칸−			
계		5		40,000	200,000	

1. 승낙사항은 계약서를 별도로 작성하지 않을 경우에 작성
2. 명세서는 구입물품(운반물품, 공사)명세를 확인할 수 있는 서류(별도 계약서, 명세서, 견적서)가 있는 경우 기재 생략 가능
3. 물품 구입 시 물품대장에 반드시 기록하여야 함
   (품의서, 견적서, 납품서, 사업자등록증사본, 세금계산서, 계좌이체내역서 구비

[표 7-9] 현금출납부(예시)

현 금 출 납 부

월일 ①		적 요 ② 상세내역 (과목)	채주	증빙번호		수입액 ③	지출액 ④	잔 액 ⑤
				수입	지출			
3	2	전년도이월금 (이월사업비)				500,000		500,000
3	4	김○○외 29명 입학금 수입 (입학금)				1,500,000		2,000,000
3	5	김○○외 29명 수업료 수입 (일반 교육과정비)				19,800,000		21,800,000
3	7	조○○ 과오납금 반환				△149,030		21,650,970
3	10	해바라기반 사무용 책상 구입 (수용비)	김○○		1		200,000	21,450,970
3	10	5월 학습준비물 ○○외 20종 구입(교재 · 교구구입비)	홍○○		2		300,000	21,150,970
3	11	교직원 업무협의 간담회 경비 (일반업무추진비)	법인카드계좌		3		380,000	20,770,970
3	13	회계, 물품관계담당자 재정보증 보험 가입비(수수료및제세공과금)	서울보증보험		4		21,750	20,749,220
3	15	3월 전기요금납부 (수수료및제세공과금)	한전		5		100,000	20,649,220
3	25	장○○외 4명 보수지급(급여)			6		6,600,000	14,049,220
		월 계				21,650,970	7,601,750	
		누 계				21,650,970	7,601,750	14,049,220
4	10	1/4분기 정기 간행물 구독비 (그밖의관리운영비)	○○일보		7		28,000	
4	11	박○○외 4명 수업료 수입 (일반 교육과정비)				3,300,000		
4	20	졸업사진 앨범 제작 구입비 (졸업앨범비)	○○사진관		8		200,000	
4	20	○○수련원 이용료 지급 (현장체험학습비)	○○수련원		9		1,050,000	
4	25	수련활동 학생수송 차량 임차료 (통학차량이용비)	○○관광		10		440,000	
4	28	화장실 1,2층 세면대 보수 공사비(유지비)	○○설비		11		200,000	
4	30	4월 김결재 외 1명 관내 · 외 출장 여비 지급(여비)	김○○외1명		12		70,000	
4	30	전국음악경연대회 참가경비 지급 (행사비)	교사○○		13		90,000	
4	30	전국음악경연대회 참가경비 반납 (행사비)	교사○○				△18,000	
		월 계				3,300,000	2,060,000	
		누 계				24,950,970	9,661,750	15,289,220

※ 작성요령
① 해당 월일을 기재
② 세부내역을 적요란에 기재, 유치원비 예산서 참고 (세입 및 세출 예산과목 기재)
③ 해당 수입금액 기록
④ 해당 지출금액 기록
⑤ 수입액에서 지출액을 공제한 금액으로서 현재 통장잔액과 일치해야 함

[표 7-10] 지출부(예시)

지 출 부

예산과목: 운영비, 관리운영비, 수수료 및 제세공과금 (해당유치원 예산서 참조)

년월일		적 요	공급처의 채주	지출 번호	예산액 ①	지출액 ②	잔 액 ①-②
3	13	회계, 물품관계담당자 재정보증 보험 가입비 지급	서울보증보험	4	30,000,000	21,750	29,978,250
3	15	3월 전기요금 납부	한전	5		100,000	29,878,250
		월 계				121,750	
		누 계			30,000,000	121,750	29,298,250
4	15	4월 전기요금 납부	한전	7		100,000	
		월 계				100,000	
		누 계			30,000,000	221,750	29,198,250

※ 작성 요령
- 예산과목별 별지 작성
- 예산과목: 예산서 참고 (세입 및 세출 예산과목 기재)
- 공급처의 채주: 공급한 업체의 대표자
- 지출번호: 지출결의서 오른쪽 상단에 있는 제○○호의 숫자

[표 7-11] 지출결의서 작성요령

구분	내용	비 고
결재란 (지출결의서 왼쪽)	담당자, 유치원장 등 회계 관계 직원이 날인(결재)	유치원장 결재
발의일자	품의한 일자를 기재한다.(의견을 낸다는 뜻)	
원인행위부등기	지출(계약)의 원인이 되는 결정일자 (지출의 원인이 되는 계약이나 그 밖의 행위에 대하여 장부에 기재한다는 뜻)	
계약일자	업체와 계약한 일자를 기재한다. (견적서를 받은 일자나 그 이후의 일자여야 한다.)	
준공/납품일자	업체에 주문한 물품이 납품되거나 공사일 경우 공사를 마친 날짜(품의서상의 납품기한일 보다 지연될 경우 지체상금 징수)	
검수일자	납품, 준공 완료 후 14일 이내 검수 실시한 날짜를 기재한다.(구매한 제품의 규격과 수량을 확인하는 일자)	
결재란 (지출결의서 오른쪽)	담당자, 지출원 날인	출납원 결재
청구일자	업체가 청구한 일자 기재한다. (세금계산서, 계산서 상의 일자 기재)	
지출부등기	업체에 대금 지급한 일자를 기재한다. (납품업체에 대금 지급 – 장부와 통장 계좌이체 날짜가 모두 같아야 함. 청구일로 부터 5일 이내 지출)	
물품(재산) 대장등기	물품등재 (입력)일	
적요	지출건명에 대해서 알아보기 쉽도록 요점을 뽑아서 기재	
채주	계약업체의 대표자	
승낙 사항	결의서 종류에 따라 이면사항을 기재 승낙 승낙사항은 계약서를 별도로 작성하지 않을 경우에 작성	

6) 결산

결산이란 1년간 유치원의 실질적인 수입·지출의 집행실적을 확정된 수치로 나타내는 것을 말한다.

(1) 결산의 의의

유치원의 세입·세출 결산은 매 회계연도가 종료하는 시점을 기준으로 당해 연도에 들어온 실질적인 세입과 세출의 결과를 계수로 표시하는 행위로서, 경산의 의의는 비효율적인 예산 집행을 분석하고 다음 연도 예산 편성·집행의 효율성을 도모함에 있다.

(2) 결산 방법

① 유치원의 세입·세출 결산서는 예산과목과 동일하게 작성하되 수입과 지출에 있어서의 예산액, 결산액, 비교증감을 명확히 하여야 한다.

② 각종 보조금(유아학비 보조금, 교육역량제고사업비 등)은 전액 계상하여 목적별로 구분하여 명기한다.

③ 전년도 사용 잔액과 이월금의 계산액은 반드시 일치하여야 한다.

④ 세입·세출 결산액은 장부와 반드시 일치하여야 하며 임의수정 또는 변경하여서는 안 된다.

⑤ 산출기초는 반드시 집행사업과 지출내역을 상세하게 명기하고 사용잔액은 잔고증명과 일치하여야 한다.

⑥ 예산액과 잔고증명서상의 금액이 상이할 경우에는 불부합조서를 첨부하여야 한다.

⑦ 이사회 회의록에는 통과된 예산액과 결산액을 명기하여야 한다.

⑧ 결산결과 발생한 불용액, 과년도 수입은 익년도 추가경정예산에 반영하여야 한다.

(3) 결산 절차

관련법규: 「유아교육법」 제19조의8, 「사학기관 재무 · 회계규칙」 제23조

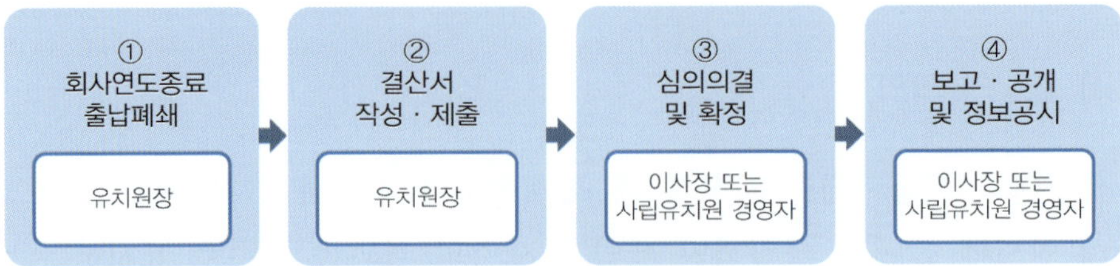

[그림 7-2] **유치원 결산 절차**

2 에듀파인

에듀파인이란 전국 초 · 중 · 고등학교와 국 · 공립 유치원에서 사용하고 있는 시스템으로 명칭은 교육(education)과 재정(finance)에서 따온 것이다. 물품구입비, 급식운영비, 학생복지비, 교과활동비, 체험활동비, 외부강사료, 시설비 등 예산 소요와 관련된 모든 것을 기록하는 국가관리회계시스템이며 사업별 예산제도와 발생주의 · 복식부기 회계제도에 의한 예산 편성 · 집행 · 결산의 재정 흐름 등을 한 곳으로 모아 시스템으로 구축한 것으로 20019년 시범운영을 거쳐 2020년 전면 시행된다.

1) 에듀파인의 흐름은 표 7-12와 같다.

[표 7-12] 에듀파인의 흐름

구분	예산	회계
개념	일정기간 기관이 활동을 위해 집행하는 수입과 지출의 예정적 계산 또는 계획	실질적 거래를 화계단위로 기록, 분류하고 재무적 정보를 제공하기 위한 일련의 과정 또는 체계
용어	세입 / 세출 본예산, 추가경정예산(추경) 성립전예산 등	수입 / 지출 반납(지출관련), 징수결의, 과오납반환(수입관련) 등
절차	예산(안)편성→심의→확정	• 수입: 징수결정 → 수납 → 세입결산 • 지출: 품의 → 지출원인행위 → 지출결의 → 지급명령 ※ 교특회계 중 재무회계는 자금한도 신청 절차 추가
주요법령(기준)	• 지방재정법	

2) 에듀파인 지출의 유형은 4종으로 표 7-13과 같다.

[표 7-13] 에듀파인의 지출

지출 유형	내용	비고
서비스 용역	차량용역, 공과금, 시설유지 품의 등	품의 불요
일용임금	교직원이 아닌 자에게 강사료, 인건비를 지급하는 경우	
보수	교직원 인건비, 각종 수당 등	
기타	물품, 공사 및 재산취득, 여비, 급식 등	

알아두기 K-에듀파인

K-에듀파인이란 행정(업무관리)과 재정(에듀파인) 시스템이 통합된 것으로 지난 10년간, 행정과 재정 업무를 위해 사용한 업무관리시스템과 에듀파인이 장비 노후화, 변화된 업무 수용력 한계 등으로 인한 불편함이 발생되어 최적의 성능체계와 정보기술로 업무의 효율성과 편의성을 높일 수 있는 새로운 시스템을 만들었다. 이로써 유치원에서는 2020년부터 K-에듀파인 시스템을 통해 업무관리와 재정관리를 처리하게 되었고, 문서생성(작성)부터 소멸까지 모든 과정을 전자적으로 처리함으로써 유치원의 모든 기록물을 일관성 있게 통합 관리하여 업무의 효율성 높일 수 있게 되었다.

3 유아학비 지원

1) 대상별 유아학비 지원 업무처리 사항은 표 7-14와 같다.

[표 7-14] 대상별 유아학비 지원 업무처리 사항

대상	업무처리
보호자 (학부모)	• 주민센터에서 사회서비스 자격 신청(또는 온라인 신청) • 아이행복카드 발급 • 유치원에 원아 입학 • 유아학비 지원 금액을 차감한 수업료만 유치원에 납부 • 유아학비 지원액 학부모 청구
주민센터 시 · 군 · 구청	• 사회서비스 신규 및 변경 신청 시 학부모에게 (변경) 기준 · 절차 안내 • 행복e음(사회보장정보시스템)을 통한 사회서비스 자격 결정
유치원	• 유아학비 지원 대상 · 금액 · 절차 학부모에게 반드시 홍보 · 안내 • 유아학비 지원시스템(e-유치원) 원아 등록 및 관리 • 입 · 퇴원처리부 및 출석부를 통한 원아 관리 • 인가정원 범위 내의 유치원 운영 및 원아 등록 • 유아학비 지원시스템 유치원(e-유치원)을 통해 매분기(3 · 6 · 9 · 12월 · 다음 년도 2월) 유아학비 신청 및 정산
교육지원청	• 유아학비 지원시스템(e-유치원)을 통해 유치원 및 대상자 관리 • 매월 유치원으로 유아학비 지원(송금) • 도교육청으로 유아학비 배정액 신청 및 집행내역 제출 • 유아학비 지원 관련 유치원 연수 실시 유아학비 지원 관련 상시 지도 · 점검 체계 구축
도교육청	• 『유아학비 지원계획』 수립 및 시행 • 유아학비 지원시스템(e-유치원)을 통해 교육지원청별 유아학비 관리 • 교육지원청으로 유아학비 재배정액 교부 • 유아학비 집행실적 등 관리 및 교육부 정산 보고

2) 지원 대상 및 범위는 표 7-15와 같다.

[표 7-15] 지원 대상 및 범위

구분	지원범위
유아학비 (교육과정비)	• 국 · 공 · 사립유치원에 다니는 유아 – 유치원 조기입학을 희망하는 ' 15년 1~2월생으로 만3세반에 취원한 유아 포함 – 취학대상 아동(' 12. 1. 1~' 12.12.31. 출생)이 취학을 유예하는 경우, 유예한 1년에 한해서만 만5세아 무상교육비 지원 가능 ※취학유예 통지서 제출 시
방과 후과정비	• 유아학비 지원 대상자 중 방과 후과정에 참여(1일 교육과정 포함 8시간 이상)하는 유아 – 단, 보호자의 동의하에 원아의 안전을 보호하고, 총 이용시간 (8시간 이상) 중 1시간 이내에서 방과 후 이용시간은 개별적 조정 가능 (반드시 유치원 운영위원회를 거침)

※ 「유아교육법」 제24조 및 「유아교육법 시행령」 제29조에 의하여 유치원 및 어린이집 등에서 교육부장관과 보건복지부장관이 협의하여 정하는 공통과정을 제공받는 유아에 대한 무상교육 기간은 3년을 초과할 수 없음.

알아두기 지원제외 대상

- 대한민국 국적을 가지지 않은 유아(난민은 예외적으로 인정)
- 가정 양육수당 및 어린이집을 이용하여 보육료를 지원받고 있는 유아
- 유치원 이용시간에 아이돌봄서비스 등과 중복지원 불가
- 31일 이상 해외체류 유아는 유아학비 지원자격 중지(날짜기산: 출국일 포함)

3) 유아학비 자격 신청 절차는 다음과 같다.

[표 7-16] 유아학비 자격 신청 절차

신청	복지서비스 자격신청 및 아이행복카드 발급	→	유치원 입학	→	인증	지원대상자 카드인증 (연 1회, 아이행복카드 사용)
방법	① 읍 · 면 · 동 주민센터 방문 또는 ② 복지로 홈페이지를 (http://www.bokjiro.go.kr) 통하여 신청				방법	① 유치원의 카드단말기 이용 또는 ② ARS전화(1670-0067) 이용 ※ 아이행복카드 인증을 통해 학부모의 본인 확인 처리

알아두기 용어해설

1) 품의
   - 세출예산에 편성된 예산의 목적을 달성하기 위해 사업부서에서 실시하고 집행 의사를 결정하는 행위를 말하며, 실질적으로 예산지출을 확정하는 행위는 아님
   - 집행품의는 세출예산서의 예산액 범위 내에서 집행 내역과 집행 액의 규모를 기재하고 결재권자의 결재를 받음으로써 완료되며, 금액은 예정적임

2) 지출원인행위: 세출예산에 대하여 지출의 원인이 되는 계약 및 이미 법령에 의하여 발생되어 있는 채무에 대한 지출을 확정하는 행위를 말하며, 유치원장이 원인행위권자가 된다.
   *원인행위 종류
   - 계약에 의한 지출원인행위: 공사, 용역, 물품 계약 등 계약상대자가 일정한 채무를 이행한 경우 그에 대한 대가를 지출하기 위한 채무확정행위
   - 그 외 계약에 의하지 않는 지출원인행위: 수당, 보수 등 법적 의무적 경비를 지급하는 경우를 말하며 주로 유치원 운영에 필요한 고정적비용, 인건비 등 집행행위

3) 지출결의: 지출원인행위에 기인하여 지출을 결정하는 것으로 출납원(재무관)이 최종결재권자가 됨

4) 지급명령
   - 지출결의에 대해 결제완료가 되면 출납원이 자금을 이체할 수 있도록 하기 위함
   - 지급명령 흐름: 지급명령 등록 → 지급명령목록 "이체확정"

5) 본예산: 한 회계연도 간의 단위유치원 활동을 반영하여 편성된 매 회계연도 최초의 예산이다.

6) 추가경정예산: 예산 성립 후에 생긴 사유로 인해 필요한 경비의 과부족이 생길 경우 본예산에 추가 또는 변경을 가한 예산을 말한다.

7) 세입: 한 회계연도 동안의 재정을 충당하기 위한 재원으로서 유치원에 유입되는 현금적 수입을 말한다. 세입의 목적은 경비지출의 재원에 충당하는 것으로서 유치원에 수납되더라도 세출의 재원에 해당하지 않는 금액은 세입이라 할 수 없다. 즉, 세입은 항상 세출을 목적으로 하므로 세입은 세출의 수단이라 할 수 있다.

8) 세출: 한 회계연도 동안에 모든 수요에 충당하기 위하여 지출하는 일체의 경비를 말한다. 유치원에서는 회계연도마다 세출과 세입에 해당하는 예산안을 편성하여 유치원운영위원회의 의결을 받아 확정한다. 세출예산의 경우 세부사업별로 편성한다.

9) 수익자부담경비: 교육서비스의 수혜자가 되는 학부모가 부담하는 비용으로 현장학습비, 학생 수련활동비, 유치원급식, 방과 후유치원 교육활동비, 졸업앨범비 등으로 구성되어 있다.

10) 예비비: 예측할 수 없는 예산외의 지출 또한 예산 초과지출로 인한 부족액을 충당하기 위한 세출예산액을 말한다.

11) 회계연도: 세입 · 세출 사항을 명확히 하기 위하여 설정된 예산의 유효기간을 뜻하며, 예산은 회계연도 단위로 편성 · 집행 및 결산을 수행하게 된다. 유치원회계의 회계연도는 학년도와 동일하게 3월 1일을 기준으로 개시하고 2월말을 기준으로 종료한다.

12) 사고이월: 예산집행 과정에서 지출원인행위를 하고 불가피한 사유로 연도 내에 이행이 불가능하며 지출을 끝내지 못할 것으로 예상되는 경비 등을 다음 연도에 사용할 수 있도록 하는 제도를 말한다.

13) 명시이월: 회계연도 내에 지출을 끝내지 못할 것이 예상되는 사업에 대하여, 유치원운영위원회의 심의를 거쳐 다음 연도에 이월하여 사용할 수 있도록 하는 제도를 말한다.

14) 계속비 이월: 공사나 제조 등 그 완성에 수년을 요하는 경우 소요경비의 총액과 연도별 소요금액을 정하여 미리 유치원운영위원회의 심의를 거쳐 지출하는 경비를 말한다.

4 어린이집 재정관리

어린이집을 운영하기 위해서는 충분한 재정이 확보되어야 한다. 투명하고 합리적인 재정관리에 대한 이해가 선행될 때 어린이집의 원활한 운영이 이루어질 수 있다.

어린이집에서 2012년 8월 '사회복지법인 및 사회복지시설 재무 · 회계 규칙'이 제정되어 2013년 1월 1일부터 적용됨에 따라 어린이집 재무 · 회계규칙의 법적근거가 마련되었다.

1) 어린이집 재무회계의 기본 원칙

(1) 예산총계주의 원칙: 예산총계주의 원칙이란 1회계연도의 모든 수입은 세입으로 하고 모든 지출은 세출로 하되, 세입과 세출은 예산에 계정되어야 한다. 즉, 예산에 잡혀 있지 않은 수입과 지출은 집행할 수 없다. 만일, 예산에 들어 있지 않으나 꼭 지출해야 하는 경우에는 추가경정예산을 통해 추가로 예산을 계상해야 한다.

(2) 세입의 직접사용금지 원칙: 어린이집에서 발생하는 모든 수입은 세입처리하지 않고는 이를 직접 사용하지 못한다. 또한, 수입과 지출의 모든 재원은 예금통장을 통하여 집행하여야 한다.

(3) 회계독립의 원칙: 각 회계연도에 소요되는 경비는 당해 연도 세입으로 충당하고 세출 예산은 다음 연도에 사용할 수 없다는 원칙이다 (예외: 준예산, 전년도이월금, 과년도수입, 과년도 지출)

(4) 공개의 원칙: 확정된 예산을 어린이집 게시판이나 홈페이지에 20일 이상 공고해야 한다.

(5) 예산의 목적 외 사용금지 원칙: 예산이 정한 목적 이외의 경비사용은 불가하다.

(6) 예산의 사전승인과 한정성의 원칙: 회계연도 개시 10일 전에 지방자치단체장에게 제출해야 하며, 항목 간에 명백한 한계가 있어야 한다.

2) 재무 · 회계 규칙의 개요는 표 7-17과 같다.

[표 7-17] 재무 · 회계 규칙의 개요

구분	주요 내용
적용 대상	모든 어린이집(단, 직장어린이집은 예외 적용 가능)
세입 · 세출 예산과목	보육사업의 예산과목 참조
예산의 심의	어린이집 운영위원회(법인은 법인이사회 포함)
예산의 제출	회계연도 개시 10일 전까지
예산의 전용	지방자치단체장이 따로 정하나 어린이집의 원장은 관 · 항 · 목 간의 예산을 전용하여 사용할 수 있음
결의안 심의	어린이집 운영위원회(법인은 법인이사회 포함)
결산서 첨부서류	세입세출 결산서/연도말 잔액증명서/결산보조서류
정부의 보존기간	5년(단, 공사 관련 장부 및 증빙서류는10년)
예산의 적립이 필요한 경우	기타운영비로 지출(보육료수입+기본보육료의 15% 범위 내)

3) 재무회계 절차 총괄표는 표 7-18과 같다.

[표 7-18] 재무회계 절차 총괄표

	예산편성	예산집행	결산
원칙	• 모든 세입과 세출은 예산에 포함	• 예산의 목적외 사용금지/예산의 전용 • 수입 · 지출의 관리는 예금통장에 의해 행한다.	• 세출예산의 이월
관련 서류	• 사업계획서 • 세입세출 예산서 • 준예산 • 추가경정예산	〈장부〉 현금출납부 총계정원장 봉급대장 보육료대장 비품관리대장 〈증빙서류〉 계좌입금증빙서류 수입 · 지출결의서 반납결의서 과목전용조서 예비비 사용조서 정부보조금 명세서	• 세입세출 · 결산총괄 설명 • 세입 · 세출결산서 • 연도말 잔액증명 • 퇴직적립금 통장사본 & 잔액증명서
과정	• 예산편성지침 (2개월 전) • 예산안제출 (개시 5일 전)	• 수입 · 지출 사무의 관리책임자 선정	• 제출(다음 연도 5월 31일까지)

4) 예산

(1) 예산의 편성

예산은 예산총계주의 원칙에 따른다. 1회계연도의 모든 수입은 세입으로 하고 모든 지출은 세출로 하되, 세금과 세출은 모두 예산에 계정되어야 한다. 어린이집 회계연도는 정부회계연도 규정에 의해 1월 1일부터 당해 연도 12월 31일까지로 한다. 어린이집 예산편성은 「영유아보육법 시행규칙」 제23조의 어린이집 운영기준과 어린이집에 해당하는 재무 · 회계 규칙 예산안 편성에 근거하여 세입 · 세출 예산과목 구분에 따라 편성하여야 한다.

(2) 준예산

회계연도 개시 전까지 어린이집의 예산이 성립하지 아니한 때는 시·군·구에 준예산 편성 사유를 보고하고, 예산 시까지 일부 경비(보육교직원 보수, 어린이집 운영에 직접 사용되는 필수경비, 법령상 지급되는 경비)에 대해 전년도 예산에 준하여 집행이 가능하다.

(3) 추가경정예산

예산 성립 후 입소아동 수의 변동, 보육아동 수의 증감에 따른 보육교직원 입사·퇴사, 연초 세입예산에 포함되지 않은 시설 개보수비 등의 사유로 인하여 이미 성립된 예산에 변경을 가할 필요가 있을 경우 추가경정예산수립이 가능하다. 추가경정예산이 필요한 경우 예산편성절차에 준하여 추가경정예산을 편성·확정하여 7일 이내에 시·군·구에 제출한다.

(4) 세출예산의 이월

당해 회계연도 안에 지출을 마치지 못할 것으로 예측되는 경비 또는 불가피한 사유로 인하여 연도 내에 지출하지 못할 것으로 예측되는 경비가 있을 경우 연도 내에 지출원인 행위를 하고 다음 연도에 이월하여 사용한다.

5) 결산

어린이집의 수입 및 지출에 관한 사무관리의 주체는 어린이집 원장이다. 어린이집에서는 수입과 지출의 현금출납 업무를 담당하기 위하여 각각 수입원과 지출원을 두는 것이 원칙이나, 어린이집의 경우 회계규모나 보육교직원 수 등을 고려할 때 어린이집 원장이 수입과 지출의 현금출납업무를 담당하되 필요할 경우 보육교직원에게 회계업무를 겸임하게 할 수 있다. 회계의 방법은 단식부기를 사용하며 필요한 경우 복식부기도 가능하다.

6) 회계

(1) 수입 · 지출 기본 원칙

① 어린이집의 재무회계에 관한 사항은 "사회복지법인 및 사회복지시설 재무 · 회계규칙"에 따라 실시하여야 하며, 주요 항목별 기준 등을 준수하여야 한다.

② 어린이집의 모든 수입 및 지출 관리는 통장을 통해서 하여야 한다.

※ 모든 수입과 지출을 관리하기 위하여 「보조금 관리통장」과 「보조금 이외 관리통장」으로 구분하고 이외 보육교직원들에게 원천징수한 사회보장금과 세금을 보관할 수 있는 어린이집 명의의 '세입 · 세출 외 통장개설 가능하고, 감가상각비 적립금 및 일시 운영차입금 등 필요시 어린이집 명의의 별도 통장 개설이 가능하다.

③ 수입과 지출 행위 시에는 수입 · 지출 결의를 한 후 현금출납부, 총계정원장에 기록하고 청구서, 영수증, 지급내역서 등 관련 근거 서류를 반드시 첨부하여야 한다.

④ 어린이집을 운영하면서 생기는 보육료 수입 잉여금은 보육교직원 보수 상향지급, 보육교직원 성과급 지급, 교재교구 구입, 어린이집 환경개선에 균형 있게 사용하여야 한다.

가. 국공립 어린이집 등이 운영 과정에서 잉여금이 발생할 경우 보육교사 등의 수당추가 지급 등에 사용 가능

⑤ 어린이집 재무회계 규칙에 의한 회계보고를 의무화하여야 한다.

가. 어린이집은 매월 보조금 신청 시 보육통합시스템에서 정한 형태와 내용에 따라 재무회계관련 자료를 전송 또는 입력

나. 보육통합정보시스템(CIS)에 입력(전송)하여야 하는 수입 · 지출 항목 등 재무회계자료는 동 시스템에서 요구하는 바에 따라 시행

⑥ 어린이집의 원장은 보육교직원의 근로소득을 관할세무서에 신고하여야 함

(2) 수입

① 수입이 발생하였을 경우 세입의 직접사용금지 원칙에 따라 모든 수입을 세입 처리한 후 사용한다. 수입금의 수납관리는 금융기관을 통해서 취급하여야 하며, 수입원이 아니면 수납하지 못한다. 수입원이 수납한 수입금은 7일 이내 금융기관에 예입해야 하며, 수입 발생 시 수입결의를 한 후 현금출납부, 청계정 원장에 기록하여야 한다.

② 과년도 수입, 반납금, 과오납금 처리는 출납 완결 연도에 속하는 수입과 기타 예산외 수입은 모두 당해 연도 세입에 편입하여야 한다. 지출된 세출의 반납, 예산외 수입은 모두 당해연도 세입에 편입하여야 한다. 지출된 세입의 반납금은 각각 지출한 세출의 당해 과목에 편입 가능하다. 과오납된 수입금은 세입에서 직접 반환하여야 한다. 이 경우 반납결의서를 작성하여 회계처리한다.

③ 수입결의서는 세입예산의 항목에 따라 보조금, 보육료 수입 등 어린이집 통장으로 입금이 발생하였을 경우, 수입결의서를 작성해야 한다. 이때, 결의서 발생일자는 통장에 수입금이 입금된 날짜와 동일해야 한다. 수입결의서 작성 시 과목에 따라 관, 항, 목을 정확히 기재하고 적요란에 수입내역을 상세히 기재한다. 또한 수입결의서 뒷면에는 수입결의 후 보육료 납입자 명단이 등재된 통장사본이나 은행출납이 날인된 보육료 납부영수증 등을 첨부해야 한다.

④ 보육료 수납은 어린이집 원장이 보육료 수납영수증 <서식 Ⅱ-3>을 발급하여야 하나 아이행복카드 이용 시에는 카드발급영수증으로 대체가능하며, 아이행복카드 이외의 일반아동 보육료는 신용카드 및 금융기관을 통하여 수납할 수 있다(무통장입금 또는 통장 자동이체, 계좌이체, 지로, 신용카드를 이용할 수 있다).

※ 부모가 일반아동의 보육료를 아이행복카드로 결제하기 희망하는 경우 아이행복카드 가맹점인 어린이집에서는 이를 거부하지 못함(여신전문금융업법 제19조)

⑤ 수입 회계처리 흐름도는 다음과 같다.

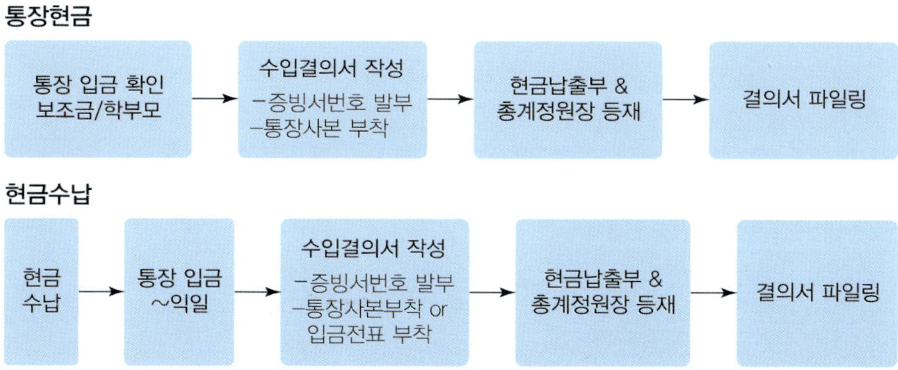

[그림 7-3] 수입 회계처리 흐름도

(3) 지출

① 어린이집의 지출은 어린이집 전용 체크(신용)카드, 계좌입금으로 한다. 다만 어린이집에 지원되는 국가 또는 지방자치단체의 보조금 지원은 보조금 전용카드나 보조금 전용계자를 이용하여야 하며, 시·도지사가 정하는 소액의 범위 내에서 현금결제가 가능하다.

② 지출할 때에는 세금계산서, 카드결제영수증, 현금영수증(현금결재) 등 관련 서류를 첨부하여야 한다.

③ 보육교직원 인건비 지급 원칙: 국·공립, 법인 어린이집 등 보육교직원 인건비 국고지원을 받는 어린이집(정부지원어린이집)의 원장은 보건복지부장관이 정한 인건비지원 기준에 따라 지급하되, 지방자치단체에서 별도 지급하는 교사처우개선비 등은 부가적으로 지급한다.

④ 모든 어린이집은 보육교사에게 「최저임금법」에 의한 최저임금 이상의 보수를 지급하여야 하며, 지방자치단체에서 별도 지급하는 교사처우개선비 등은 부가적으로 지급하고 4대 보험료의 사업자 부담분은 별도 부담한다.

⑤ 보육교직원 인건비 지급은 반드시 계좌로 입금하여야 하며, 보육교직원에게 봉급명세서를 발급하여야 한다.

⑥ 지출 회계처리 흐름도를 살펴보면 그림 7-4와 같다.

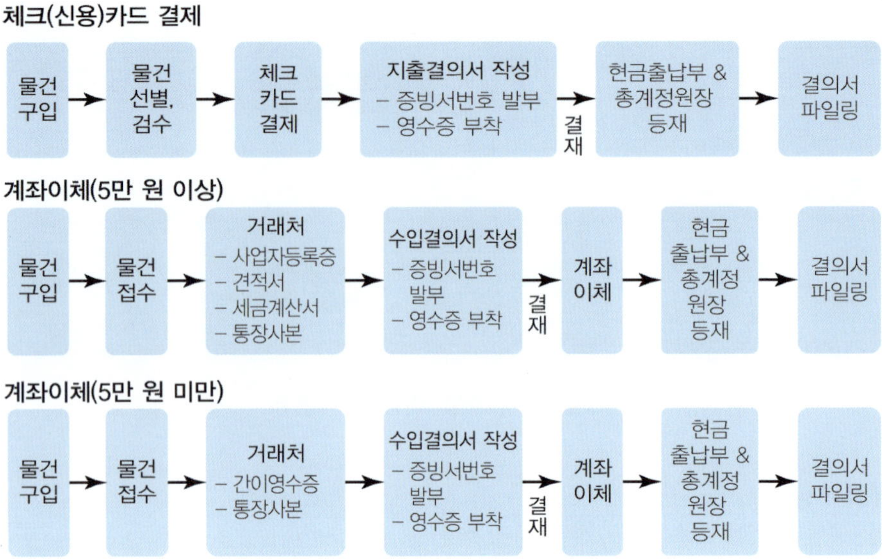

[그림 7-4] 지출 회계처리 흐름도

수행하기

1. 재정관리의 원칙을 설명하시오.

2. K-에듀파인이 무엇인지 설명하시오.

3. 영유아 정부지원금 및 양육수당에 대해 조사하시오.

4. 유치원 알리미와 보육통합정보시스템에 대해 설명하시오.

CHAPTER 08

유아교육기관 사무관리

Management for Early Childhood Education Institutions

1 사무관리와 업무분장

사무관리는 유아교육기관에서 행정적인 일을 처리하는 과정에서 발생되는 문서를 집행하고 처리하는 업무를 의미한다. 유아교육기관을 운영하고 관리하기 위해서는 교육청이나 시청 및 유아교육기관과 관계 있는 여러 기관들과 서로 사무적인 보고 및 협조 등의 연락을 하여야 한다. 유아교육기관의 사무관리는 정부의 행정 전달체계와 재정지원 부서에 따라 강조되는 범위와 초점이 달라 교육과 보육업무를 진행하는 과정에서 공통적인 부분도 있지만 조금 다른 부분도 있다.

유아교육기관의 사무관리는 크게 교육적 업무와 일반적 행정업무로 나눌 수 있다. 교육적 업무로는 교육계획안, 출석부, 생활기록부 등과 같은 유아의 교육을 위해 필요한 사무적 업무라고 할 수 있으며, 일반적 행정업무는 관련 기관과의 공문서, 교직원 인사서류, 각종 대장, 각종 회계 관련 장부 등을 말한다.

유아교육기관의 사무관리의 능률을 향상시키게 될수록 유아교육기관의 교육활동은 보다 원활하고 효율적으로 운영될 수 있다. 이를 위해선 사무업무가 편하고 빠르며 정확하게 이루어지는 것이 필요하다. 즉, 사무를 처리하는 과정에서 사무업무를 조직하고 계획하며 규격화하는 일은 물론

기록 면에서도 간단명료하고 신속하게 처리되는 것이 중요하다(김수향 외, 2013).

사무관리의 합리적 관리를 위한 고려사항을 살펴보면 다음과 같다.

첫째, 조직을 간소화하여 적재적소에 맞게 배분하고 각자의 책임 소재를 분명하게 한다.

둘째, 사무처리는 교육효과를 올리기 위해서 그때그때 처리될 필요가 있다.

셋째, 사무처리의 계획과 예정을 수립한다.

넷째, 시간적 배려를 중시한다.

다섯째, 사무 연락이 유기적으로 이루어져 상호 간에 충분한 소통이 이루어지도록 한다.

여섯째, 사무처리 활동으로 수업이 소홀하지 않도록 한다.

일곱째, 모든 기록은 누가기록을 한다.

마지막으로, 의사소통의 수단이 되도록 모든 문서작성은 정확성, 편의성, 신속성, 간결성에 유의한다.

유아교육기관에서는 매일 매일 처리해야 할 사무가 많으며, 그 중에는 시급하게 처리하여야 할 업무들도 많다. 소규모 유아교육기관에서는 사무직원을 두기 어려워 원장이나 교사가 사무를 처리하고 관리하는 경우가 많다. 사무처리를 조직적이고 능률적으로 수행하기 위해서는 어느 한 사람이 담당하기보다는 교직원들의 업무 특성에 따라 업무분담을 하는 것이 좋다. 업무 분담을 결정하는 시기는 신학기 시작 전에 결정하는 것이 바람직하다.

사무관리는 교육적 업무와 일반 행정업무로 나뉘므로 교직원 모두가 해야 하는 업무가 있고 역할을 나눠서 할 수 있는 업무가 있다. 업무분담을 할 때는 교사의 경력, 희망, 개인의 인성과 특성 등을 고려하여야 하며, 일의 분량과 난이도를 고려하여 공평하고 형평성에 맞게 분담해야 나중에 불만의 소지를 없앨 수 있다.

유아교육기관 업무분담의 예는 표 8-1과 같다.

[표 8-1] 유아교육기관 업무분담

직위	업무
원장	• 유치원 운영관리 총괄 • 업무 지시, 지도, 감독, 결재 • 학부모 민원처리, 교직원 면담 • 교직원 업무수행 능력 평가 • 협력기관 관공서 관계 유지
원감	• 원장 부재 시 원장 업무 대행 및 보고 • 시설 · 설비 점검 • 공문서 확인 및 기안 발송 • 회의록 관리, 회계업무 문서 관리 • 교사, 직원 교육 및 지도 • 결근교사의 보충계획
교사	• 유아 관리: 유아관찰기록, 출석부, 교육계획안 작성, 유아발달 평가, 유아개인조사서, 안전사고 보고, 졸업 및 수료증서 대장 작성, 생활기록부, 교육과정 편성, 행사계획 기안, 주간교육계획, 가정통신문 작성, 유아 활동사진 찍기 • 학부모 관리: 학부모 면담, 전화상담 • 사무 관리: 교재 · 교구 관리, 환경구성, 소모품 관리, 교육연수
직원	• 건물관리 • 교육활동에 필요한 재료 구입 • 행정업무 • 급식 · 간식 식단 작성, 주방 위생관리 체크 및 기록 등 • 통학버스 운행 관리 등

2 유치원 · 어린이집 사무관리

1) 유치원 사무관리

유치원을 운영 · 관리하기 위해서는 각종 대장, 문서, 기록된 문서들을 항목에 따라 점검하고 보관해야 한다. 업무에 따라 자주 기록되는 문서들도 있고 빈도가 낮은 문서들도 있다. 또 좀 더 중요하고 덜 중요한 문서,

장기간 보관해야 할 문서와 즉시 폐기하는 문서들도 있다. 「교육행정관리규정」 제7조의 [별표 3]에는 각 급 학교에 필수적으로 갖추어야 할 장부를 비치하도록 규정하고 있는데, 그중 유아교육기관에 해당하는 대장과 문서들은 표 8-2와 같다(이윤경 외, 2003).

[표 8-2] 유치원 비치용 대장 · 문서

분야	대장 · 문서기록
유치원	유치원 관계법령집, 유치원 내부 규정집, 공고문서, 기본운영계획
교육활동 계획	교육 운영계획안(연간, 월간, 주간, 일일 교육계획안), 방과 후 과정 계획안 행사관련 문서(계획안 및 평가기록), 현장견학 관련 문서
원아 관리	출석부, 생활기록부, 유아발달상황기록부, 건강기록부, 졸업 대장, 원아비상연락망
유치원 일지	유치원 일지, 학급일지, 직원회의록, 유치원 참관자 명부, 유치원 자원봉사자 명부
경영관리	재산대장, 비품대장, 소모품대장, 교재 · 교구 목록표, 도서대장, 시설 설비 점검부, 문서 발송철, 문서접수철, 전화 팩스 송수신 대장, 장학지도 기록부, 비품대장, 소모품대장, 교육기기 대장, 급간식 식단표, 지역사회와의 연계 관련 자료
인사관리	보수 · 복지규정, 직원명부, 임용대장, 직원이력서철, 업무분장표, 근무상황표, 비상연락망, 연수대장, 협의록, 직원 비상연락망
재정관리	재산대장, 예산 · 결산서, 징수대장, 영수증철, 물품구입 대장, 계약서철, 물품인수부, 봉급대장, 여비 청구서철
운영위원회	운영위원회 명단, 위촉장 발급 대장, 운영위원회 회의록, 위원 선출 공고

2) 어린이집 사무관리

어린이집의 행정업무는 원아관리, 교직원 관리, 재정관리, 시설관리 등에 대한 내부 업무와 구청이나 시청, 공단 등의 관계기관이나 협회와 관련된 외부 업무로 구분해 볼 수 있다. 행정업무 및 사무관리는 원장과 교사가 업무를 분담하여 처리하기도 한다.

어린이집은 어린이집 내에 기본 서식을 비치 · 기록 · 관리함으로써 어린이집의 업무를 보다 더 효율적으로 운영할 수 있다. 어린이집에서 갖추어야 할 문서 및 서류는 다음과 같다(보건복지부 · 중앙보육정보센터, 2013a). 단, 영유아 20인 이하이며 어린이집의 원장이 보육교사를 겸임하는 어린이집의 경우에는 ③, ⑤, ⑧, ⑨ 및 ⑪ 외의 장부 및 서류는 비치하지 아니할 수 있다고 규정하고 있다. 어린이집 기본문서 및 서식의 예는 표 8-3과 같다.

[표 8-3] 어린이집 기본문서

번호	문 서
①	재산목록과 그 소유를 증명하는 서류(임차인 경우에는 임대차 계약서)
②	어린이집 운영일지
③	어린이집 보육교직원의 인사기록카드(채용구비서류, 이력서 및 사진 포함)
④	예산서 및 결산서
⑤	총계정 원장 및 수입 · 지출 보조부
⑥	금전 및 물품출납부와 그 증빙서류
⑦	소속법인의 정관 및 관계서류
⑧	어린이집 이용신청자 명부 및 이용 아동 연명부
⑨	생활기록부, 영유아보육일지 및 건강진단카드
⑩	어린이집 보육직원의 인사 · 복무 및 시설운영에 관한 규정 등
⑪	안전점검표
⑫	기타 어린이집 운영에 필요한 서류

3 문서관리

1) 공문서 작성

문서는 일반적으로 사람이나 행정기관의 의견이나 생각을 문자나 숫자, 기호 등을 활용하여 종이 또는 매체에 표기한 것이다. 행정상 공문서란 행정기관 또는 공무원이 직무상 작성하고 처리한 문서 및 행정기관이 접수한 문자로 행정기관이 접수한 모든 문서를 말한다. 문서는 자기의 의사를 타인에게 전달하는 기능을 갖는 것으로 문서에 의한 의사전달은 전화나 구두로 전달하는 것보다 좀 더 정확하고 변함없는 내용을 전달할 수 있다.

(1) 문서 작성의 일반원칙

문서는 어문규범을 준수하여 한글로 작성하되 특별한 사유가 없으면 이해하기 쉬운 용어를 사용해야 한다. 즉, 문서의 내용은 간결하고 명확하게 표현하고 일반화되지 않은 약어와 전문용어 등의 사용을 피해 이해하기 쉽게 작성해야 한다. 특히, 국립국어원 등에서 선정한 순화어를 활용하여 쉬운 우리말을 사용할 수 있도록 노력해야 한다.

(2) 문서 작성 기준

① 숫자 등의 표시

가. 숫자: 아라비아 숫자로 쓴다

나. 날짜: 숫자로 표기하되 연, 월, 일의 글자는 생략하고 그 자리에 온점을 찍어 표시한다(예: 2020.2.4.).

다. 시간: 시 · 분은 24시각제에 따라 숫자로 표기하되, 시 · 분의 글자는 생략하고 그 사이에 쌍점(:)을 찍어 구분한다(예: 오후 1시10분(X) → 13:10(○)).

라. 금액: 금액을 표시할 때에는 아라비아 숫자로 쓰되 숫자 다음에 괄호를 하고 한글로 기재한다(예: 123,000원(일십이만삼천원)).

② 문서의 쪽번호 등 표시

가. 쪽번호: 두 장 이상으로 이루어진 중요 문서의 앞장과 뒷장의 순서를 명백히 하기 위해 매기는 번호이다.

③ 항목의 표시방법

가. 항목의 표시: 문서의 내용을 둘 이상의 항목으로 구분할 필요가 있으면 그 구분에 따라 그 항목을 순서대로 표시하되, 필요한 경우에는 특수한 기호로 표시할 수 있다.

문서작성 구분	
첫째 항목:	1. 2. 3. 4 · · · · · ·
둘째 항목:	가. 나. 다. 라. · · · · · ·
셋째 항목:	1) 2) 3) 4) · · · · · ·
넷째 항목:	가) 나) 다) 라) · · · · · ·
다섯째 항목:	(1) (2) (3) (4) · · · · · ·
여섯째 항목:	(가) (나) (다) (라) · · · · · ·
일곱째 항목:	① ② ③ ④ · · · · · ·
여덟째 항목:	㉮ ㉯ ㉰ ㉱ · · · · · ·

④ 표시 위치 및 띄우기

가. 첫째 항목 기호는 제목의 첫 글자와 같은 위치에서 시작한다.

나. 둘째 항목부터는 상위 항목 위치에서 오른쪽으로 2타씩 옮겨 시작한다.

다. 항목 기호와 그 항목의 내용 사이에는 1타를 띄운다.

라. 하나의 항목만 있는 경우에는 항목 기호를 부여하지 않는다.

< 예 >

수신∨∨유아교육과
(경유)
제목∨∨ㅇㅇㅇㅇㅇㅇㅇㅇㅇ
1.∨ㅇㅇㅇㅇㅇㅇㅇㅇㅇ
∨∨가.∨ㅇㅇㅇㅇㅇㅇㅇㅇㅇ
∨∨1)∨ㅇㅇㅇㅇㅇㅇㅇㅇㅇ

∨∨가)∨ㅇㅇㅇㅇㅇㅇㅇㅇㅇ
∨∨(1)∨ㅇㅇㅇㅇㅇㅇㅇㅇㅇ
∨∨(가)∨ㅇㅇㅇㅇㅇㅇㅇㅇㅇ
2.∨ㅇㅇㅇㅇㅇㅇㅇㅇㅇ

⑤ 규격 용지의 사용

문서·서식 등에 사용되는 용지의 크기는 통일한다. 기본적으로 가로 210mm, 세로 297mm(A4용지)의 직사각형으로 한다. A4용지는 국제적으로 널리 통용되고 있으며 국내 대다수 조직에서 문서의 기본 규격으로 하고 있다.

(3) 문서의 구성 체계

기안문이나 시행문은 두문, 본문, 결문으로 구성한다.

① 두문

가. 행정기관의 표시: 그 문서를 기안한 부서가 속한 행정기관의 명칭으로 표시하되, 다른 행정기관과 명칭이 동일한 경우에는 바로 위 상급기관의 명칭을 함께 표시할 수 있다. - 수신자의 표시

② 본문

가. 제목: 그 문서의 내용을 쉽게 알 수 있도록 간단하고 명확하게 기재한다.
나. 첨부물의 표시: 문서에 참고 서류, 그 밖의 문서나 물품이 첨부될 때에는 본문이 끝난 줄 다음에 '붙임' 표시를 하고 첨부물의 명칭과 수량을 쓰되 첨부물이 두 가지 이상일 때에는 항목을 구분하여 표시한다.

예)

(본문) · · · · · · · · · · · · · 주시기 바랍니다.

붙임∨∨1.∨ㅇㅇㅇ계획서 1부.

2.∨ㅇㅇㅇ사본 1부.∨∨끝.

다. 문서의 '끝' 표시

본문 내용의 마지막 글자에서 한글자(2타) 띄우고 '끝' 표시를 한다.

예) · · · · · · 주시기 바랍니다.∨∨끝.

③ 결문

가. 발신 명의의 표시: 기관의 장의 권한인 경우에는 해당 기관장의 명의로 발신한다.

예) ㅇㅇ유치원 원장, ㅇㅇ어린이집 원장

나. 생산등록번호(시행일) 및 접수등록번호(접수일)

다. 우편번호, 주소, 홈페이지 주소, 전화번호, 팩스번호, 공무원의 전자우편 주소와 공개 구분

[표 8-4] 공문작성 예시

○○유치원

수신　　인천어린이 과학관장
(경유)
제목　　인천어린이 과학관 견학건

1. ○○유치원 어린이들의 인천어린이 과학관 견학을 다음과 같이 요청합니다.

다　음

견학날짜	2020년 5월 7일 (목요일)
인　원	5개 반　95명
인솔교사	황00 외　7명
견학 내용	인천 어린이 과학관 체험

끝.

○○유치원장(직인)

담당자　○○○　원감　○○○　원장　00/00 ○○○

협조자
시행　00유치원-00　(0000. 00. 00.) 접　(　)
우 00000　경기도 00시 00로 000 (00동)　/　http://유치원홈페이지주소
전화번호　000-000-0000　/팩스번호　000-000-0000　/　담당자이메일주소　/ 비공개(6)

2) 문서의 접수 및 발송

(1) 문서의 등록

기안에 의하여 작성된 문자는 결재권자의 결재를 취한 후 즉시 결재일자순에 따라 문서 등록 대장에 등록·관리하여야 한다. 이때, 사용되는 문서등록번호는 연도별 일련번호를 사용한다. 기관의 내부결재 문서인 경우에는 문서 등록 대장의 수신처란에 '내부결재'라고 표시한다.

① 접수: 관련기관에서 보내온 문서는 문서접수대장에 기재한 후 원장의 선결을 받은 다음 담당자(사무원 또는 담당교사)가 처리한다.

② 기안: 결재를 받기 위해 기안양식에 의거하여 사무처리에 관한 초안을 기재한 것을 말한다. 예를 들어, 물품을 구입할 때마다 내부기안을 작성하여 원장의 결재를 맡은 후 지출할 수 있다.

③ 발송: 대외로 발송되는 문서는 문서발송대장에 발송번호를 기재하고 등재한 후, 원장의 선결을 받은 다음 처리한다. 문서를 발송한 후에는 문서발송 대장에 관련 사항을 기재하고, 발송된 문서를 문서발송 관련 철에 복사하여 보관한다.

문서 등록 대장의 예는 다음 표 8-5와 같다.

[표 8-5] 문서 등록 대장

등록 번호	결재 일자	분류 번호	제목	시행				비고
				일자	수신처	방법	확인	

[표 8-6] 문서 수발 대장

일련 번호	접수 일자	발신 일자	문서번호	제목	인수자서명	비고

(2) 문서 보존 연한은 표 8-7과 같다.

[표 8-7] 문서 보존 연한

문서의 보존 연한	문서의 종류
영구보존	인가증 및 공문서, 기능보강사업(신축 · 중개축 등)의 설계도 및 준공검사 필증, 교직원 임면 관계서류 등
10년 이상	일반 정책이나 제도에 관한 계획, 조사, 연구 및 보고서 등 공사 관련 장부 및 증빙서류
5년 이상	예산 · 결산 및 회계 관계 증빙문서, 각종 지도점검 및 감사관계 문서, 보조금 신청 공문서 등으로서 일반적으로 현금과 관련된 문서
3년	단기적인 보고서 등 참고 또는 단순한 사실의 증명을 위한 문서
1년	일일명령 등 단순한 업무로서 행정기관의 단순한 참고자료 공문, 업무연락, 일상적인 통보 및 조회 등

3) 출석부 기재요령

(1) 숫자 기입: 아라비아 숫자로 쓴다.

(2) 담　　임: 담임명은 한글로 쓰고 날인한다.

(3) 아 동 명: 생활기록부순과 동일하게 함
단, 중도 전입은 입학순으로 한다. 전달의 퇴학자는 주선을 긋는다.

(4) 요일 및 공휴일 기재

① 일요일: 그림 8-1 〈예시1〉과 같이 일요일은 주선으로, 기타 요일은 흙(청)선을 세로로 긋는다.

② 기타 공휴일: 첫 칸부터 시작하여 쓰고 주선을 긋는다.

③ 방학 표시: 그림 8-1 〈예시2〉와 같이 주선을 좌상 우하로 사선을 긋는다.

④ 작은 달에는 31일 란에 세로로 흙(청)선을 긋는다.

(5) 중도 입학생 처리: 입학당일로 흑(청)서로 입이라 쓰고 그 전일까지 흑선을 긋는다.

(6) 전입 · 전출 · 가제적 사항 기재

① 전출 및 가제적: 주서로 퇴라 쓰고 그 후일은 직선으로 긋는다(단, 당월 통계란은 긋지 않고 다음 달 부터는 주선을 긋는다).

② 전입사항 기재: (10)홍○○ 3.25 수원 ○○유치원-흑(청)서로 쓴다.

③ 전출사항 기재: (15)김○○ 3.25 수원 ○○유치원-주서로 쓴다.

④ 가제적사항 기재: (20) 이○○ 6.20 3개월 이상 소재불명의 무단 결석

⑤ 수업할일수

- 전입아동은 전입일로부터 당해 월말까지 출석할 일수를 계수하여 기재한다.
- 전출아동은 전출한 그날까지 수업일수로 산정하여 기재한다.

※ 퇴학한 날에 퇴라 쓰고 통계처리 시 수업일수에 산입한다(단 퇴란에 결석 표시는 하지 않는다).

(7) 결석표시 및 사유기재 요령

① 일반결석: 병결은 "○"로, 사고(무단)결은 "◎"로, 기타결은 "△"로 표시하고 출석부 하단의 결석사유란에 사유를 예와 같이 기재한다.

② 특별결석: 경조사 결석은 "㊂"로, 교환학습 "㉠", 현장체험학습 "㉢"으로 표시하고 사유란에는 예시와 같은 사유를 기재하되 출석으로 인정한다.〈생활기록부 및 통계란〉

(8) 다음의 경우는 출석으로 인정 처리한다.

① 천재지변, 전염병(학교보건법 제7, 8조 규정과 동법 시행령 제13조 제1,2항에 근거), 전쟁 등 불가항력의 사유로 인하여 출석하지 못한 경우

② 학교를 대표한 경기 경연대회 참가 및 현장 실습, 훈련참가 등으로 인하여 출석하지 못한 경우

③ 경조사 결석 및 학교장 결재를 득한 교환 학습이나 체험학습으로 인하여 출석하지 못한 경우

(9) 경조사별 결석일수 처리

① 결석일수에 포함하지 아니하며, 그 사유를 의견란에 기입하고 상벌 관계에 영향을 주지 않는다.

② 경조사로 인하여 출석하지 못하는 경우 국가공무원 복무 규정 제20조 제1항 [별표 2]를 근거로 함 - 교육부 훈령 제607호(2000.8.7.)

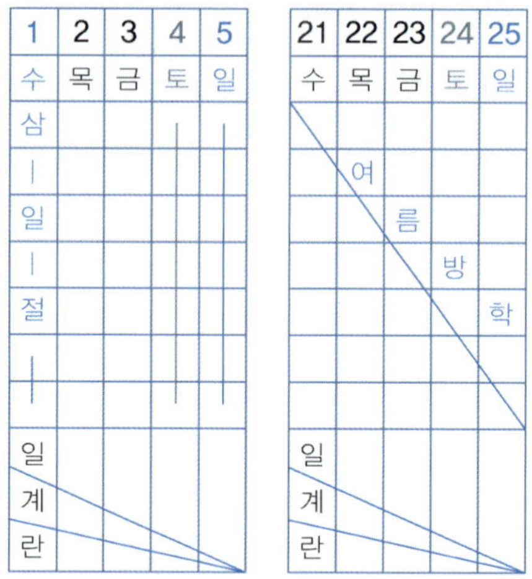

〈예시 1〉 〈예시 2〉

[그림 8-1] 출석부 기재 예시

[표 8-8] 출석부

번호	년	20 년 월																														계			
	월 일	1	2	3	4	5	6	7	8	9	10	11	12	13	14	15	16	17	18	19	20	21	22	23	24	25	26	27	28	29	30	31	출석	결석	지각	조퇴
	요일																																			
	이름																																			
1																																				
2																																				
3																																				
4																																				
5																																				
6																																				
7																																				
8																																				
9																																				
10																																				
11																																				
12																																				
13																																				
14																																				
15																																				
16																																				
17																																				
18																																				
19																																				
20																																				
21																																				
22																																				
23																																				
24																																				
25																																				
26																																				
27																																				
28																																				
29																																				
30																																				
31																																				
32																																				
33																																				
34																																				
35																																				
36																																				
37																																				
38																																				
39																																				
40																																				

출석 결석 0 지각 Ø 조퇴 X	전월말 제적수	전입	퇴학	월말제적수	결석한 총일수	결재	담임	원감	원장

4) 생활기록부의 작성 및 관리 지침요령

(1) 입력 · 서식

① 유치원생활기록부는 한글로 입력하고, 입력란이 부족할 때에는 유치원의 필요에 따라 추가할 수 있다.

② 유치원생활기록부 작성에 필요한 보조기록부는 각 유치원의 실정에 맞게 작성 · 사용함을 원칙으로 하되, 필요할 경우 시 · 도 교육청별로 일정한 서식을 작성 · 사용하게 할 수 있다.

(2) 보관 · 활용

① 유치원생활기록부는 준 영구 보존해야 한다.

② 유치원장은 유아의 보호자 또는 유아가 입학한 초등학교장 및 특수학교장이 유아의 생활 지도에 필요하여 요청하면 보호자가 동의할 경우 유치원생활기록부를 출력하여 송부하여야 한다.

③ 유아가 전학할 경우 유치원장은 보호자의 요청에 따라 유치원생활기록부 출력물과 전산 자료를 전학하는 유치원에 송부하고, 퇴학할 경우에는 유치원생활기록부를 퇴학일을 입력하여 전자기록생산시스템에 등록한다.

(3) 인적사항

① '성명'은 한글로 입력한다. 다만 부득이한 경우 해당국 언어로 입력할 수 있다.

② '성별'은 남, 여로 입력한다.

③ '생년월일'은 주민등록등본상의 생년월일을 입력한다.

④ '주소'는 입학당시의 주소와 변경된 주소를 차례로 입력하고, 졸업당시의 주소를 최종적으로 입력한다.

⑤ '가족상황'란에는 부모(보호자)의 성명, 생년월일을 입력한다.

⑥ '특기사항'란에는 유아 이해에 도움이 될 수 있는 내용이 있는 경우 보호자의 동의를 받아 입력한다.

(4) 학적사항

① 입학의 경우 연월일, 원명, 연령을 입력한다.
② 재입학 · 편입학 · 전학 · 휴학 · 퇴학 · 수료 · 졸업의 경우 줄을 추가하고 제1항에 따른 입학의 경우와 동일한 방법으로 입력한다.
③ '특기사항'란에는 특기할 만한 사유를 입력한다.
④ '졸업 후의 상황'란에는 진학한 학교 등 유아의 진로상황을 입력한다.

(5) 출결상황

① 출결상황은 각 항목에 따라 아라비아 숫자로 입력한다.
② '수업일수'는 「유아교육법 시행령」 제12조의 규정에 의하여 원장이 정한 총 출석해야 할 일수를 입력한다.
③ '출석일수'는 출석한 일수를 입력한다.
④ '결석일수'는 결석한 일수를 입력한다.
⑤ '특기사항'란에는 일주일 이상 장기 결석한 경우 사유 등을 간략하게 입력한다.

(6) 신체발달상황

① '검사일'은 아라비아 숫자로 입력한다.
② '특기사항'란에는 유아의 신체가 학습활동에 영향을 미치는 내용이 있는 경우 보호자의 동의를 받아 입력한다.

(7) 유아발달상황

① 유치원 교육과정에 제시된 신체운동·건강, 의사소통, 사회관계, 예술경험, 자연탐구 5개 영역의 발달상황에 대한 관찰 결과를 구체적인 문장으로 입력하며, 문장의 끝맺음은 '~함', '~임' 등으로 통일하여 입력한다.

② 기술내용은 유치원 교육과정에 제시된 세부 내용을 준거로 입력하고, '종합발달상황' 란에는 유아의 발달상황에 대한 종합적 평가를 간략하게 입력한다.

[표 8-9] 유치원생활기록부

유치원생활기록부

1. 인적사항

<table>
<tr><td>성명</td><td></td><td>성별</td><td></td><td>생년월일</td><td></td></tr>
<tr><td rowspan="3">주소</td><td colspan="5"></td></tr>
<tr><td colspan="5"></td></tr>
<tr><td colspan="5">
<table>
<tr><td>연령
구분</td><td>만3세</td><td>만4세</td><td>만5세</td></tr>
<tr><td>수료 · 졸업대장번호</td><td></td><td></td><td></td></tr>
<tr><td>반</td><td></td><td></td><td></td></tr>
<tr><td>담임 성명</td><td></td><td></td><td></td></tr>
</table>
사 진
(3cm×4cm)
</td></tr>
<tr><td rowspan="3">가족
상황</td><td>관계
구분</td><td>부</td><td>모</td><td colspan="2">특기사항</td></tr>
<tr><td>성명</td><td></td><td></td><td colspan="2" rowspan="2"></td></tr>
<tr><td>생년월일</td><td></td><td></td></tr>
</table>

2. 학적사항

<table>
<tr><td>년</td><td>월</td><td>일</td><td>유치원</td><td>만 세 입학</td><td>특기사항</td></tr>
<tr><td></td><td></td><td></td><td>※ 이하 빈칸은 학적변동에</td><td>따라 추가 가능</td><td></td></tr>
<tr><td></td><td></td><td></td><td></td><td></td><td></td></tr>
<tr><td></td><td></td><td></td><td></td><td></td><td></td></tr>
<tr><td colspan="3">졸업후의 상황</td><td colspan="2">초등학교 진학, 기타 :</td><td></td></tr>
</table>

3. 출결상황

구분 연령	수업일수	출석일수	결석일수	특기사항
만3세				
만4세				
만5세				

4. 신체발달상황

구분 / 연령	1학기			2학기			특기사항
	검사일	키	몸무게	검사일	키	몸무게	
만3세		cm	kg		cm	kg	
만4세		cm	kg		cm	kg	
만5세		cm	kg		cm	kg	

5. 유아발달상황 (성명:　　　　　)

연령	영역별	발달상황
만3세	신체운동 · 건강	
	의사소통	
	사회관계	
	예술경험	
	자연탐구	
	종합발달상황	
만4세	신체운동 · 건강	
	의사소통	
	사회관계	
	예술경험	
	자연탐구	
	종합발달상황	
만5세	신체운동 · 건강	
	의사소통	
	사회관계	
	예술경험	
	자연탐구	
	종합발달상황	

수행하기

1. 견학을 가려고 할 경우 다음 사항을 바탕으로 기안문(공문)을 작성해보시오 (일시: 2020년 5월24일, 장소: 소방서 또는 방송국, 대상: 인솔교사5명, 원아 90명).

2. 출석부 작성요령을 익혀보시오.

3. 생활기록부작성요령을 익혀보시오.

PART III

유아교육기관 교육과정과 운영관리

CHAPTER 09 유아 · 보육 교육과정관리

CHAPTER 10 건강 · 위생 · 영양관리

CHAPTER 11 안전관리

CHAPTER 12 행사 및 가정 · 지역사회 협력

CHAPTER 09

유아·보육 교육과정관리

Management for Early Childhood Education Institutions

1 표준보육과정

어린이집 표준보육과정은 만0세부터 만5세까지의 영유아들에게 국가수준에서 제공하는 보편적이고 공통적인 보육의 목표와 내용을 제시한 것으로, 0~1세 보육과정, 2세 보육과정, 3~5세 보육과정(누리과정)으로 구성되어 있다. 표준보육과정은 영유아의 전인발달과 우리문화에 적합한 내용을 일관성 있게 시행함으로써 사회에서 추구하는 인간상을 구현하고, 어린이집의 질적 수준을 높이는 데 기여하고자 제정되었다.

0~1세와 2세 보육과정은 기본생활, 신체운동, 의사소통, 사회관계, 예술경험, 자연탐구의 6개 영역을 중심으로 구성되고, 3~5세 보육과정은 누리과정으로서 신체운동·건강, 의사소통, 사회관계, 예술경험, 자연탐구의 5개 영역을 중심으로 구성되었다. 3~5세 보육과정은 초등학교 교육과정과 연계성을 고려하였다.

1) 표준보육과정의 목적

표준보육과정의 목적은 영유아의 전인적 발달을 도와 행복을 도모하며, 민주시민의 기초를 형성하는 데 있다. 보육과정을 통해 추구하는 인간상은 다음과 같다.

(1) 심신이 건강하고 행복한 사람
(2) 자율적이고 창의적인 사람
(3) 자신과 타인을 존중하고 배려하는 사람
(4) 자연과 우리 문화를 사랑하는 사람
(5) 다양성을 인정하는 민주적인 사람

2) 표준보육과정의 목표

(1) 0~1세 보육과정

① 건강하고 안전한 일상생활을 경험한다.
② 감각 및 기본 신체운동 능력을 기른다.
③ 말소리를 구분하고 의사소통의 기초를 마련한다.
④ 친숙한 사람과 관계를 형성한다.
⑤ 아름다움에 관심을 가진다.
⑥ 보고 듣고 만지면서 주변 환경에 관심을 가진다.

(2) 2세 보육과정

① 건강하고 안전한 생활습관의 기초를 마련한다.
② 감각, 신체조절 및 기본운동 능력을 기른다.
③ 의사소통 능력의 기초를 기른다.
④ 나를 인식하고 다른 사람과 더불어 생활하는 경험을 한다.
⑤ 아름다움에 관심을 가지고 예술 경험을 즐긴다.
⑥ 주변 환경에 호기심을 갖고 탐색하기를 즐긴다.

(3) 3~5세 보육과정(누리과정)

① 기본운동 능력과 건강하고 안전한 생활습관을 기른다.
② 일상생활에 필요한 의사소통 능력과 바른 언어 사용 습관을 기른다.
③ 자신을 존중하고 다른 사람과 더불어 생활하는 능력과 태도를 기른다.
④ 아름다움에 관심을 가지고 예술 경험을 즐기며, 창의적으로 표현하는 능력을 기른다.
⑤ 호기심을 가지고 주변 세계를 탐구하며, 일상생활에서 수학적 · 과학적으로 생각하는 능력과 태도를 기른다.

3) 보육과정의 편성과 운영

표준보육과정의 편성은 개별 어린이집의 특성과 운영시간에 맞추되 각 영역의 내용을 균형 있게 통합적으로 편성한다. 영유아의 발달 특성 및 개인차와 경험을 고려하여 놀이중심으로 편성하며, 영유아의 일과 중 일상생활을 포함하여 편성한다. 또한 성별, 종교, 신체적 특성, 가족 및 민족 배경 등으로 인한 차별이 없도록 편성한다.

표준보육과정을 운영할 때는 연간, 월간, 주간, 일일 계획에 의거하여 운영하되 실내 · 외 환경을 다양한 흥미 영역으로 구성하여 운영한다. 영유아의 능력과 장애 정도에 따라 조정하여야 하고, 가정과 지역사회의 협력과 참여에 기반하여 운영한다.

교수－학습방법은 영유아의 주도적인 놀이를 중심으로 하고, 영유아의 흥미를 중심으로 활동을 선택할 수 있도록 한다. 교사는 영유아와 신뢰감을 형성하고 개별적인 활동을 보장하며, 영유아가 교사, 환경, 또래와 능동적인 상호작용이 이루어지도록 한다. 0~1세와 2세는 일상생활 및 개별활동, 휴식 등을 균형 있게 하고, 3~5세는 실 · 내외활동, 정적 · 동적 활동, 대 · 소집단활동 및 개별활동, 일상생활 및 휴식 등이 균형 있게 이루어지도록 한다.

영유아를 평가할 때는 표준보육과정의 목표와 내용에 근거하여 영유아의 특성과 변화 정도를 평가한다. 평가는 영유아의 일상생활과 보육과정 활동 전반에 걸쳐 포괄적으로 하며, 지식, 기술, 태도 등을 평가한다.

평가방법은 관찰, 활동 결과물 분석, 부모면담 등 다양한 방법을 사용하여 종합적으로 평가하고 그 결과를 기록한다. 평과결과는 영유아에 대한 이해와 어린이집 표준보육과정 운영 개선 및 부모 면담자료로 활용한다.

2 누리과정

보건복지부와 교육과학기술부는 2011년 9월 5일 어린이집과 유치원으로 이원화되어 있는 보육·교육과정을 통합하여 새로운 5세 누리과정을 제정하였고, 이후 3~4세 누리과정을 제정하여 만3세부터 5세 유아를 대상으로 하는 '3~5세 연령별 누리과정'을 고시하였다. 2012년 3월부터 만 5세 어린이는 공통의 5세 누리과정을 제공받게 되었고, 2013년부터는 3~4세 유아들도 누리과정의 혜택을 받게 되었다.

유아의 건강과 조화로운 발달을 도와 바른 인성을 갖춘 민주시민의 기초를 형성하는 것을 목적으로 하는 3~5세 연령별 누리과정은 0~2세 표준보육과정 및 초등학교 교육과정과의 연계를 강화하였다. 특히 바른 생활습관 형성을 위한 기본생활습관을 강조하고, 남을 배려하고 존중하며, 더불어 함께하는 다양한 내용으로 구성하여 누리과정부터 인성교육을 강조하였다. 건강한 몸과 마음을 기르도록 다양한 신체활동 참여를 강화하고, 유아 단계에 맞는 인터넷·미디어 중독 예방, 녹색 성장교육 및 다른 문화에 대한 이해 등의 내용도 추가하였다.

'3~5세 연령별 누리과정'은 1일 3~5시간을 기준으로, 유연하고 탄력적으로 편성·운영할 수 있도록 하여 어린이집과 유치원 모두 공통과정을 최대한 충실히 운영하도록 하고 있다.

1) 3~5세 누리과정의 편성

(1) 1일 3~5시간을 기준으로 편성한다.
(2) 5개 영역의 내용을 균형 있게 통합적으로 편성한다.
(3) 유아의 발달 특성 및 경험을 고려하여 놀이를 중심으로 편성한다.
(4) 반(학급) 특성에 따라 융통성 있게 편성한다.
(5) 성별, 종교, 신체적 특성, 가족 및 민족 배경 등으로 인한 편견이 없도록 편성한다.
(6) 일과 운영 시간에 따라 심화 확장할 수 있도록 편성한다.

2) 3~5세 누리과정의 운영

(1) 연간, 월간, 주간, 일일 계획에 의거하여 운영한다.
(2) 실내 · 외 환경을 다양한 흥미 영역으로 구성하여 운영한다.
(3) 유아의 능력과 장애 정도에 따라 조정하여 운영한다.
(4) 부모와 각 기관의 실정에 따라 부모교육을 실시한다.
(5) 가정과 지역사회와의 협력과 참여에 기반하여 운영한다.
(6) 교사 재교육을 통해서 누리과정 활동이 개선되도록 운영한다.

3) 3~5세 누리과정의 교수 – 학습방법

(1) 놀이를 중심으로 교수 · 학습활동이 이루어지도록 한다.
(2) 유아의 흥미를 중심으로 활동을 선택하고 지속할 수 있도록 한다.
(3) 유아의 생활 속 경험을 소재로 하여 지식, 기능, 태도 및 가치를 습득하도록 한다.
(4) 유아와 교사, 유아와 유아, 유아와 환경 간에 능동적인 상호작용이 이루어지도록 한다.
(5) 주제를 중심으로 여러 활동이 통합적으로 이루어지도록 한다.
(6) 실내 · 실외활동, 정적 · 동적 활동, 대 · 소집단활동 및 개별활동, 휴

식 등이 균형 있게 이루어지도록 한다.

(7) 유아의 관심과 흥미, 발달이나 환경 특성 등을 고려하여 개별 유아에게 적합한 방식으로 학습하도록 한다.

4) 누리과정의 평가

(1) 누리과정 운영 평가

① 운영 내용이 누리과정의 목표와 내용에 근거하여 편성·운영되었는지 평가한다.

② 운영 내용 및 활동이 유아의 발달수준과 흥미·요구에 적합한지를 평가한다.

③ 교수·학습 방법이 유아의 흥미와 활동의 특성에 적합한지를 평가한다.

④ 운영 환경이 유아의 발달 특성과 활동의 주제, 내용 및 효율성 등을 고려하여 구성되었는지 평가한다.

⑤ 계획안 분석, 수업 참관 및 모니터링, 평가척도 등 다양한 방법을 활용하여 평가한다.

⑥ 운영 평가의 결과를 반영하여 운영계획을 수정·보완하거나 이후 누리과정 편성·운영에 활용한다.

(2) 유아 평가

① 누리과정 목표와 내용에 근거하여 유아의 특성과 변화 정도를 평가한다.

② 유아의 지식, 기능, 태도를 포함하여 평가한다.

③ 유아의 일상생활과 누리과정 활동 전반에 걸쳐 평가한다.

④ 관찰, 활동 결과물 분석, 부모면담 등 다양한 방법을 사용하여 종합적으로 평가하고, 그 결과를 기록한다.

⑤ 유아 평가 결과는 유아에 대한 이해와 누리과정 운영 개선 및 부모 면담 자료로 활용할 수 있다.

5) 3~5세 누리과정의 영역

(1) 신체운동 · 건강

내용 범주	내용	세부내용		
		3세	4세	5세
신체 인식하기	감각능력 기르고 활용하기	감각적 차이를 경험한다.	감각적 차이를 구분한다.	감각적으로 대상이나 사물의 특성과 차이를 구분한다.
		감각기관을 인식하고 활용해본다.	여러 감각기관을 협응하여 활용한다.	여러 감각기관을 협응하여 활용한다.
	신체를 인식하고 움직이기	신체 각 부분의 명칭을 알고, 움직임에 관심을 갖는다.	신체 각 부분의 특성을 이해하고 활용하여 움직인다.	신체 각 부분의 특성을 이해하고 활용하여 움직인다.
		자신의 신체를 긍정적으로 인식하고 움직인다.	자신의 신체를 긍정적으로 인식하고 움직인다.	자신의 신체를 긍정적으로 인식하고 움직인다.
신체 조절과 기본 운동하기	신체 조절하기	신체균형을 유지해본다.	다양한 자세와 움직임에서 신체균형을 유지한다.	다양한 자세와 움직임에서 신체균형을 유지한다.
		공간, 힘, 시간, 등의 움직임 요소를 경험한다.	공간, 힘, 시간, 등의 움직임 요소를 활용하여 움직인다.	공간, 힘, 시간, 등의 움직임 요소를 활용하여 움직인다.
		신체 각 부분의 움직임을 조절해본다.	신체 각 부분을 협응하여 움직임을 조절한다.	신체 각 부분을 협응하여 움직임을 조절한다.
		눈과 손을 협응하여 소근육을 조절해본다.	눈과 손을 협응하여 소근육을 조절해본다.	눈과 손을 협응하여 소근육을 조절해본다.
				도구를 활용하여 여러 가지 조작운동을 한다.

(계속)

내용 범주	내용	세부내용		
		3세	4세	5세
신체 활동에 참여하기	기본 운동하기	걷기, 달리기 등 이동 운동을 한다.	걷기, 달리기, 뛰기 등 다양한 이동운동을 한다.	걷기, 달리기, 뛰기 등 다양한 이동운동을 한다.
		제자리에서 몸을 움직여본다.	제자리에서 몸을 다양하게 움직인다.	제자리에서 몸을 다양하게 움직인다.
	자발적으로 신체활동에 참여하기	신체활동에 자발적으로 참여한다.	신체활동에 자발적이고, 지속적으로 참여한다,	신체활동에 자발적이고, 지속적으로 참여한다,
		다른 사람과 함께하는 신체활동에 참여한다.	다른 사람과 함께하는 신체활동에 참여한다.	다른 사람과 함께하는 신체활동에 참여한다.
			자신과 다른 사람의 운동능력의 차이에 관심을 갖는다.	자신과 다른 사람의 운동능력의 차이를 이해한다.
	바깥에서 신체활동하기	규칙적으로 바깥에서 신체활동을 한다.	규칙적으로 바깥에서 신체활동을 한다.	규칙적으로 바깥에서 신체활동을 한다.
	기구를 이용하여 신체활동하기	여러 가지 기구를 이용하여 신체활동을 한다.	여러 가지 기구를 이용하여 신체활동을 한다.	여러 가지 기구를 이용하여 신체활동을 한다.
건강하게 생활하기	몸과 주변을 깨끗이 하기	손과 이를 깨끗이 하는 방법을 알고 실천한다.	손과 이를 깨끗이 하는 방법을 알고 실천한다.	스스로 몸을 깨끗이 하는 습관을 기른다.
		주변을 깨끗이 한다.	주변을 깨끗이 하는 습관을 기른다.	주변을 깨끗이 하는 습관을 기른다.
	바른 식생활 하기	음식을 골고루 먹는다.	음식을 골고루 먹는다.	적당량의 음식을 골고루 먹는다.
		몸에 좋은 음식에 관심을 갖는다.	몸에 좋은 음식을 알아본다.	몸에 좋은 음식을 선택할 수 있다.
		바른 태도로 식사한다.	음식을 소중히 여기고 식사예절을 지킨다.	음식을 소중히 여기고 식사예절을 지킨다.
	건강한 일상생활하기	규칙적으로 잠을 자고, 적당한 휴식을 취한다.	규칙적으로 잠을 자고, 적당한 휴식을 취한다.	규칙적으로 잠을 자고, 적당한 휴식을 취한다.
		하루일과에 즐겁게 참여한다.	하루일과에 즐겁게 참여한다.	하루일과에 즐겁게 참여한다.

(계속)

내용 범주	내용	세부내용		
		3세	4세	5세
건강하게 생활하기	건강한 일상생활하기	스스로 화장실에서 배변한다.	바른 배변습관을 가진다.	규칙적인 배변습관을 가진다.
	질병 예방하기	질병의 위험을 알고 주의한다.	질병을 예방하는 방법을 알고 실천한다.	질병을 예방하는 방법을 알고 실천한다.
		날씨에 맞게 옷을 입는다.	날씨와 상황에 맞게 옷을 입는다.	날씨와 상황에 맞게 옷을 입는다.
안전하게 생활하기	안전하게 놀이하기	놀이기구나 놀잇감, 도구를 안전하게 사용한다.	놀이기구나 놀잇감, 도구를 안전하게 사용한다.	놀이기구나 놀잇감, 도구의 바른 사용법을 알고 안전하게 사용한다.
		안전한 놀이장소를 안다.	안전한 장소를 알고 안전하게 놀이한다.	안전한 장소를 알고 안전하게 놀이한다.
		TV, 인터넷, 통신기기 등을 바르게 사용한다.	TV, 인터넷, 통신기기 등의 위해성을 알고, 바르게 사용한다	TV, 인터넷, 통신기기 등의 위해성을 알고, 바르게 사용한다
	교통안전 규칙 지키기	교통안전 규칙을 안다.	교통안전 규칙을 알고 지킨다.	교통안전 규칙을 알고 지킨다.
		교통수단을 안전하게 이용한다.	교통수단을 안전하게 이용한다.	교통수단을 안전하게 이용한다.
	비상 시 적절히 대처하기	학대, 성폭력, 실종, 유괴상황을 알고 도움을 요청한다.	학대, 성폭력, 실종, 유괴상황 시 도움을 요청하는 방법을 알고 행동한다.	학대, 성폭력, 실종, 유괴상황 시 도움을 요청하는 방법을 알고 행동한다.
		재난 및 사고 등 비상 시 적절하게 대처하는 방법을 안다.	재난 및 사고 비상 시 적절하게 대처하는 방법을 알고 행동한다.	재난 및 사고 비상 시 적절하게 대처하는 방법을 알고 행동한다.

(2) 의사소통

내용 범주	내용	세부내용		
		3세	4세	5세
듣기	낱말과 문장 듣고 이해하기	낱말의 발음에 관심을 가지고 듣는다.	낱말의 발음에 관심을 가지고 듣는다.	낱말의 발음에 관심을 가지고 비슷한 발음을 듣고 구별한다.
		일상생활과 관련된 낱말과 문자을 듣고 뜻을 이해한다.	일상생활과 관련된 낱말과 문자을 듣고 뜻을 이해한다.	다양한 낱말과 문장을 듣고 뜻을 이해한다.
	이야기 듣고 이해하기	다른 사람의 이야기를 관심 있게 듣는다.	다른 사람의 이야기를 듣고 이해한다.	다른 사람의 이야기를 듣고 이해한다.
			이야기를 듣고 궁금한 것에 대해 질문한다.	이야기를 듣고 궁금한 것에 대해 질문한다.
	동요, 동시, 동화 듣고 이해하기	동요, 동시, 동화를 다양한 방법으로 듣고 즐긴다.	동요, 동시, 동화를 다양한 방법으로 듣고 즐긴다.	동요, 동시, 동화를 다양한 방법으로 듣고 이해한다.
			전래 동요, 동시, 동화를 듣고 우리말의 재미를 느낀다.	전래 동요, 동시, 동화를 듣고 우리말의 재미를 느낀다.
	바른 태도로 듣기	말하는 사람을 바라보며 듣는다.	다른 사람의 이야기를 주의 깊게 듣는다.	다른 사람의 이야기를 끝까지 주의 깊게 듣는다.
말하기	낱말과 문장으로 말하기	친숙한 낱말을 발음해 본다.	친숙한 낱말을 정확하게 발음해 본다.	다른 사람의 이야기를 끝까지 주의 깊게 듣는다.
		새로운 낱말에 관심을 가진다.	다양한 낱말을 사용하여 말한다.	다양한 낱말을 사용하여 상황에 맞게 말한다.
		일상생활에서 일어나는 일들을 간단한 문장으로 말한다.	일상생활에서 일어나는 일들을 간단한 문장으로 말한다.	일상생활에서 일어나는 일들을 다양한 문장으로 말한다.
	느낌, 생각, 경험 말하기	자신의 느낌, 생각, 경험을 말해본다.	자신의 느낌, 생각, 경험을 말한다.	자신의 느낌, 생각, 경험을 적절한 낱말과 문장으로 말한다.

(계속)

내용 범주	내용	세부내용		
		3세	4세	5세
말하기			주제를 정하여 함께 이야기를 나눈다.	주제를 정하여 함께 이야기를 나눈다.
			이야기를 지어 말한다.	이야기를 지어 말하기를 즐긴다.
	상황에 맞게 바른 태도로 말하기		듣는 사람의 생각과 느낌을 고려하여 말한다,	듣는 사람의 생각과 느낌을 고려하여 말한다.
		상대방을 바라보며 말한다.	차례를 지켜 말한다.	때와 장소, 대상에 알맞게 말한다.
		바르고 고운 말을 사용한다.	바르고 고운 말을 사용한다.	바르고 고운 말을 사용한다.
읽기	읽기에 흥미 가지기	주변에서 친숙한 글자를 찾아본다.	주변에서 친숙한 글자를 찾아본다.	주변에서 친숙한 글자를 찾아 읽어본다.
		읽어주는 글의 내용에 관심을 가진다.	읽어주는 글의 내용에 관심을 가진다.	읽어주는 글의 내용에 관심을 가지고 읽어본다.
	책 읽기에 관심 가지기	책에 흥미를 가진다.	책보는 것을 즐기고 소중하게 다룬다.	책보는 것을 즐기고 소중하게 다룬다.
		책의 그림을 단서로 내용을 추측해본다.	책의 그림을 단서로 내용을 이해한다.	책의 그림을 단서로 내용을 이해한다.
			궁금한 것을 책에서 찾아본다.	궁금한 것을 책에서 찾아본다.
쓰기	쓰기에 관심 가지기	말을 글로 나타내는 것에 관심을 보인다.	말이나 생각을 글로 나타낼 수 있음을 안다.	
		자기 이름의 글자에 관심을 가진다.	자신의 이름을 써본다.	자신의 이름과 주변의 친숙한 글자를 써본다.
			자신의 느낌, 생각, 경험을 글자와 비슷한 형태로 표현한다.	자신의 느낌, 생각, 경험을 글자와 비슷한 형태나 글자로 표현한다.
	쓰기 도구 사용하기		쓰기 도구에 관심을 가지고 사용해 본다.	쓰기 도구의 바른 사용법을 알고 사용한다.

(3) 사회관계

내용 범주	내용	세부내용		
		3세	4세	5세
나를 알고 존중하기	나를 알고, 소중히 여기기	나에 대해 관심을 갖는다.	나에 대해 알아본다.	나에 대해 알아본다.
		나와 다른 사람의 차이에 관심을 가진다.	나와 다른 사람의 차이점을 알아본다.	나와 다른 사람의 신체적, 사회적, 문화적 차이를 존중한다.
		나를 소중하게 여긴다.	나에 대해 긍정적으로 생각하고 나를 소중하게 여긴다.	나에 대해 긍정적으로 생각하고 나를 소중하게 여긴다.
	나의 일 스스로 하기	내가 할 수 있는 일을 알아본다.	내가 할 수 있는 일을 해 본다.	내가 할 수 있는 일을 스스로 한다.
		내가 하고 싶은 일을 선택해본다.	하고 싶은 일을 계획하고 해 본다.	하고 싶은 일을 계획하고 해 본다.
나와 다른 사람의 감정 알고 조절하기	나와 다른 사람의 감정 알고 표현하기	자신에게 여러 가지 감정이 있음을 안다.	자신의 감정을 알고 표현한다.	자신의 감정을 알고 표현한다.
		다른 사람의 감정에 관심을 갖는다.	다른 사람의 감정을 안다.	다른 사람의 감정을 알고 공감한다.
	나의 감정 조절하기	자신의 감정을 조절해 본다.	자신의 감정을 조절해 본다.	자신의 감정을 상황에 맞게 조절한다.
가족을 소중히 여기기	가족과 화목하게 지내기	가족의 소중함을 안다	가족의 소중함을 안다	가족의 의미와 소중함을 안다.
				가족과 화목하게 지낸다.
	가족과 협력하기	가족 구성원을 알아본다.	가족 구성원의 역할에 대해 알아본다.	다양한 가족구조에 대해 알아본다.
		가족을 위하여 내가 할 수 있는 일을 알아본다.	가족을 위하여 내가 할 수 있는 일을 알아보고 실천한다.	가족은 서로 도와야 함을 알고 실천한다.
	친구와 사이좋게 지내기	친구와 함께 놀이한다.	친구와 협동하여 놀이한다.	친구와 협동하여 놀이한다.
		나와 친구의 의견에 차이가 있음을 안다.	친구와의 갈등을 긍정적인 방법으로 해결한다.	친구와의 갈등을 긍정적인 방법으로 해결한다.

(계속)

<table>
<tr><th rowspan="2">내용 범주</th><th rowspan="2">내용</th><th colspan="3">세부내용</th></tr>
<tr><th>3세</th><th>4세</th><th>5세</th></tr>
<tr><td rowspan="8">다른 사람과 더불어 생활하기</td><td rowspan="2">공동체에서 화목하게 지내기</td><td rowspan="2">교사 및 주변사람과 화목하게 지낸다.</td><td>도움이 필요할 때 다른 사람과 도움을 주고받는다.</td><td>도움이 필요할 때 다른 사람과 도움을 주고 받고, 서로 협력한다.</td></tr>
<tr><td>교사 및 주변 사람과 화목하게 지낸다.</td><td>교사 및 주변사람과 화목하게 지낸다.</td></tr>
<tr><td rowspan="6">사회적 가치를 알고 지키기</td><td>다른 사람의 소유물을 존중한다.</td><td>정직하게 말하고 행동한다.</td><td>정직하게 말하고 행동한다.</td></tr>
<tr><td rowspan="5">약속과 규칙을 지켜야 함을 안다.</td><td>다른 사람의 생각, 행동을 존중한다.</td><td>다른 사람을 배려하여 행동한다.</td></tr>
<tr><td>친구와 어른께 예의 바르게 행동한다.</td><td>친구와 어른께 예의 바르게 행동한다.</td></tr>
<tr><td>다른 사람과 한 약속이나 공공규칙을 지킨다.</td><td>다른 사람과 한 약속이나 공공규칙을 지킨다.</td></tr>
<tr><td>자연과 자원을 아끼는 습관을 기른다.</td><td>자연과 자원을 아끼는 습관을 기른다.</td></tr>
<tr style="display:none"></tr>
<tr><td rowspan="6">사회에 관심갖기</td><td rowspan="3">지역사회에 관심갖고 이해하기</td><td>우리 동네의 이름을 안다.</td><td>우리 동네에 대해 알아본다.</td><td>우리 동네에 대해 알아본다.</td></tr>
<tr><td rowspan="2">우리 동네 사람들에 관심을 갖는다.</td><td>우리 동네 사람들이 하는 일에 관심을 갖는다.</td><td>다양한 직업에 관심을 갖는다.</td></tr>
<tr><td>물건을 살 때 돈이 필요함을 안다.</td><td>일상생활에서 돈의 쓰임을 안다.</td></tr>
<tr><td rowspan="3">우리나라에 관심 갖고 이해하기</td><td>우리나라를 상징하는 것에 관심을 가진다.</td><td>우리나라를 상징하는 것을 안다.</td><td>우리나라를 상징하는 것을 알고 예절을 지킨다.</td></tr>
<tr><td rowspan="2">우리나라의 전통놀이와 풍습에 관심을 갖는다.</td><td>우리나라의 전통놀이와 풍습에 관심을 갖는다.</td><td>우리나라의 전통, 역사, 문화에 관심을 갖는다.</td></tr>
<tr><td>우리나라에 대해 자부심을 갖는다.</td><td>우리나라에 대해 자부심을 갖는다.</td></tr>
</table>

(계속)

내용 범주	내용	세부내용		
		3세	4세	5세
사회에 관심갖기	세계와 여러 문화에 관심 가지기	내용 없음	세계 여러 나라에 대해 관심을 갖는다.	세계 여러 나라에 대해 관심을 갖고, 서로 협력해야 함을 안다.
			다양한 인종과 문화에 관심을 갖는다.	다양한 인종과 문화를 알아보고 존중한다.

(4) 예술경험

내용 범주	내용	세부 내용		
		3세	4세	5세
아름다움 찾아보기	음악적 요소 탐색하기	다양한 소리, 음악의 셈여림, 빠르기, 리듬 등에 관심을 갖는다.	다양한 소리, 음악의 셈여림, 빠르기, 리듬 등에 관심을 갖는다.	다양한 소리, 음악의 셈여림, 빠르기, 리듬 등을 탐색한다.
	움직임과 춤 요소 탐색하기	움직임과 춤의 모양, 힘, 빠르기 등에 관심을 갖는다.	움직임과 춤의 모양, 힘, 빠르기 등에 관심을 갖는다.	움직임과 춤의 모양, 힘, 빠르기, 흐름 등을 탐색한다.
	미술적 요소 탐색하기	자연과 사물의 색, 모양, 질감 등에 관심을 갖는다.	자연과 사물의 색, 모양, 질감 등에 관심을 갖는다.	자연과 사물의 색, 모양, 질감, 공간 등을 탐색한다.
예술적 표현하기	음악으로 표현하기	간단한 노래를 듣고 따라 부른다.	노래로 자신의 생각과 느낌을 표현한다.	노래로 자신의 생각과 느낌을 표현한다.
		전래동요를 즐겁게 부른다.	전래동요를 즐겨 부른다.	전래동요를 즐겨 부른다.
		리듬악기로 간단한 리듬을 표현해본다.	리듬악기를 연주해 본다.	리듬악기를 연주해 본다.
		간단한 리듬과 노래를 즉흥적으로 만들어본다.	간단한 리듬과 노래를 즉흥적으로 만들어본다.	리듬과 노래 등을 즉흥적으로 만들어본다.

(계속)

내용 범주	내용	세부 내용		
		3세	4세	5세
예술적 표현하기	움직임과 춤으로 표현하기	신체를 이용하여 주변의 움직임을 자유롭게 표현한다.	신체를 이용하여 주변의 움직임을 자유롭게 표현한다.	신체를 이용하여 주변의 움직임을 다양하게 표현하여 즐긴다.
		움직임과 춤으로 자신의 생각과 느낌을 자유롭게 표현한다.	움직임과 춤으로 자신의 생각과 느낌을 자유롭게 표현한다.	움직임과 춤으로 자신의 생각과 느낌을 표현한다.
		도구를 활용하여 다양한 움직임으로 표현한다.	도구를 활용하여 다양한 움직임으로 표현한다.	다양한 도구를 활용하여 창의적으로 움직인다.
	미술 활동으로 표현하기	다양한 미술활동을 경험해 본다.	다양한 미술활동으로 자신의 생각과 느낌을 표현한다.	다양한 미술활동으로 자신의 생각과 느낌을 표현한다.
		미술활동에 필요한 재료와 도구에 관심을 가지고 사용한다.	협동적인 미술활동에 참여한다.	협동적인 미술활동에 참여하여 즐긴다.
			미술활동에 필요한 재료와 도구를 다양하게 사용한다.	미술활동에 필요한 재료와 도구를 다양하게 사용한다.
	극놀이로 표현하기	일상생활의 경험을 극놀이로 표현한다.	일상생활의 경험이나 간단한 이야기를 극놀이로 표현한다.	경험이나 이야기를 극놀이로 표현한다.
			소품, 배경, 의상 등을 사용하여 협동적으로 극놀이를 한다.	소품, 배경, 의상 등을 사용하여 협동적으로 극놀이를 한다.
	통합적으로 표현하기	예술활동에 참여하여 표현과정을 즐긴다.	음악, 움직임과 춤, 미술, 극놀이 등을 통합하여 표현한다.	음악, 움직임과 춤, 미술, 극놀이 등을 통합하여 표현한다.
			예술활동에 참여하여 표현과정을 즐긴다.	예술활동에 참여하여 창의적으로 표현하는 과정을 즐긴다.

(계속)

내용범주	내용	세부 내용		
		3세	4세	5세
예술 감상하기	다양한 예술 감상하기	다양한 음악, 춤, 미술작품, 극놀이 등을 듣거나 본다.	다양한 음악, 춤, 미술작품, 극놀이 등을 듣거나 보고 즐긴다.	다양한 음악, 춤, 미술작품, 극놀이 등을 듣거나 보고 즐긴다.
		나와 다른사람의 예술 표현을 소중히 여긴다.	나와 다른사람의 예술 표현을 소중히 여긴다.	나와 다른사람의 예술 표현을 소중히 여긴다.
	전통예술 감상하기	우리나라의 전통예술에 관심을 갖는다.	우리나라의 전통예술에 관심을 갖는다.	우리나라의 전통예술에 관심을 갖고 친숙해진다.

(5) 자연탐구

내용범주	내용	세부 내용		
		3세	4세	5세
탐구하는 태도 기르기	호기심을 유지하고 확장하기	주변사물과 자연세계에 대해 호기심을 갖는다.	주변사물과 자연세계에 대해 지속적으로 호기심을 갖는다.	주변사물과 자연세계에 대해 지속적으로 호기심을 갖고 알고자 한다.
	탐구과정 즐기기	궁금한 점을 알아보는 과정에 흥미를 갖는다.	궁금한 점을 알아보는 과정에 관심을 가지고 참여한다.	궁금한 점을 알아보는 과정에 참여하고 즐긴다.
수학적 탐구하기	수와 연산의 기초개념 알아보기	생활속에서 수에 관심을 갖는다.	생활속에서 사용되는 수의 여러 가지 의미를 안다.	생활속에서 사용되는 수의 여러 가지 의미를 안다.
		구체물 수량의 많고 작음을 비교한다.	구체물 수량에서 '같다, 더많다, 더적다'의 관계를 안다.	구체물 수량의 부분과 전체 관계를 알아본다.
		다섯 개 가량의 구체물을 세어보고 수량에 관심을 갖는다.	열 개 가량의 구체물을 세어보고 수량을 알아본다.	스무개 가량의 구체물을 세어보고 수량을 알아본다.
				구체물을 가지고 더하고 빼는 경험을 해본다.

(계속)

내용범주	내용	세부 내용		
		3세	4세	5세
수학적 탐구하기	공간과 도형의기초 개념 알아보기	나를 중심으로 앞, 뒤, 옆, 위, 아래를 알아본다.	위치와 방향을 여러 가지 방법으로 나타내본다.	위치와 방향을 여러 가지 방법으로 나타내본다.
		물체의 모양에 관심을 갖는다.	기본 도형의 특성을 인식한다.	여러 방향에서 물체를 보고 그 차이점을 비교해 본다.
			기본 도형을 사용하여 여러 가지 모양을 구성해 본다.	기존 도형의 공통점과 차이점을 알아본다.
				기본도형을 사용하여 여러 가지 모양을 구성해 본다.
	기초적인 측정하기	두 물체의 길이, 크기를 비교해 본다.	일상생활에서 길이, 크기, 무게 등을 비교해 본다.	일상생활에서 길이, 크기, 무게 들이 등의 속성을 비교하고, 순서를 지어본다.
				임의 측정 단위를 사용하여 길이, 면적, 들이, 무게 등을 재본다.
	규칙성 이해하기	생활주변에서 반복되는 규칙성에 관심을 갖는다.	생활주변에서 반복되는 규칙성을 알아본다.	생활주변에서 반복되는 규칙성을 알고 다음에 올 것을 예측해 본다.
			반복되는 규칙성을 인식하고 모방한다.	스스로 규칙성을 만들어 본다.
	기초적인 자료수집과 결과나타내기	같은 것끼리 짝을 짓는다.	필요한 정보나 자료를 수집한다.	필요한 정보나 자료를 수집한다.
			한가지 기준으로 자료를 분류해 본다.	한가지 기준으로 분류한 자료를 다른 기준으로 재분류해 본다.
				그림, 사진, 기호나 숫자를 사용해 그래프로 나타내 본다.

(계속)

내용범주	내용	세부 내용		
		3세	4세	5세
과학적 탐구하기	물체와 물질 알아보기	친숙한 물체와 물질의 특성에 관심을 갖는다.	친숙한 물체와 물질의 특성을 알아본다.	주변의 여러 가지 물체와 물질의 기본 특성을 알아본다.
			물체와 물질을 여러 가지 방법으로 변화시켜 본다.	물체와 물질을 여러 가지 방법으로 변화시켜 본다.
	생명체와 자연환경 알아보기	나의 출생과 성장에 대해 관심을 갖는다.	나의 출생과 성장에 대해 관심을 갖는다.	나와 다른 사람의 출생과 성장에 대해 알아본다.
		주변의 동식물에 관심을 갖는다.	관심 있는 동식물의 특성을 알아본다.	관심 있는 동식물의 특성과 성장 과정을 알아본다.
		생명체를 소중히 여기는 마음을 갖는다.	생명체를 소중히 여기는 마음을 갖는다.	생명체를 소중히 여기는 마음을 갖는다.
			생명체가 살기 좋은 환경에 대해 관심을 갖는다.	생명체가 살기 좋은 환경과 녹색환경에 대해 알아본다.
	자연현상 알아보기	돌, 물, 흙 등 자연물에 관심을 갖는다.	돌, 물, 흙 등 자연물의 특성과 변화를 알아본다.	돌, 물, 흙 등 자연물의 특성과 변화를 알아본다.
		날씨에 관심을 갖는다.	날씨와 기후 변화에 관심을 갖는다.	낮과 밤, 계절의 변화와 규칙성을 알아본다.
				날씨와 기후 변화 등 자연현상에 대해 관심을 갖는다.
	간단한 도구와 기계 활용하기	생활 속에서 간단한 도구와 기계에 관심을 갖는다.	생활 속에서 간단한 도구와 기계를 활용한다.	생활 속에서 간단한 도구와 기계를 활용한다.
		도구와 기계의 편리함에 관심을 갖는다.	도구와 기계의 편리함에 관심을 갖는다.	변화하는 새로운 도구와 기계에 관심을 갖고 장단점을 안다.

3 2020년 시행 누리과정

2017년 12월 교육부는 유아교육 혁신방안 발표하였다. 그 방향은 유아 중심 누리과정(개별 유아의 특성존중), 놀이 중심 누리과정(유아주도 놀이 존중), 현장의 자율성(국가수준 지침 최소화에 따른 자율적 운영)이다.

이에 2019년 누리과정이 개정되었고, 개정의 취지는 교사가 주도하는 교육과정 운영에서 '유아가 주도하는 놀이 중심 교육과정으로 변화하며 나아간다'는 것이다.

1) 누리과정의 성격

누리과정은 3~5세 유아를 위한 국가 수준의 공통 교육과정이다.

(1) 국가 수준의 공통성과 지역, 기관 및 개인 수준의 다양성을 동시에 추구한다.

(2) 유아의 전인적 발달과 행복을 추구한다.

(3) 유아 중심 및 놀이 중심을 추구한다.

(4) 유아의 자율성과 창의성 신장을 추구한다.

(5) 유아, 교사, 원장(감), 학부모 및 지역사회가 함께 실현해 가는 것을 추구한다.

2) 누리과정의 구성방향

(1) 추구하는 인간상

누리과정이 추구하는 인간상은 다음과 같다.

① 건강한 사람
② 자주적인 사람
③ 창의적인 사람
④ 감성이 풍부한 사람
⑤ 더불어 사는 사람

3) 목적과 목표

누리과정의 목적은 유아가 놀이를 통해 심신의 건강과 조화로운 발달을 이루고 바른 인성과 민주 시민의 기초를 형성하는 데에 있다. 이를 실현하기 위한 목표는 다음과 같다.

(1) 자신의 소중함을 알고, 건강하고 안전한 생활 습관을 기른다.
(2) 자신의 일을 스스로 해결하는 기초능력을 기른다.
(3) 호기심과 탐구심을 가지고 상상력과 창의력을 기른다.
(4) 일상에서 아름다움을 느끼고 문화적 감수성을 기른다.
(5) 사람과 자연을 존중하고 배려하며 소통하는 태도를 기른다.

4) 누리과정 구성의 중점

누리과정 구성의 중점은 다음과 같다.

(1) 3~5세 모든 유아에게 적용할 수 있도록 구성한다.
(2) 추구하는 인간상 구현을 위한 지식, 기능, 태도 및 가치를 반영하여 구성한다.
(3) 신체운동·건강, 의사소통, 사회관계, 예술경험, 자연탐구의 5개 영역을 중심으로 구성한다.
(4) 3~5세 유아가 경험해야 할 내용으로 구성한다.
(5) 0~2세 보육과정 및 초등학교 교육과정과의 연계성을 고려하여 구성한다.

5) 2019 개정 누리과정 5개 영역

유아가 경험해야 할 내용은 이전 369개에서 59개로 구성되었다. 5개 영역의 내용은 유아의 경험에서 자연스럽게 나타나는 내용으로 교사가 가르치지 않아도 유아가 놀이하며 배울 수 있으며, 실행이 먼저 일어나는 교육과정이 가능하다. 5개 영역의 내용은 다음과 같다.

(1) 신체운동 · 건강 (12개)

내용범주	내용
신체활동 즐기기	신체를 인식하고 움직인다.
	신체움직임을 조절한다.
	기초적인 이동운동, 제자리운동, 도구를 이용한 운동을 한다.
	실내외 신체활동에 자발적으로 참여한다.
건강하게 생활하기	자신의 몸과 주변을 깨끗이 한다.
	몸에 좋은 음식에 관심을 가지고 바른 태도로 즐겁게 먹는다.
	하루일과에서 적당한 휴식을 취한다.
	질병을 예방하는 방법을 알고 실천한다.
안전하게 생활하기	일상에서 안전하게 놀이하고 생활한다.
	TV, 컴퓨터, 스마트폰 등을 바르게 사용한다.
	교통안전 규칙을 지킨다.
	안전사고, 화재, 재난, 학대, 유괴 등에 대처하는 방법을 경험한다.

(2) 의사소통 (12개)

내용범주	내용
듣기와 말하기	말이나 이야기를 관심있게 듣는다.
	자신의 감정, 느낌, 생각을 말한다.
	상황에 적절한 단어를 사용하여 말한다.
	상대방이 하는 이야기를 듣고 관련해서 말한다.
	바른 태도로 듣고 말한다.
	고운말을 사용한다.
읽기와 쓰기에 관심가지기	말과 글의 관계에 관심을 가진다.
	주변의 상징, 글자 등의 읽기에 관심을 가진다.
	자신의 생각을 글자와 비슷한 형태로 표현한다.
책과 이야기 즐기기	책에 관심을 가지고 상상하기를 즐긴다.
	동화, 동시에서 말의 재미를 느낀다.
	말놀이와 이야기 짓기를 즐긴다.

(3) 사회관계 (12개)

내용범주	내용
나를 알고 존중하기	나를 알고 소중히 여긴다.
	나의 감정을 알고 상황에 맞게 표현한다.
	내가 알수 있는 것을 스스로 한다.
더불어 생활하기	가족의 의미를 알고 화목하게 지낸다.
	친구와 서로 도우며 사이좋게 지낸다.
	친구와의 갈등을 긍정적인 방법으로 해결한다.
	서로 다른 감정, 생각, 행동을 존중한다.
	친구와 어른께 예의바르게 행동한다.
	약속과 규칙의 필요성을 알고 지킨다.
사회에 관심가지기	내가 살고 있는 곳에 대해 궁금한 것을 알아본다.
	우리나라에 대해 자부심을 가진다.
	다양한 문화에 관심을 가진다.

(4) 예술경험 (10개)

내용범주	내용
아름다움 찾아보기	자연과 생활에서 아름다움을 느끼고 즐긴다.
	예술적 요소에 관심을 갖고 찾아본다.
창의적으로 표현하기	노래를 즐겨 부른다.
	신체, 사물, 악기로 간단한 소리와 리듬을 만들어 본다.
	신체나 도구를 활용하여 움직임과 춤으로 자유롭게 표현한다.
	다양한 미술재료와 도구로 자신의 생각과 느낌을 표현한다.
	극놀이로 경험이나 이야기를 표현한다.
예술 감상하기	다양한 예술을 감상하며 상상하기를 즐긴다.
	서로 다른 예술 표현을 존중한다.
	우리나라 전통 예술에 관심을 갖고 친숙해진다.

(5) 자연탐구 (13개)

내용범주	내용
탐구과정 즐기기	주변세계와 자연에 대해 지속적으로 호기심을 가진다.
	궁금한 것을 탐구하는 과정에 즐겁게 참여한다.
	탐구과정에서 서로 다른 생각에 관심을 가진다.
생활속에서 탐구하기	물체의 특성과 변화를 여러 가지 방법으로 탐색한다.
	물체를 세어 수량을 알아본다.
	물체의 위치와 방향, 모양을 알고 구별한다.
	일상에서 길이, 무게 등의 속성을 비교한다.
	주변에서 반복되는 규칙을 찾는다.
	일상에서 모은 자료를 기준에 따라 분류한다.
	도구와 기계에 대해 관심을 가진다.
자연과 더불어 살기	주변의 동식물에 관심을 가진다.
	생명과 자연환경을 소중히 여긴다.
	날씨와 계절의 변화를 생활과 관련 짓는다.

6) 누리과정의 운영

(1) 편성 · 운영

① 1일 4~5시간을 기준으로 편성한다.

② 일과 운영에 따라 확장하여 편성할 수 있다.

③ 누리과정을 바탕으로 각 기관의 실정에 적합한 계획을 수립하여 운영한다.

④ 하루일과에서 바깥 놀이를 포함하여 유아의 놀이가 충분히 이루어지도록 편성하여 운영한다.

⑤ 성, 신체적 특성, 종교, 가족 및 문화적 배경 등으로 인한 차별이 없도록 편성하여 운영한다.

⑥ 유아의 발달과 장애 정도에 따라 조정하여 운영한다.

⑦ 가정과 지역사회와의 협력과 참여에 기반하여 운영한다.

⑧ 교사 연수를 통해 누리과정의 운영이 개선되도록 한다.

(2) 교수 - 학습

① 유아가 흥미와 관심에 따라 놀이에 자유롭게 참여하고 즐기도록 한다.
② 유아가 놀이를 통해 배우도록 한다.
③ 유아가 다양한 놀이와 활동을 경험할 수 있도록 실내·외 환경을 구성한다.
④ 유아와 유아, 유아와 교사, 유아와 환경 간에 능동적인 상호작용이 이루어지도록 한다.
⑤ 5개 영역의 내용을 통합하여 유아의 경험과 연계되도록 한다.
⑥ 개별 유아의 요구에 따라 휴식과 일상생활이 원활히 이루어지도록 한다.
⑦ 유아의 연령, 발달, 장애, 배경 등을 고려하여 개별 특성에 적합한 방식으로 배우도록 한다.

(3) 평가

평가는 다음 사항에 중점을 두고 실시한다.
① 누리과정 운영의 질을 진단하고 개선하기 위해 평가를 계획하고 실시한다.
② 유아의 특성 및 변화 정도와 누리과정의 운영을 평가한다.
③ 평가의 목적에 따라 적합한 방법을 사용하여 평가한다.
④ 평가의 결과는 유아에 대한 이해와 누리과정 운영 개선을 위한 자료로 활용할 수 있다.

4 방과 후 과정

유치원에서의 방과 후반은 누리과정 일일 3~5시간 이후에 이루어지는 활동으로 맞벌이 가정의 증가로 부모들에게는 자녀를 안전하게 돌봐줌으로써 육아에 대한 문제를 해결해 주어 안정적인 사회활동을 지원하고, 유아들에게는 휴식과 돌봄 그리고 놀이중심의 방과 후 과정을 통해 정서적인 안정감과 발달에 알맞은 교육적인 환경을 제공할 수 있다.

1) 방과 후 과정 운영

(1) 운영기간

① 당해년도 3. 1부터 익년 2. 29.까지

② 방과 후 과정 운영 일수는 200일을 기준으로 하되, 교직원 간 협력체제를 구축하여 융통성 있게 운영할 수 있다.

③ 방학 중 운영에 대한 학부모 요구 반영(운영시간, 운영일수, 수익자부담금, 급 · 간식 운영 등)한다.

④ 운영 세부사항은 참여대상자의 요구, 유치원 실정, 예산 등을 반영하여 유치원운영위원회에서 결정할 수 있다.

※ 「유아교육법」 제19조의4에 따라 방과 후 과정 운영은 유치원운영위원회 심의(자문) 사항임

(2) 운영시간

① 1일 8시간 이상 운영

② 방과 후 과정 운영 담당 교원은 유연 근무를 통해 맞벌이 가정의 요구에 부응할 수 있도록 융통성 있게 운영한다.

③ 방과 후 과정 운영시간은 유치원운영위원회의 심의(자문)를 거쳐 결정하며, 1일 교육과정 포함하여 8시간 이상 운영하여야 한다.

④ 유아의 안전 관리를 최우선으로 하며 보호자의 동의서를 확보하고, 1시간 이내에서 방과 후 과정 운영시간 조정 가능(운영시간은 1일 8시간을 기본으로 하며, 개별 유아 실정에 맞게 1시간 조정 운영)하다.

(3) 참여 대상

맞벌이 가정(자영업자 포함), 직장 다니는 한부모 가정, 법정저소득층 및 취약계층 가정의 자녀, 기타 방과 후 과정 참여가 필요한 가정(대학원 재학, 일시적 실직, 프리랜서 등)의 자녀를 대상으로 하되 꼭 필요한 유아가 참여 대상에서 제외되지 않도록 충분한 배려한다.

참여 대상은 유치원 실정, 학부모 요구, 예산 등을 반영하여 공정하게 선정하되 유치 원운영위원회 심의(자문) 결정한다.

알아두기 — 증빙 서류

1. 참여 대상을 공정하게 선별할 수 있는 자료로 유치원에서 결정하되, 개인정보 과다 수집 및 정보 유출이 되지 않도록 각별한 관리가 필요하다.
2. 유치원별로 적절한 증빙 서류(증빙서류 간소화, 자영업자 인정, 중복서류 제출 지양, 서류 관리 보완 철저, 증빙서류 유용 금지 등)를 공지한다.
   ※ 근거 개인정보 보호법 및 동법 제3조(개인정보 보호 원칙) 준수

(4) 운영 방향

① 유치원 교육계획 수립 시 방과 후 과정 및 특성화 프로그램 연간운영계획도 포함하여 작성 운영(운영시간, 운영장소, 운영방향, 일과운영, 참여대상, 인력운영, 소요비용, 건강, 영양, 위생, 안전관리 등)한다.

② 유아 발달 및 연령을 고려한 휴식과 놀이가 있는 돌봄중심으로 운영한다.

③ 특성화 프로그램 위주의 방과 후 과정 운영은 지양하고, 바깥놀이, 자유선택활동 등 놀이중심 활동을 권장한다.

④ 방과 후 과정 운영 일지 작성 및 유아 관찰 기록 충실히 한다.

⑤ 방과 후 과정 운영에 필요한 서류를 비치(투약의뢰서, 등 · 하원 기록 확인 서류 등)한다.

⑤ 방과 후 과정 운영평가를 통한 내실 있는 운영이 되도록 한다.

(5) 시설 · 설비 기준

① 유아가 편안하고 정서적 안정을 느낄 수 있도록 가정과 같은 실내 환경 조성 및 실외놀이 전용 시설 확보하여야 한다.

② 기본 시설 · 설비는 유아 발달단계, 안전 · 위생, 편의성을 고려하여 설치한다.

③ 경기도유치원교구 · 설비기준(경기도교육청 고시 제2017-386호)에 따라 설치한다.

④ 유치원 신 · 증설 및 시설 개 · 보수 시 방과 후 과정 시설 개선과 전용 교실 확보를 위해 노력한다.

5 특성화 프로그램 운영

알아두기 특성화 과정 특성화 프로그램 운영

1. 특성화 프로그램은 반드시 교육과정 운영시간 이후 운영
2. 유아 발달, 흥미, 학부모 요구 반영(일괄운영이 아닌 학부모 신청에 의한 운영)
3. 특성화 프로그램을 담당하는 외부 강사에게 보수를 지급하며 운영하는 활동

1) 목적

① 유아의 발달과 흥미를 고려한 다양한 체험 기회를 제공한다.

② 요구를 반영한 합리적인 운영으로 방과 후 과정의 운영 만족도 높여야 한다.

2) 방침

① 대상: 방과 후 과정을 운영하는 공·사립 유치원

② 특성화 프로그램 운영 원칙

가. 교육과정 이후 방과 후 과정에서만 운영하되, 유치원운영위원회 심의(자문)를 거쳐 '유아 1인당 1일 1개 1시간 이내 운영'

※ 주당 유아 1인당 특성화 프로그램은 5개 내외로 운영

나. 특성화 프로그램은 8(7)시간 이상 운영하는 방과 후 과정 유아를 대상으로 운영하는 것을 원칙으로 함 (*현황파악 및 수요조사를 통해 2020년부터 적용)

다. 특성화 프로그램 미 참여 유아가 소외되지 않도록 담당교사 지정 및 교실확보

라. 유치원 교육과정, 유아발달특성 등을 고려하여 놀이중심의 다양하고 창의적인 예체능 프로그램 중심으로 개설·운영

3) 특성화 프로그램 활용 및 선정

① 교육부 개발 방과 후 과정 특성화 프로그램을 활용한다.

※ 예시: 유아 세계시민교육, 유아 과학창의교육, 유아 에너지교육, 유아 음악 이해뮤직 프로그램(2011), 미술 창의아트 프로그램(2011), 과학 코코과학 프로그램(2011) 등

② 프로그램 선정은 「추천제 평가지표」를 유치원 실정에 따라 수정하여 자율 평가를 실시한 후 적정 점수에 해당할 경우 유치원운영위원회 심의(자문)를 통하여 결정한다.

※ 교육부 권장 기준 점수는 80점 이상이며, 유치원별로 특화된 프로그램을 운영하도록 권장함

③ 유치원에서는 코딩교육을 금지하므로 교육지원청에서는 실시유치원이 없도록 지도 감독을 철저히 하고 확인 시 즉시 시정 조치하여야 한다.

④ 놀이중심 영어 특성화 프로그램은 유아의 흥미와 발달단계를 고려하여 노래, 게임, 음악 등으로 이루어지는 놀이중심 프로그램으로 운영한다.

※ 유아 발달 특성을 고려하여 원어민 강사 채용은 지양한다.

4) 특성화 프로그램 선정 · 운영 절차

(학부모) 수요조사	→	(학부모) 운영방법결정	→	(학부모) 결정사항알림	→	(학부모) 운영위원회	→	(학부모) 특성화프로그램 운영
학부모 설문을 통한 특성화프로그램 의견조사실시	→	설문조사결과에 대한 구성원 간 협의	→	선정 활동, 1인당 경비, 운영 시기 알림	→	방과후 과정 운영계획 심의 (특성화프로그램 운영 방법과 금액, 강사 채용 등)	→	특성화프로그램 운영 및 관리
12월중		1월중		2월중		2월중		3월~4월부터

5) 특성화 프로그램 강사활용

① 특성화 프로그램 강사는 방과 후 과정에서만 운영하되, 해당 영역에서 전문성이 인정되는 자로서 유치원운영위원회 심의(자문)를 거쳐 유치원장과 계약한 자

② 유치원에서는 홈페이지(유치원, 교육지원청, 지역일자리센터 등) 공고 등을 통해 공개적이고 공정한 절차로 강사 모집

③ 교육지원청에서는 강사 임용 서류, 절차 등을 지도하고 현장 점검 시 확인

④ 특성화 프로그램 강사와 개별 계약서 작성(업체와 계약하지 않도록 함), 성범죄경력 조회 및 아동학대 관련범죄 경력 조회 등 실시

※ 근거: 「아동복지법」 제29조의 3(아동관련 기관의 취업제한 등), 「아동 · 청소년 성보호에 관한 법률」 제56조(아동 청소년 관련기관 등에의 취업제한 등)

알아두기 특성화 프로그램 강사 요건

예 · 체능 실기교사 자격증 소지자(관련학과 졸업자 포함)

- 전문대 이상의 예 · 체능 관련학과 졸업자
- 한국문화예술교육진흥원이 직무연수 후 지원 하는 예술 강사
- 국민체육진흥법시행령 제10조에 해당하는 자(생활체육지도자 1 · 2 · 3급 자격증 소지자)
- 초 · 중등교육법 제21조 제2항 관련 [별표2] 실기교사 자격기준을 갖춘 자
- 교육부 원격연수 이수자* 교육청 주관 집합연수 이수자 포함

⑤ 특성화 강사 선정 · 운영 절차

유치원장	→	유치원장	→	유치원장	→	운영위원회	→	유치원장
강사 모집 공고 (1주일 이상 게시)		강사 신청자 서류 및 심사		성범죄 경력조회 및 아동학대 관련 범죄 전력 조회		최종 합격자 심사결과 심의 (자문)		특성화프로그램 강사별 계약 (내부결제)
2월중		2월중		15일 이상 회신여부 고려		운영위원회 일정 고려		특성화프로그램 운영 시작 전

가. 특성화 프로그램 운영 경비

나. 수익자 부담을 원칙으로 하되 유치원 실정에 따라 방과 후 과정 운영비 활용 가능

다. 참여 유아 수, 강사료, 실시 횟수 등을 고려하여 특성화 프로그램 비용을 최소화하여 수익자 부담 경감 방안 강구

라. 수익자 부담금이 발생하는 특성화 활동은 반드시 학부모 의견수렴 및 유치원운영 위원회 심의(자문)를 거쳐 운영

마. 학부모 신청(동의)서 확보 유치원운영위원회 심의(자문), 특성화비 예 · 결산 내역 학부모 공지 등 철

6) 기대효과

(1) 유치원 특성에 따라 차별화된 특성화 프로그램 운영

(2) 유아의 흥미와 발달에 알맞은 특성화 프로그램 운영

(3) 특성화 프로그램 적정 운영으로 수익자 부담 최소화

수행하기

1. 새로 개정된 누리과정은 이전 누리과정과 어떤 차이가 있는지 설명하시오.

2. 유아교육기관에서 이루어지는 특성화 프로그램에 대해 조사하시오.

CHAPTER 10

건강 · 위생 · 영양관리

건강이란 '신체적 · 정신적 · 사회적으로 온전히 안녕한 상태'라고 세계보건기구(WHO)에서는 정의하고 있다. 예전에는 건강을 신체적인 건강에만 집중되었으나, 요즘에는 정신적 건강까지 포함하여 건강을 지키는 것의 중요성을 인식하고 있다.

많은 수의 유아들이 하루 시간의 대부분을 유아교육기관에서 보냄에 따라 과거에는 생활 속에서 자연스럽게 배우거나 가정에서 부모를 통해 충분히 지도될 수 있다고 생각했던 내용까지 유아교육기관에서 다루어야 할 필요가 생겼다. 즉 유아교육기관에서의 규칙적인 생활, 청결, 위생, 적절한 휴식, 올바른 식습관과 태도, 나아가 기초적인 영양 지식에 대한 내용이 요구된다. 영유아기는 평생에 걸쳐 가장 빠른 성장과 발달을 보이는 기간으로, 이 시기의 질환이나 사고는 일생 동안 영향을 미치기 때문에 사고 예방을 위한 교육과 조기진단이 중요하다.

또한, 이 시기에 생겨난 식습관은 일생 동안 식품에 대한 기호도나 영양 및 건강상태에 영향을 주기 때문에 올바른 식습관이 형성될 수 있도록 지도해야 할 필요가 있다. 잘못 형성된 식습관은 추후의 소아 · 청소년 비만뿐만 아니라 대사증후군 및 성인 비만 등과도 연관되어 있기 때문에 각종 성인병을 야기하는 원인이 되는 과체중이나 비만을 사전에 줄일 수 있는 영유아 및 어린이의 건전한 식생활습관에 대한 관심이 점차 높아지고 있다(홍길회 외, 2019).

유아교육기관에서는 교육과정 안에 건강과 관련된 영역을 두어 그 중요성을 강조하고 있다. 예를 들어, 0~2세를 대상으로 하는 표준보육과정에서는 기본생활영역을 두어 건강하고 안전한 생활습관의 기초를 다루고 있으며, 만3~5세를 대상으로 하는 누리과정의 신체 및 건강 영역에서는 건강하게 생활하기, 안전하게 생활하기 등을 교육한다.

또한, 어린이집 평가인증에서도 청결과 위생, 질병관리, 급·간식, 실내·외 시설의 안전, 영유아 안전하게 보호하기 등의 평가영역을 두어 유아교육기관의 건강, 안전 문제를 평가하고 있다(박찬옥, 2011).

1 건강관리

1) 신체건강

유아교육기관에서 알아야 할 영유아의 건강관리에 관한 사항은 다음과 같다.

영유아의 개별적인 건강을 관리하는 영역은 입학 전 건강조사서, 체격발달보고서, 건강검진확인서, 투약의뢰서, 응급처치동의서, 일일 건강점검표 등이며 영유아 개개인의 건강을 체크하며 관리하는 데 필요한 장부를 비치한다.

또한, 영유아의 건강을 위해 유아교육기관에서 갖추어야 하는 관리체계에 대해 살펴보면 상해보험, 살균과 소독 등 방제관리, 비상의약품관리, 사건보고서, 질병관리, 위생관리, 건강 정보를 위한 학부모 대상의 건강교육 지원, 공기 질 관리 등이 있다.

(1) 입학 전 건강조사서

영유아의 건강조사서 내용으로는 영유아의 혈액형, 알레르기 유무, 가족의 건강에 관한 특이사항, 가족력의 유무도 기록한다. 또한 유아교육기관에 입학하기 전 앓았던 질병이나 영유아기에 반드시 실시해야 하는 예방접종표는 부모가 의료기관에서 실시하고 의료기관에서 건강보험공단에 보고한 기록을 유아교육기관에 제출하도록 하여 비치한다(2016년도 보육사업안내, p.8). 일반적으로 사전 건강조사서는 생활기록부와 함께 기록된다.

(2) 응급처치동의서

응급처치동의서는 영유아가 교육기관에서 생활하는 동안 만일의 경우 발생할지 모르는 응급 상황 시에 부모님과의 긴급한 연락을 취하거나 화급을 다투는 상황에 대처하기 위한 자료로서 필요한 서류이다.

(3) 건강검진 및 예방접종 기록표

영유아들은 적어도 일 년에 한 번씩은 정기검진을 받아야 하며, 12개월 전후의 영아는 최소한 2~3개월에 한 번씩 정기검진을 받아 그 결과를 건강기록부에 누가적으로 기록하여 보존해야 한다.

최근에는 건강보험공단에서 영유아를 대상으로 연 1회, 무료 건강검진을 실시하고 있다. 유아교육기관에서는 정기적으로 이를 확인하여 건강검진 결과를 부모로부터 전달받은 후 보관 중인 건강조사서에 누가 기록한다. 건강검진 서류는 병원에서 발급한 그대로 비치한다.

보건복지부에서는 「영유아보호법」 제31조, 제32조, 「영유아보호법 시행규칙」 제33조에 따라 영유아건강에 대한 지침을 제시하고 있다.

① 영유아의 건강관리 및 응급조치

가. 유아교육기관의 장은 영유아와 보육교직원에 대하여 정기적으로 건강진단을 실시하여 관리한다.

나. 기관의 장은 「감염병의 예방 및 관리에 관한 법률」 제27조에 따라 영유아의 예방접종 사실을 확인할 의무가 있으며, 확인 결과 미접종 시 보호자를 지도해야 한다.

다. 예방접종관리는 생활기록부에 기록 · 관리해야 한다.

라. 기관의 장은 영유아의 질병 · 사고 · 재해와 관련된 응급 상태 발생 시 즉시 응급의료기관으로 이송해야 하며, 평상시 응급조치를 위한 비상약품 및 간이 의료기구를 비치해야 한다. 만일 식중독 및 감염병으로 의심되는 질병을 발견 시에는 행정 담당자나 관할 보건소에 신고해야 한다.

② 영유아의 건강진단(2016년도 보육사업안내, p.90)

가. 매년 1회 이상 실시하여야 한다. 단, 「국민건강보험법」 제52조, 「동법 시행령」 제25조 및 「의료급여법」 제14조에 의해 검사 결과 통보서로 갈음할 수 있다.

나. 보호자가 건강검진 거부 시 원장은 3회 이상 건강검진에 대한 안내를 고지하고 보호자가 이를 거부할 시에는 생활기록부에 기록해야 한다.

다. 건강주치의제도에 의하여 지역보건소 및 의료기관의 재능기부를 활용하여 질병을 조기발견, 질병 예방교육, 예방접종 및 정기검진을 도움 받을 수 있다.

[표 10-1] 영유아 건강검진 실시 기준표

검진항목		생후 4~6개월	생후 9~12개월	생후 18~24개월	생후 30~36개월	생후 42~48개월	생후 54~60개월	생후 66~71개월
문진 및 진찰								
신체계측								
발달과 평가 및 상담								
건강교육	안전사고예방							
	영양							
	수면							
	대소변 가리기							
	정서 및 사회성							
	개인위생							
	구강							
	취학준비							
	간접흡연							
구강검진								

③ 보육교직원의 건강진단

가. 보육교직원은 연 1회 이상 건강진단을 실시하여야 한다.
(신규 채용 시: 공무원 채용 신체검사서, 그 외는 「국민건강보험법 시행령」 제25조에 의해 일반 건강검진으로 갈음할 수 있다.)

나. 영양사, 조리사, 조리원은 「식품위생법」 제40조 제1항 및 「동법 시행규칙」 제49조에 의해 건강진단 내용에 장티푸스, 폐결핵, 전염성 피부질환에 대한 내용이 포함되어 있어야 한다.

다. 건강진단 결과 감염이 의심되는 질환으로 판명되는 교직원에 대하여 기관의 장은 휴직 또는 면직 조치를 취해야 한다(「감염병의 예방 및 관리에 관한 법률」 제45조 및 「동법 시행규칙」 제33조, 2016년도 보육사업안내).

(4) 일일 건강점검표

유아교육기관의 교사와 원장은 매일 아침 영유아가 등원할 때 일일 건강점검을 실시해야 한다. 이는 가정에서의 건강 상태를 확인함으로써 그 이후 유아교육기관에서 생활하는 동안 영유아의 변화에 대한 관찰을 통해 질병의 진행 여부를 확인하고 미연에 예방할 수 있기 때문에 필수적인 과정이다.

일일 건강점검(daily health check)을 하는 방법으로는 살피기(look), 듣기(listen), 느끼기(feel), 냄새 맡기(smell) 등이 있다.

① 살피기: 아픈 증상이 있는지 살핀다.
② 듣기: 부모가 전달하는 정보나 영유아가 보내는 호소를 귀담아 듣는다.
③ 느끼기: 피부를 만지거나 숨소리를 통해 열이 있는지, 발진이 생겼는지 확인한다.
④ 냄새 맡기: 입, 몸 등에서 평범하지 않은 냄새가 나는지 살핀다. 소변과 대변의 냄새까지도 확인한다.

알아두기 매일 건강 점검 지침

1. 건강 점검 시 무릎을 꿇고 아이의 눈높이에 맞추어 관찰한다.
2. 하루 중 유아의 행동이 정상인가 혹은 다른 점이 있는가?
3. 유아가 부모에게 매달리거나, 신경질적이거나, 정상적으로 행동하는가?
4. 얼굴이 창백하거나 홍조가 있는가?
5. 발진이 보이는가?
6. 눈이 반짝거리는가 혹은 충혈되었는가?
7. 콧물을 흘리는가?
8. 기침을 하거나 호흡곤란이 있는가?

일일 점검을 통해 특이사항이 발견될 경우 곧바로 부모에게 전화로 알린 후 부모와의 상의하에 적절한 조치를 취한다. 이때 반드시 위와 같은 내용을 기록으로 남겨 놓아야 한다. 그러나 위급하지 않은 상황일 경우는 일일 건강보고서를 작성하여 영유아가 귀가할 때 가정으로 보낸다. 일일 건강점검을 실시한 결과에 대한 기록은 학급 전체에 대한 점검과 영유아 각 개인에 대한 점검 등 두 가지 방법으로 기록할 수 있다.

(5) 투약의뢰서

① 유아교육기관에서는 부모로부터 당일 실시해야 할 투약과 관련된 사항을 상세히 기록한 투약의뢰서와 함께 약을 받아 보관에 관한 주의사항을 지켜 보관하여야 한다.

② 약을 전달받을 때는 약의 상태를 확인하여야 한다. 반드시 병원에서 받은 상태 그대로 인지 확인하되 가루약과 물약을 한 통에 넣어 혼합된 상태의 약을 보냈을 경우에는 보호자에게 연락하여 다시 받아야 한다(혼합된 약을 장시간 놓아두면 화학반응이 일어나 약의 성질이 바뀔 수 있다).

투약의뢰서

금일 본 자녀의 투약을 __________선생님께 의뢰합니다.

반 이 름 :
아동이름 :
약의종류 : 보관상태: 실온 , 냉장
투약용량 :
투약시간 :

20 년 월 일

의뢰자 (인)

* 단, 투약으로 인한 책임은 의뢰자가 집니다.

요셉 어린이집 원장 귀하

투약보고서

20 년 월 일

반	이름	약용량	투약 시간

투약자 (인)

보호자 귀하

[그림 10-1] 투약의뢰서와 투약보고서

③ 투약은 반드시 정시에 실시되어야 하나 부득이한 사유로 투약시간이 달라졌을 경우에는 투약보고서에 솔직하게 기록한 후 가정으로 보내야 한다.

④ 투약을 한 후 반드시 투약한 내용과 특이사항 그리고 투약 후 영유아의 상태를 간략히 메모하여 영유아편에 보내야 한다.

2) 정신건강

정신건강이란 한 개인이 자신의 삶을 영위해 나가는 데 있어 감정과 사고 등 심리 내적으로 최적의 상태를 유지하는 것이다. 정신적으로 건강한 사람은 자신에게 관대하고 긍정적으로 임할 뿐 아니라 타인과의 관계도 원만하게 유지해 나갈 수 있다. 박애경과 김미원(2012)은 정신건강을 '정신적으로 병적 질환이 없을 뿐 아니라 자신의 능력을 충분히 발휘함으로써 자기의 생활을 스스로 처리해 나갈 수 있는 상태'라고 하였다. 따라서 정신건강의 영역은 인간의 신체뿐만 아니라 정신적인 어려움까지 극복할 수 있도록 도움으로써 한 인간이 사회 구성원으로서 살아갈 수 있도록 돕는 것이라 할 수 있다.

영유아의 건강을 책임지고 있는 교사는 자기 자신의 정신건강을 위해 스스로 책임감을 느끼고 자기 자신을 성장시켜야 한다.

첫째, 교사는 스스로의 정신건강을 위해 노력해야 한다. 교사가 영유아를 대했을 때 자신의 정석적 억압이나 갈등을 해결하여 노출하지 않도록 해야 한다.

둘째, 교사는 끊임없는 자기 성숙을 위해 노력해야 하며, 자신의 내적 모습을 있는 그대로 인정하고 받아들이는 훈련을 통해 자기실현을 추구해야 한다.

셋째, 정신건강을 위해 여가시간에는 여행이나 취미생활 등으로 스트레스를 해소하는 노력이 필요하다.

넷째, 영유아들을 수용하고 그들을 따뜻하게 품어 줄 수 있어야 하며 긍정적인 사고를 이끌어 줌으로써 교사의 관심과 정성이 영유아들로 하여금 자존감을 가질 수 있도록 이끌어 주어야 한다.

다섯째, 끊임없는 관심과 관찰 그리고 의사소통을 통해 영유아들의 정신건강을 살펴주어야 한다.

2 청결과 위생관리

영유아기는 면역체계가 약하여 주변의 물리적 환경에 영향을 많이 받는다. 영유아로 하여금 어려서부터 위생습관이 몸에 배도록 반복하여 교육이 이루어져야 한다. 또한, 전염성 질병에 대한 예방책에 힘써야 하고 몸이 아픈 영유아에 대한 세심한 관찰과 배려 그리고 신속한 대책이 수립되어 있어야 한다(「공중위생관리법 시행규칙」 제23조).

1) 유아교육기관의 청결과 위생

(1) 교실

영유아는 하루 중 대부분의 시간을 교실에서 보낸다. 그러므로 교실을 청결하게 관리하고 위생에 신경써야 한다.

① 교실뿐만 아니라 영유아들이 가지고 놀이하는 비품, 놀잇감, 설치물은 정기적인 소독과 방제가 실시되어야 한다.
② 교사는 손 씻기를 자주 하여야 한다.
③ 실내 온도는 항상 일정한 온도로 유지하며 적어도 하루에 3~4회 이상 창문을 열고 환기시켜 쾌적한 실내 공기를 유지하여야 한다. 우리나라는 법적으로 유아교육기관의 공기 질을 관리하고 있어 일년에 한 번씩 반드시 실내 공기 질검사를 의무적으로 받도록 하고 있다.

④ 하루 종일 자연채광이 교육(보육)실에 들어올 수 있도록 하여야 한다.
⑤ 월 1회 한 번씩 정기적인 소독과 방제를 실시하여야 한다.
⑥ 빗자루, 걸레, 청소기 등의 청소용품과 휴지통은 정기적으로 세척·소독하여 항상 청결을 유지해야 한다.
⑦ 교실에 배치되어 있는 사물함, 교구장, 책장, 매트, 책걸상, 커튼, 교재·교구, 놀잇감 등 영유아가 매일 사용하는 물품과 비품들은 수시로 점검하고 세척 및 소독이 이루어져야 한다.

(2) 교실 이외의 공동 공간

① 유아교육기관의 모든 사람들이 공동으로 사용하는 현관, 복도, 교사실, 계단, 자료실, 유희실 등도 매일 청소를 실시하여 청결 상태를 유지해야 한다.
② 화장실과 세면장은 철저한 소독과 방제가 실시되어야 한다.
③ 물을 많이 사용하는 공간에서의 하루에도 2~3회 또는 수시로 세면장의 바닥이나 통로의 습기를 제거하여야 한다.
④ 세면장에서는 수건 대신 종이타월 등 일회용을 사용하는 것이 바람직하다(특히, 전염성 질환이 유행할 때는 반드시 종이타월 사용).
⑤ 세면장에는 물비누와 같은 액상비누를 비치해야 한다.
⑥ 영아반에는 반드시 기저귀 갈이대가 따로 설치되어 있어야 하고 기저귀 갈이대는 항상 청결한 상태를 유지하되 기저귀를 교체하기 전에 바닥에 별도의 일회용 깔개를 깔고 사용한 후에는 즉시 버린 후 그 자리를 소독수를 뿌려 소독한다.

(3) 기타

① 정수기 사용 시에는 정기적으로 필터 교환을 실시한다. 상수도의 경우 반드시 물을 끓여서 사용하고, 지하수를 사용하는 경우에는 정기적으로 수질검사를 실시한다.

2) 질병관리

병균은 항상 주변에 존재한다. 이러한 병균을 손으로 만짐으로써 병균은 옮겨지게 된다. 뿐만 아니라 우리가 숨쉬고, 먹고, 만지는 모든 일상생활의 활동에서도 질병은 전파될 수 있다. 따라서 병균의 전파를 막기 위해 일상생활에서 위생관념을 철저히 실천해야 한다. 병균의 전파를 막기 위해 가장 중요한 실천은 손 씻기이다.

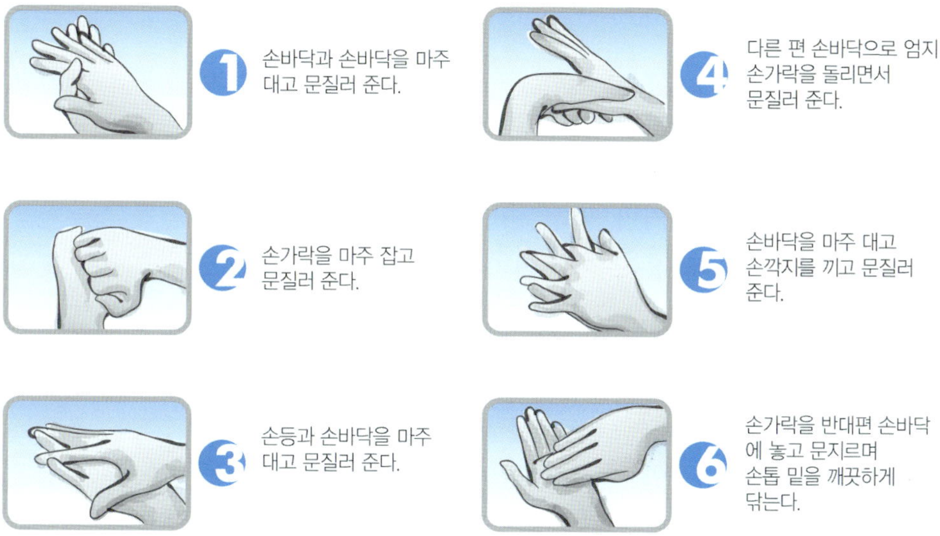

[그림 10-2] 손 씻는 방법

(1) 손 씻기는 언제 할까?

손 씻기는 일상에서 생활화해야 한다. 그러므로 교사는 영유아들로 하여금 손을 씻어야 하는 상황과 때를 교육을 통해 알게 하고 이를 반복적으로 훈련하여 습관화시켜주어야 한다. 손 씻기는 영유아뿐만 아니라 교사에게도 매우 중요한 습관이다. 교사의 손 씻기는 영유아의 질병 예방에 가장 필수적인 사항이다.

① 영유아와 교사가 손을 씻어야 할 때

가. 음식을 먹기 전
나. 피 · 토사물 · 코 흘린 것 등 신체 분비물을 만진 후
다. 실외 활동 후
라. 대소변 후
마. 손이 더러워 보이는 겨우
바. 애완동물을 만진 후

② 교사가 손을 씻어야 할 때

가. 출근 직후
나. 음식을 다루거나 먹고 마실 때
다. 영유아에게 음식을 먹이기 전
라. 투약하기 전 · 후
마. 상처를 소독하거나 밴드를 붙이기 전
바. 변기 사용 후
사. 기저귀를 갈아 주거나 영유아의 변기 사용을 도와준 후
아. 실외 활동 후
자. 애완동물을 만진 후
차. 익히지 않은 육류와 가금류를 만진 후
카. 쓰레기통을 사용한 후
타. 피 · 토사물 · 코 흘린 것 등 신체 분비물을 만진 후
파. 손에 낀 일회용 장갑이나 고무장갑을 벗은 후
하. 손이 더러워 보이는 경우

(2) 질병 예방을 위한 일상의 조치

① 교실은 항상 환기하여 맑은 공기로 바꾸어 준다.
② 교실 창문이나 화장실 창문을 수시로 열어 곰팡이가 생기지 않도록 청결을 유지한다.
③ 낮잠 자는 시간에 영유아가 서로 붙어서 자지 않도록 간격을 두어 잠자리를 배치한다.
④ 기침은 손으로 가리고 하며, 손으로 가리고 기침한 경우에는 손을 씻는다.
⑤ 놀잇감, 가구, 배식대, 기저귀 갈이대, 화장실 등은 항상 비눗물로 닦은 후 원에서 만들어 사용하는 소독수를 스프레이 용기에 넣어 뿌려 준다.
⑥ 교사는 매일 퇴근 전에 교실 안에 있는 가구, 책상, 의자, 교구, 놀잇감에 소독수를 뿌려서 건조시킨다.
⑦ 급 · 간식 시에는 책상에 소독수를 뿌린 후 종이타월로 닦는다(책상을 닦고 난 종이타월은 버린다).
⑧ 여분의 소독수는 반드시 영유아의 손이 닿지 않는 곳에 보관한다.
⑨ 소독수는 매일 아침 만들어서 제조날짜를 쓴다(하루 동안 사용하고 남은 소독수는 버리고 다음 날 다시 만든다).
⑩ 대소변이 묻었거나 코피 등이 묻었던 자리는 소독수를 뿌리고 닦아 낸다.
⑪ 토한 자리는 반드시 소독수를 뿌려 세척하여 병균 예방에 힘쓴다.

[표 10-2] 휴원을 요하는 질병

병명	증상	잠복기간	결석기간
콜레라	열, 구토, 하얀 물 설사, 탈수 증세 있음	1~5일	완치될 때까지
백일해	열은 없고 밤에 기침이 심함	7~14일	특유의 기침이 없어질 때까지 →발병 약 3~4주 정도
홍역	발열, 재채기, 결막염, 발진	9~13일	발진이 없어질 때까지 →발진 후 약 5일 정도
유행성 이하선염 (볼거리)	발열, 귀 밑이 부어오름	7~21일	귀밑 부기가 다 빠질 때까지 →발진 후 약 5일 정도
장티푸스	두통, 헛소리, 혀의 백태, 혈변, 장출혈 발생	1~3주	완치될 때까지
풍진	가벼운 감기 같은 증세, 발열, 발진	10~21일	증상이 없어질 때까지 →대개 발진 후 5일 정도
수두	발열, 발진, 물집이 생김	10~21일	딱지가 떨어질 때까지 →발진 후 약 7일 정도
수족구병	38℃ 정도의 고열, 1~2일간 입속, 손바닥, 발바닥에 수포가 생김	3~6일	주요 증상이 사라질 때까지
농가진	얼굴이나 수족에 쌀알 크기부터 대두 크기의 발진 수포가 생김	2~5일	딱지가 떨어질 때까지
뇌막염	- 고열, 두통, 구토, 전신에 보라색 반점 - 의식에 혼돈이 옴	14~21일	증상이 사라질 때까지
유행성 결막염	눈이 붓고 흰자위가 충혈, 눈곱이 많음	7일	급성 기염 증상이 없어질 때까지
전염성 설사	설사의 횟수가 많고 변이 물 같고 열이 나며 감기 증상을 동반함	2~4일	주요 증상이 사라질 때까지
전염성 홍반	- 열은 별로 없으나 때로는 37도의 열이 남 - 얼굴과 뺨에 발진이 생김	7~14일	급성 증상이 없어질 때까지

※ 이상의 질환 이외에 의사의 진단에 의해 전염성이 있다고 판명된 질병은 휴원을 요함(중앙보육정보센터, 2006)

알아두기 법정감염병이란?

감염병의 예방 및 관리에 관한 법률 제2조에서 열거, 규정하고 있는 감염병이다. 이 법은 질병으로 인한 사회적 손실을 최소화하기 위해 환자와 그 가족, 의료인 및 국가의 권리와 의무를 명시하고 있다. 법정 감염병은 아래와 같이 크게 여섯 가지로 분류된다.

*** 유치원 및 어린이집 원장은 감염병예방 및 관리에 관한 법률 제12조에 의거 그밖에 신고자에 해당되어 제1~4군 감염병 발생 시 관할 보건당국에 신고하여야 할 의무가 있다.**

- **제1군 감염병**: 전염 속도가 빠르고 사회적 파급 효과가 매우 큰 병들이다. 따라서 이러한 전염병이 발생했을 때 즉시 방역 대책을 세워야 하는 감염병 들이 포함된다. 이에는 세균성 이질, 콜레라, 장티푸스, 파라티푸스, 장출혈성 대장균 감염증, A형 간염 등이 있다.
- **제2군 감염병**: 예방접종을 통해 예방할 수 있는 감염병들로 국가 예방접종사업의 대상이 된다. 디프테리아, 파상풍, 백일해, 홍역, 유행성 이하선염, 풍진, 소아마비, B형 간염, 일본뇌염, 수두 B형 헤모필루스 인플루엔자 등이 해당된다.
- **제3군 감염병**: 1군 감염병만큼 빠르게 전파되고 파급효과가 크지는 않지만, 반복하여 유행할 가능성이 있어서 지속적으로 감시를 하고 유행할 경우에 방역을 위한 대책을 세워야 하는 감염병이다. 여기에는 말라리아, 결핵, 나병, 성병, 성홍열, 수막구균성수막염, 레지오넬라증, 비브리오패혈증, 발진티푸스, 발진열, 쯔쯔가무시증, 렙토스피라증, 브루셀라증, 탄저, 공수병, 신증후군출혈열, 후천성면역결핍증, 인플루엔자, 매독, C형 간염, 크로이츠펠트-야콥병 등이 있다.
- **제4군 감염병**: 국내에서 새롭게 발생하거나 국내로 유입될 것이 우려되는 해외의 감염병이다. 페스트, 황열병, 뎅기열, 중증급성호흡기증후군(SARS), 조류인플루엔자 인체 감염증, 마버그열, 바이러스성 출혈열(에볼라열), 신종 인플루엔자, 진드기 매개뇌염, 중동호흡기 증후군(MERS), 신종감염병 증후군, 지카바이러스감염증 등 계속적으로 새로운 병이 발생하고 있다.
- **제5군 감염병**: 기생충에서 발생하는 감염병으로서 정기적인 조사를 통한 감시가 필요한 감염병이다. 회충증, 편층증, 요충증, 간흡흡증, 폐흡흡증, 장흡충증 등이 있다.

지정 감염병은 제1~4군 감염병 외에 유행 여부의 조사를 위해서 감시가 필요하다고 생각되어 지정한 감염병이다.

3 영양 및 급식관리

1) 영유아 영양관리

영유아의 영양은 인간이 평생을 살아가는 데 있어 건강의 기초를 이루는 중요한 요소이다. 영유아기는 신체적 성장이 가장 왕성한 시기로 다량의 영양소를 섭취하여 신체의 모든 요소를 구성할 수 있도록 충분한 영양 섭취를 통해 성장을 뒷받침해 주어야 한다. 특히, 영유아기는 음식에 대한 욕구가 분명해지기 때문에 편식에 대한 기호가 형성되며, 식습관의 기초가 만들어지는 시기이다. 따라서 부모와 교사는 영유아기에 필요한 영양 상식을 인식하고 적절한 영양관리에 유의함은 물론 올바른 식습관 지도를 실시해야 한다.

영유아기 영양의 특징을 살펴보면 다음과 같다.

첫째, 성장과 발육이 급속도로 이루어지는 시기이므로 필요로 하는 영양소가 성인의 2배 이상이다. 따라서 양적 · 질적으로 우수한 영양 섭취가 중요하다.

둘째, 저항력과 면역력이 약하므로 영양소가 골고루 포함된 세심한 음식 준비가 필요하며 철저한 위생관리가 요구된다.

셋째, 장기발달이 미숙하므로 소화 흡수가 잘될 수 있는 음식재료와 조리방법을 고려해야 한다. 식품은 가급적 잘게 썰어 섭취가 잘되도록 조리하고 간이 지나치게 강하거나 짜지 않도록 유의해야 한다. 특히, 한꺼번에 많은 양을 먹기보다 조금씩 자주 먹는 것이 좋다.

넷째, 영유아는 정서적 · 사회적 · 인지적으로 급속한 성장을 하는 과정에서 음식에 대한 기호도와 선호가 분명해지므로 편식에 유의해야 한다. 특히 식욕 부진, 새로운 음식에 대한 거부 등이 심해진다.

다섯째, 시각적으로 보여지는 것에 민감하여 식습관에 영향을 미칠 수 있다. 텔레비전 등의 매체를 통해 음식에 대한 선호가 결정될 수 있으며, 부모나 가족들의 식습관에 의해 좌우되기도 하므로 가정과 유아교육기관에서 부모와 교사가 일관성 있는 식습관지도를 통해 균형 있는 영양 섭취를 위해 노력해야 한다.

영양소(nutrient)란 우리의 건강한 생활을 유지하는 데 필요한 구성 성분으로 탄수화물, 단백질, 지방, 비타민, 무기질 등의 5대 영양소로 구성된다. 이들은 각기 기능이 다르다. 탄수화물, 단백질, 지방은 에너지 공급원으로서 영양소의 역할을 하며, 신체구성 물질인 비타민, 무기질, 단백질, 수분은 생체대사를 조절하는 역할을 한다.

영유아들을 위한 영양 권장량은 발달 단계에 따라 달라진다. 표 10-3에 단위체 중당 에너지 권장량과 하루 에너지 권장량을, 표 10-4에 영유아들을 위한 식품과 섭취량을 각각 제시하였다.

[표 10-3] 연령별 체중, 신장 및 에너지 권장량

연령	체중(kg)	신장(cm)	에너지 권장량(kcal/일)
0~5개월 6~11개월	6.2 8.9	60.3 72.2	550 700
1~2세 3~5세	12.5 17.4	86.4 105.4	1,000 1,400

출처: 한국영양학회(2015). 한국인영양섭취권장기준.

[표 10-4] 영유아들을 위한 식품과 섭취량

식품군	영양소	식품의 예	1일 최소 섭취 횟수	에너지 권장량	
				1~3세	3~5세
곡류	탄수화물 비타민B군 철분	밥 국수 빵	4	밥(국수) 반 공기 빵 반쪽	밥(국수) 반 공기 빵 한쪽
육류 어류 콩류	단백질	쇠고기, 돼지고기, 닭고기, 생선, 간, 달걀, 강낭콩, 완두콩	2	육류 30g, 가금류 · 생선류 · 콩류 반 컵	육류 40g, 가금류 · 생선류 · 콩류 반 컵
지방	지방	버터, 올리브유, 식용유, 마요네즈, 소시지		칼로리가 높으므로 소량만 먹게 함	

(계속)

<table>
<tr><th rowspan="2">식품군</th><th rowspan="2">영양소</th><th rowspan="2">식품의 예</th><th rowspan="2">1일 최소
섭취 횟수</th><th colspan="2">에너지 권장량</th></tr>
<tr><th>1~3세</th><th>3~5세</th></tr>
<tr><td>우유 및
유제품</td><td>칼슘
단백질</td><td>우유, 요구르트, 치즈</td><td>3
(500~
700mL)</td><td colspan="2">우유 180~200mL
요구르트 3/4컵
저지방/무지방 우유는 2세 이후에 줌</td></tr>
<tr><td rowspan="3">채소류
과일류</td><td>비타민A</td><td>당근, 고구마, 녹색 채소</td><td rowspan="3">4</td><td colspan="2">1/8~1/4 컵</td></tr>
<tr><td>비타민C</td><td>딸기, 오렌지, 자몽,
브로콜리, 주스</td><td colspan="2">1/2 컵 또는 작은 한 조각</td></tr>
<tr><td>기타 비타민
무기질</td><td>감자, 옥수수, 완두콩,
강낭콩, 양배추, 토마토,
사과, 바나나, 포도,
복숭아</td><td colspan="2">1/4 컵 또는 반 조각</td></tr>
<tr><td>물</td><td>물</td><td>식품 내 함유, 음료</td><td>4</td><td colspan="2">60~120mL</td></tr>
</table>

출처: 홍길회 외(2019). 영유아건강교육(제2판). 동문사

2) 급식관리

유아교육기관에서 급식관리는 영양사에 의해 영양 균형이 맞추어진 식단이 작성되고, 이를 기반으로 조리원에 의해 음식이 만들어지며, 음식을 영유아들에게 급식하고, 급식을 통해 영유아의 영양과 건강 상태를 부모와 공유하는 것이 교사의 역할이다.

보건복지부에서는 유아교육기관에서의 급식관리를 법적으로(「영유아보육법」 제33조, 「영유아보육법 시행규칙」 제34조) 철저히 관리하고 있다(2016년도 보육사업안내).

(1) 식단 작성의 기본 원칙

영유아를 위한 식단은 전문적인 자격을 갖춘 영양사에 의해 작성되어 영양을 고루 갖춘 균형 잡힌 식단을 사용한다. 「영유아보육법」 제33조와 「영유아보육법 시행규칙」 제34조에 의해 영유아 100인 이상을 보육하는 시설에는 영양사 1인을 두고 이들로 하여금 건강과 영양, 위생을 충분히

고려한 급식관리를 하도록 명하고 있다(5개 이내의 어린이집에서 공동으로 영양사 1인을 둘 수 있음). 단, 100명 이하의 영유아 어린이집은 육아지원센터나 보건소 등에 근무하는 영양사의 지도를 받을 수 있다. 유치원의 경우 「유아교육법」 제17조와 「유아교육법 시행규칙」 제3조에 의해 100명 이상의 유아가 있는 유치원은 영양사 1인을 둘 수 있으나 인접한 유치원이나 교육청 관할 지역 내 5개 유치원이 공동으로 1인의 영양사를 두고, 이들의 지도를 받을 수도 있다.

(2) 급식관리

급식관리에는 급식을 위한 시설 · 설비 및 이들에 대한 위생적 관리가 필요하며, 조리를 담당하는 담당자의 건강 및 위생, 안전관리 그리고 배식을 실시하는 교사의 역할과 식사예절 같은 식습관지도 등이 포함된다.

① 유아교육기관의 장은 영유아에게 균형 있고 위생적이며, 안전한 급식을 제공해야 한다고 정하고 있다(2016년도 보육사업안내).

② 급식은 유아교육기관에서 직접 조리하여 공급하는 것을 원칙으로 한다(「영유아보호법 시행규칙」 제34조).

③ 「식품위생법」 제88조에 따라 50인 이상 어린이집은 집단급식소 신고 후 운영하고 조리사를 배치해야 한다.

④ 모든 어린이집은 영유아의 건강, 안전 및 소비자의 알권리를 위해 식단표를 원산지를 기제하여 공개해야 한다(「농수산물의 원산지 표시에 관한 법률」 제5조 제3항).

※ 소고기, 돼지고기, 닭, 오리고기, 양(염소 포함), 쌀, 배추김치, 낙지, 명태, 고등어, 갈치 등(「농수산물의 원산지 표시에 관한 시행령」 제3조 제5항)도 해당

⑤ 입학 당시 반드시 보호자로부터 영유아의 식품 알레르기 여부를 확인하고 급 · 간식 제공 시 이를 반영하여 급식지도를 한다.

⑥ 식자재 구매 시에는 식약처 권고품질관리 기준을 참고하여 시행해야 한다.

(3) 급식위생(2016년도 보육사업안내)

① 원장 및 조리원은 식중독 환자가 발생하지 않도록 급식위생관리를 철저히 해야 한다.

② 유아교육기관의 조리직원(영양사, 조리사, 취사부)은 항상 작업 전에 자신의 건강 상태를 확인해야 하며 상시 위생모, 위생화를 착용하고 장신구는 착용하면 안 된다.

③ 조리 전후 식자재 및 음식 상태를 점검하고 정기적인 검수를 통해 식중독 예방에 철저히 기해야 한다.

④ 급식실 및 조리기구의 위생관리를 철저히 하고 화기 및 조리기구 사용에 유의하여 안전사고가 발생하지 않도록 만전을 기해야 한다.

⑤ 부패·변질되기 쉬운 식품의 원료는 반드시 냉동·냉장보관하며 관리를 철저히 한다.

⑥ 유통기한이 경과하였거나 부패한 원료의 경우 보관은 물론 조리에 사용해서는 안 된다.

⑦ 급식에 제공되었던 음식물은 절대 재사용해서는 안 되며, 음식물관리로 인한 식중독 발병 시 추적을 위해 보존식을 별도의 보존식 냉장고에 보존한다.

⑧ 보존식은 「식품위생법」 제88조에 의하여 144시간(6일) 이상 보관해야 한다. 기간이 지난 보존식은 폐기해도 된다.

[표 10-5] 위생점검표

항 목	그렇다	아니다	비고
〈개인위생〉 1. 주방전용 위생복장(위생복, 모자, 신발을 청결하게 착용하였는가? 2. 조리종사자의 건강상태 확인 후 적절한 조치가 되었는가? 3. 6개월에 1회 건강진단을 실시하고 그 기록을 2년간 보관하는가? 4. 액세서리 착용이나 매니큐어를 사용하지 않았는가? 5. 올바른 손 씻기 및 소독으로 손에 의한 오염이 일어나지 않도록 관리하는가?			
〈식재료 공급〉 6. 어린이 급식소의 식재료의 품질관리기준에 적합한 식품을 구입 또는 납품받는가? 7. 식재료 검수 시 품질과 온도, 제조일 또는 유통기한 등을 확인하고 기록하는가?			
〈식품 저장〉 8. 냉장 · 냉동고 내부의 청소 및 관리가 제대로 되어 있는가(생식품과 조리식품의 분리냉장 등)? 9. 냉장 · 냉동고의 적정온도를 확인하는가(냉장: 5도 이하, 냉동: −18도 이하)? 10. 조리, 가공된 식품의 제조일자 표시와 유통기한 관리(조리 된 식품의 냉장 보관시 조리일자 표시 포함)를 제대로 하고 있는가? 11. 유통기한이 경과된 원료 또는 완제품을 조리할 목적으로 보관하거나 이를 음식물의 조리에 사용하지는 않았는가? 12. 식품보관실 내 물품을 바닥에서 30㎝ 이상 띄워서 보관하는가? 13. 식품과 소모품은 별도로 구분돈 장소에서 보관하거나 서로 혼입되지 않도록 분리하여 보관하는가?			
〈식품 취급〉 14. 조리된 식품을 맨손으로 취급하지 않는가? 15. 식품취급 등의 작업은 바닥으로부터 60㎝ 이상의 높이에서 실시하여 오염을 방지하는가? 16. 식품을 충분히 가열조리(74도 이상)하는가? 17. 채소와 과일을 깨끗이 세척하고 소독하는가? 18. 원료나 조리과정에서 교차오염을 방지하기 위하여 칼과 도마, 고무장갑 등 조리기구 및 용기를 구분하여 사용하는가?			

(계속)

항 목	그렇다	아니다	비고
〈배식〉 19. 배식 시 음식의 적온(찬음식 10도, 더운음식 7도 이상)이 유지되도록 관리되는가? 20. 배식 시 위생장갑을 사용하며 위새이적인 배식도구를 이용하는가? 21. 조리한 식품은 매회 1인분 분량을 -18도 이하에서 144시간 이상 보관(보존식)하는가? 22. 세정대 · 조리대 · 작업대 · 배수구 등을 청결하게 관리하는가? 23. 칼, 도마, 행주를 위생적으로 관리 · 소독하는가?			
〈쓰레기 처리〉 24. 쓰레기통은 뚜껑이 있는 페달식이며 청결하게 관리하는가?			
〈방충 구서 대책〉 25. 벌레나 쥐 등의 침입을 방지하도록 적절한 조치 및 관리가 이루어지는가? 26. 전염병예방법 시행령 제11조2에 따라 급식시설에 대하여 소독을 실시하고 소독필증을 비치하는가?			
〈시설 · 설비 · 기구 관리〉 27. 사용이 끝난 후에 기구를 세척 · 소독하는가? 28. 손세척 시설이나 손소독 시설이 구비되어 있는가(100인 이상인 경우에는 손세척 시설과 손소독 시설이 모두 구비되어야 함)? 29. 조리실의 조명은 220룩스(lux) 이상인가? 30. 조리실은 벽과 문을 이용하여 전처리실 및 세척실과 구분되어 있는가? 그렇지 않을 경우 교차오염을 방지할 수 있는 적절한 조치를 하였는가? 31. 조리실 내의 중기, 이취 등을 신속히 배출할 수 있도록 환기시서를 설치하였는가? 32. 시설, 설비, 바닥, 벽, 천정 등 파손된 곳은 없는가? 33. 조리실은 온도 및 습도관리를 위하여 급배기 또는 냉 · 난방시설 등 적절한 시설을 설치하였는가? 34. 조리작업을 하는 주위의 벽과 바닥, 천장은 내수 · 내구성 있는 재질로 설비되었으며 청소와 소독이 용이한가? 35. 식품과 직접 접촉하는 부분은 위생적인 내수서 재질(스테인릿, 알루미늄, 에프알피로서 씻기 쉽고 열탕 · 중기 · 살균제 등으로 소독 · 살균이 가능한가?			

(계속)

항 목		그렇다	아니다	비고
〈기타 준수사항〉 36. 조리하는 사람이 아닌 외부인의 출입이 통제되는가? 37. 급식용수로 수돗물이 아닌 지하수를 사용하는 경우 소독 또는 살균하여 사용하는가? 38. 출입 · 검사 등 기록부를 최종기재일로부터 2년간 보관하고 있는가? 39. 집단급식소의 설치 · 운영자 또는 그 집단급식소의 식품위생관리 책임자는 위생교육을 받았는가? 40. 영양사, 조리사를 두고 급식관리를 하고 있는가?				
점검 일자	년 월 일 요일 (시 분 ~ 시 분)	점검자		
출처: 식품의약품안전청(2011). 어린이급식관리지원센터 세부 운영 가이드라인				
본 자료는 어린이급식관리지원센터에서 유치원 급식 위생지도 업무수행시 적용하는 점검표이며, 한국 식품의약품안전처에서 제시한 기본 업무 관련 서식에 제시된 점검표이다.				

출처: 홍길회 외(2019). 영유아건강교육(제2판). 동문사.

수행하기

1. 영유아의 정신건강을 위해 교사의 역할을 알아보시오.

2. 손씻기 요령과 일상 질병예방 조치를 설명하고 실행하시오.

3. 위생점검표를 활용하시오.

CHAPTER

11 안전관리

1 안전관리

1) 안전관리의 중요성 및 목표

안전교육이란 영유아가 위험으로부터 자신을 보호할 수 있도록 안전지식과 태도, 기능을 익히게 하여 건강한 생활을 할 수 있도록 도와주는 교육으로, 궁극적으로 자신에 대한 보호뿐만 아니라 타인의 생명을 존중하는 인간 개개인의 존엄을 배우게 하는 교육이다(이기숙 외, 2014). 사고 예방을 위한 안전교육은 어렸을 때부터 시작하는 것이 효율적이므로 안전에 관한 올바른 지식과 태도를 영유아기부터 확립시킴으로써 위험예지능력 및 이에 대처할 수 있는 능력과 태도를 길러 주어야 한다.

영유아를 위한 안전교육의 목표는 다음과 같다(윤선화 · 정윤경 · 이경성, 2011).

(1) 주변 환경으로부터 발생할 수 있는 사고의 위험을 알고 이해한다.
(2) 주변 환경에서 발생할 수 있는 사고를 예방하기 위한 안전지식을 습득한다.
(3) 주변 환경으로부터 발생할 위험을 최소화할 수 있는 안전기술과 대처 방법을 알고 지킨다.
(4) 타인과 함께 일상생활 속에서 안전하게 지낼 수 있도록 안전한 습관과 태도를 기르고 지킨다.

2) 안전교육의 내용

영유아 안전교육의 내용 선정에서 가장 중요한 것은 일상생활과 밀접한 관련을 가진 내용으로 선정하는 것이다.

소방방재청과 한국생활안전연합에서 제시한 국내 어린이 안전교육 프로그램 운영 내용은 표 11-1과 같다.

[표 11-1] 어린이 안전교육 프로그램

<table>
<tr><th>구분</th><th>법적 근거</th><th colspan="2">교육내용</th><th>비고</th></tr>
<tr><td rowspan="3">보육
시설</td><td rowspan="3">• 아동복지법
• 아동복지법 시행령
• 영유아보육법 시행규칙</td><td>만2세 미만</td><td>• 놀잇감을 안전하게 사용하기
• 위험 상황 알기</td><td rowspan="3">• 보육과정 운영계획 내 안전교육내용 반영 지도
• 안전교육에 필요한 시간 확보 지도
• 안전시범기관 운영</td></tr>
<tr><td>만2세</td><td>• 놀이규칙에 따라 안전하게 놀이하기
• 위험한 상황을 알고 조심하기
• 탈것의 위험을 알고 안전하게 다니기</td></tr>
<tr><td>만3~5세</td><td>• 안전하게 놀이하고 타인의 안전 배려하기
• 위험한 상황에서 안전하게 행동하기
• 교통안전 실천하기
• 안전교육의 중요성 알고 실천하기</td></tr>
<tr><td rowspan="2">유
치
원</td><td rowspan="2">• 학교 안전사고 예방 및 보상에 관한 법률
• 학교안전사고 및 보상에 관한 법률 시행규칙
• 아동복지법
• 아동복지법 시행령
• 소방기본법
• 재난 및 안전관리 기본법</td><td colspan="2">• 안전하게 놀이하기
• 교통안전규칙 지키기
• 위험한 상황을 알고 대처하기
• 환경오염이나 재해에 대비하기
• 나와 다른 사람의 몸을 소중히 하기</td><td rowspan="2">• 유치원 교육과정 운영 계획에 안전교육 내용 반영 지도
• 안전교육에 필요한 시간 확보 지도
• 유치원 안전전담 자학사 지정 · 운영
• 안전교육 담당교사 지정 및 안전교육과정 여수 의무화
• 안전시범유치원 운영</td></tr>
<tr><td colspan="2">• 학교안전: 실내/실외/학습활동
• 교통안전: 보행안전/등 · 하굣길/교통수단/교통규칙/교통질서
• 생활안전: 응급처치/전기 안전/집 안에서의 안전/집 밖에서의 안전/음식 안전/도구 사용 안전/화재 안전/약물안전/여가 안전</td></tr>
</table>

출처: 소방방재청 · 한국생활안전연합(2008). 어린이 안전교육 프로그램 개발연구.

우리나라의 영유아를 위한 안전교육에 대한 실시는 법적으로 의무화되어 있다. 특히, 「아동복지법 시행」 제28조의 ①에서는 아동복지시설의 장 및 어린이집의 원장은 교육 대상 아동의 연령을 고려하여 [발표 3]의 교육 기준에 따라 매년 교육계획을 수립하여 교육을 실시해야 하며, 유치원의 장은 학교안전교육 7대 영역에 해당하는 안전교육과 관련하여 계획을 수립·시행해야 한다. 유치원장은 교육계획 및 교육 실시 결과를 관할 교육감에게, 어린이집의 원장은 교육 계획 및 교육실시 결과를 관할 시장·군수·구청장에게 매년 1회 보고해야 한다.

학교안전교육 7대 표준안과 유치원 성교육 표준안은 각각 표 11-2, 표 11-3에 제시하였다.

[표 11-2] 안전교육 7대 표준안

영역	내용
생활안전	시설 안전, 실내 활동·실외 활동·신체 활동·여가 활동 안전, 식생활 안전
교통안전	보행자, 자전거, 오토바이, 자동차, 대중교통 안전
폭력·신변 안전	언어·신체폭력 자살 및 집단 따돌림, 성폭력, 아동학대, 사이버 폭력, 유괴 및 미아 사고
약물 안전, 인터넷 중독	흡연·음주, 의약품, 인터넷 중독, 정보 보호 등
재난 안전	화재, 폭발·붕괴, 화학적 오염, 자연재난
직업 안전	실험·실습, 특성화고 취업 준비 등
응급처치	기본 응급처치, 유형별 응급처치

출처: 교육부(2016).

[표 11-3] 유치원 성교육 표준안

영역	주제	내용
인간발달	나의 몸과 마음	소중한 나의 몸, 나의 출생과 성장과정 알기, 내 몸의 구조와 기능 알기, 나의 감정 알고 조절하기
	남녀의 성과 생활	남녀의 생활
인간관계	소중한 가족	가족의 역할 알기, 가족에 대한 예절 지키기, 가족과 화목하게 지내기
	유치원에서 만난 친구	친구의 의미 알기, 친구 간의 예절 키지기

(계속)

영역	주제	내용
인간관계	결혼의 의미와 나	결혼, 부모와 나의 관계
성 건강	내 몸의 관리	내 몸의 청결한 관리와 옷차림
사회와 문화	성폭력 예방	타인의 성적 강요 행동과 언어, 성폭력이 일어날 수 있는 위험한 상황
	성 역할	성 역할과 양성평등
	인터넷 등 미디어 사용	인터넷 등 미디어의 특성과 바른 사용

출처: 교육부(2016).

학교학교안전교육 7대 표준안(생활안전, 교통안전, 폭력 · 신변 안전, 약물 안전, 인터넷 중독, 재난 안전, 직업 안전, 응급처치)에 따른 현장 활용 사례는 표 11-4와 같다.

[표 11-4] 2019년 ○○ 유치원 기준별 안전교육 연간계획안

학교 7대 영역	생활안전	교통안전	폭력예방 및 신변보호	약물 및 사이버 중독 예방	직업안전	응급처치	재난안전	각종 재난 유형별 대비훈련
실시 주기	학기당 2회 이상 (13시간 이상)	학기당 3회 이상 (10시간 이상)	학기당 2회 이상 (8시간 이상)	학기당 2회 이상 (10시간 이상)	학기당 1회 이상 (2시간 이상)	학기당 1회 이상 (2시간 이상)	학기당 2회 이상 (6시간 이상)	
3월	낯선 사람에 대해 알아요	안전하게 걸어요		약은 무엇일까요?	원에서 일하시는 분		불이야! 불! (불이 날 때 어떻게 해야 할까?)	감염비상 대응 소방대피 훈련
4월	아무나 따라가지 않아요	차 안에서 지켜야 할 약속	소중한 우리 몸	잘 쓰면 약 못 쓰면 독			봄의 불청객 황사	황사 비상대응 소방대피 훈련
5월	위험한 식품첨가물 멈추기, 생각하기 도와주세요	자동차 옆에서 놀지 않아요	좋은 느낌, 나쁜 느낌	약은 정해진 약만 먹어요			작고 작은 미세먼지	미세먼지 대응 소방대피 훈련

(계속)

학교 7대 영역	생활안전	교통안전	폭력예방 및 신변보호	약물 및 사이버 중독 예방	직업안전	응급처치	재난안전	각종 재난 유형별 대비훈련
6월	싫어요! 안돼요! 도와주세요1	나를 지켜주는 보호 장구	행복해질 권리 방패	친구의 약을 먹으면 안돼요			소화기로 불을 꺼요	소방대피 훈련
7월	즐거운 물놀이 안전한 물놀이 싫어요! 안돼요! 도와주세요2	비 오는 날의 안전				손씻기는 병을 예방해요	비가 많이 와서 물이 넘쳐요	집중호우 비상대응 소방대피 훈련
8월	위험한 구멍 맨홀과 환풍구 따라가지 않을게요	교통안전 표지판을 알아요	나는야 내 몸 지킴이	옛날에 먹던 약을 먹으면 안돼요			생명의 문 비상구	폭염 비상대응 소방대피 훈련
9월	길을 잃었어요	대중교통을 안전하게 이용해요	이런 장난은 싫어		엄마, 아빠 조심해요		태풍은 무서워요	태풍 비상대응 소방대피 훈련
10월	승강기와 에스컬레이터 문을 열어주면 안돼요	안전하게 타요 (자전거와 스케이트)	아동권리 방패를 지키는 방법	콜록 콜록 담배는 싫어요			땅이 흔들려요	지진 비상대응 소방대피 훈련
11월	아무 차나 타지 않아요 아빠, 엄마 술은 안돼요 안돼!	빵빵 자동차 신호		감기를 조심해요			119에 신고해요	소방대피 훈련
12월	술은 우리 몸을 건조하게 해요 혼자 집에 가는 길	날씨에 따른 보행안전		예방접종! 꼭 맞아야할 주사가 있어요		앗 뜨거워 화상		한파 비상대응 소방대피 훈련
1월	실종유괴예방 퀴즈	위험해요 위험해	몸도 마음도 아파요	좋아요 나빠요 (인터넷, 스마트폰 중독 예방)			눈이 올 때 조심 조심	폭설 비상대응 소방대피 훈련
2월	전자파에서 멀리 멀리		친구의 권리도 소중해요	하얀 담배 연기 속 나쁜 비밀			옷에 불이 붙었어요	영유아돌연사 비상대응 소방대피 훈련

3) 안전교육의 방법 및 안전수칙(교사용)

안전교육에 활용할 수 있는 다양한 교수방법의 예는 다음과 같다(윤선화 외, 2011).

(1) 그룹 토의
(2) 여러 가지 매체 사용(예: 영화, 동영상, 모형, 견본, 포스터, 게시판, 소책자 등)
(3) 극놀이(예: 경찰서, 소방서, 안전체험관, 교통안전체험관 방문)
(4) 미술활동(예: 안전포스터 만들기, 전시물, 영유아가 만든 그림을 포함한 활동판 등)
(5) 실질적인 경험과 훈련(예: 대피훈련, 화상대처법 등)
(6) 인형극(예: 유괴 예방 인형극, 미아 시 도움요청법 등)
(7) 게임과 노래
(8) 지역인사 초청

유치원이나 하루일과를 중심으로 교사가 고려해야 할 유치원 안전수칙은 표 11-5와 같다.

[표 11-5] 유치원 안전수칙

유치원 안전수칙(교사용)

-유치원 하루일과를 중심으로-

• 등원 맞이
  1. 통학로 주변 점검하기
     - 등원 전, 통학로 주변 환경이 안전한지 미리 살펴본다.
  2. 기분 및 건강 살피기
     - 등원하는 유아의 안색 및 신체 관찰로 질병, 아동학대 등의 이상 징후가 있는지 살핀다.
  3. 출석 확인하기
     - 유아의 출석을 확인하고, 이상이 있을 경우 원장선생님께 보고한다.

• 실내에서
  4. 위해요소 점검하기
     - 유아가 이용하는 모든 공간에 안전을 저해하는 요소가 있는지 점검한다.

(계속)

5. 안전하게 놀이하는지 살펴보기
   - 유아 전체가 보이는 위치에서 교재 · 교구 사용 및 친구와의 놀이가 안전한지 살핀다.
6. 건강 상태 확인하기
   - 교육활동 중에도 수시로 유아의 건강 상태를 살펴 적절한 조치를 한다.

• 실외에서

7. 날씨 및 시설 · 설비 사전 점검하기
   - 활동 전, 날씨 확인(황사, 미세먼지,오존 포함) 및 유아의 안전을 저해하는 요소가 있는지 점검한다.
8. 사전 준비운동하기
   - 활동에 따라 신발 및 복장을 확인하고, 충분한 사전 준비운동을 실시한다.
9. 건강상태, 놀이 상황 살피기
   - 유아의 기분, 건강, 놀이상황 등을 지속적으로 살피며, 적절하게 조치한다.

• 귀가지도

10. 시간대별 귀가 유아 확인하기
    - 개인별 정해진 귀가시간 및 방법에 따라 안전하게 귀가를 돕는다.
11. 보호자 확인 후 인계하기
    - 하원 시 지정된 보호자인지 확인한 후 유아를 인계한다.
12. 귀가 마무리하기
    - 교실, 통학차량 등에 남아 있는 유아가 있는지 확인한다.

비상 사태에 대비하여	• 잘 보이는 곳에 안전매뉴얼 및 비상연락망 비치(개인정보 노출 유의)
	  – 학부모, 유관기관(병원, 경찰서, 교육지원청 등)
	  – 안전사고 발생 즉시 원장, 보호자, 유관기관 등에 연락
	• 사고 발생 시 응급처치 또는 병원 이송
	  – 응급처치 관련 교육 연수 이수
	• 구급약, 손정등과 같이 비상대피에 필요한 도구들을 실내(교실, 강당 등)에 비치
	• 정기적인 대처훈련 실시(매월 4일은 안전점검의 날)

2 안전점검

유아교육기관에서는 시설 및 교구와 그 사용에 있어서 시설 안전점검을 실시하여 위험요소를 사전에 방지해야 한다. 유아교육기관에서는 시설 및 교구와 그 사용에 있어서 시설 안전점검을 실시하여 위험요소를 사전에 방지해야 한다. 관리자는 근본적으로 안전하고 건강한 교육환경을 제공하고, 유지 · 관리해야 하며 안전에 대한 위험요소가 파악되면 제거해야 한다.

1) 안전점검계획 수립

유아교육기관에서는 연간 안전점검계획을 수립한다. 연간 계획은 익년 3월부터 다음해 2월을 기준으로 하며 점검 시기에 따라 매일, 매월, 분기별, 연간 점검사항을 정하도록 한다. 연간 유치원 및 어린이집 안전관리 계획에 포함되어야 할 내용과 점검 시기는 표 11-6과 같다.

[표 11-6] 안전점검 내용 및 시기

구분	관리내용	점검 시기	관련 기관	법적 근거
환경 위생 관리	실내 공기 질관리	연 1회 이상	공기 질 측정 대행업체	학교보건법, 학교보건법 시행규칙
	먹는 물 수질검사	연 1회 이상	수질검사기관	식품위생법 시행규칙, 먹는 물 관리법 시행규칙
	정기 소독관리	4~9월: 2개월마다 10월~3월: 3개월마다	소독업의 신고를 한 자(업체)	감염병의 예방 및 관리에 관한 법률, 감염병의 예방 및 관리에 관한 법률 시행규칙
	모래 소독	연 1회 이상	전문 모래 소독업체	환경보건법
	석면관리	6개월	자체 점검/ 전문기관 의뢰	석면 안전관리법
안전 점검	가스 및 전기 시설 점검	연 1회 이상	소방시설관리사/ 소방기술사	소방시설 설치 · 유지 및 안전관리에 관한 법률
	소방안전시설	분기별	소방서	소방시설 설치 · 유지 및 안전관리에 관한 법률
	어린이 놀이시설	월 1회/2년마다 정기점검	자체 점검/ 안전검사기관, 어린이 놀이시설 안전관리 지원 기관	어린이 놀이시설 안전관리법, 환경보건법 시행령, 환견보건법 시행규칙

(계속)

구분	관리내용	점검 시기	관련 기관	법적 근거
안전 점검	승강기 검사	매월/ 연1회 정기 점검	자체 점검/승강기 안전점검 사기관	승강기 시설 안전관리법, 승강기 시설 안전관리법 시행령
공제회 및 보험가입	학교안전공제회 등 보험가입	매년 입학 전 또는 4월 말일까지	학교안전공제회, 학교배상 책임공제회, 해당보험사 등	학교안전 사고 예방 및 보상에 관한 법률
어린이 통학버스	통학차량 점검	1년(5년 경과 시 6개월 마다)	자체 점검/ 정비기관 점검	도로교통법, 도로교통법 시행규칙, 자동차 및 바동차 부품의 성능과 기준에 관한 규칙

출처: 교육과학기술부(2012); 서울특별교육청(2014).

알아두기 안전점검계획 메뉴얼

1. 소방대피훈련은 매월 실시하여야 하며 소방훈련은 자체 또는 소방서와 합동으로 실시할 수 있다.
2. 기관에서는 방화관리자 지정되었는지, 소방계획서가 수립되어 있는지 점검하여야 한다.
3. 전기 및 가스 안전은 1년에 한번 전기안전공사와 가스안전공사로부터 점검받아야 한다.
4. 정기방역은 매월 구청(보건소) 및 전문방역업체에서 점검받는다.

2) 안전관리 조직 구성과 업무분담

유아교육기관에서는 비상시 업무분담을 하고 응급사고 발생에 대비하여 영유아의 안전사고 예방을 위해 지속적으로 대비해야 한다. 유아교육기관에서는 자체적으로는 시설 점검을 하기 전에 안전과 관련하여 업무를 분담하고 책임을 이행하기 위한 구체적인 계획을 수립한다. 안전관리 조직 구성과 안전관리 업무 분담표의 예시는 표 11-7과 같다.

[표 11-7] 안전관리 조직 구성의 예

직책	담당자명	역할	업무
원장	○○○	지휘 명령 총괄	안전관리 책임
원감	○○○	소방시설 유지 안전관리책임 보좌	비상벨, 건물 단속, 전원 차단, 소방서 연락
1층 관리 담당	○○○	1층 최종 점검	1층 최종 아동, 전원 확인, 방화문
2층 관리 담당	○○○	2층 최종 점검	2층 최종 아동, 전원 확인, 방화문
3층 관리담당	○○○	3층 최종 점검	3층 최종 아동, 전원 확인, 방화문
보조업무	○○○	문서관리	출석부 및 주요 문서
보조업무	○○○	수송	구급상자관리, 환자 응급처치 및 후송

3) 안전점검 시행

유아교육기관에서는 시설안전관리를 위해 자체적으로 안전점검을 실시한다. 실내 및 실외 환경 및 놀잇감 및 놀이기구 등은 매일 점검하고 기록·관리해야 한다. 유아교육기관 안전점검 일별 체크리스트와 월별 체크리스트는 표 11-8과 같다.

[표 11-8] 안전점검 체크리스트

안전점검 체크리스트

1.일별 체크리스트(점검 상태 양호○, 보통△, 불량×)

구분	점검항목	점검결과						조치사항
		월	화	수	목	금	토	
실외 환경	• 어린이집 보호벽 및 주변의 관리 상태는 양호한가?							
	• 실외놀이 공간 주변의 돌, 유리조각, 요철, 녹이 슨 부분, 벗겨진 페인트, 돌출된 모서리가 방치되어 있지는 않은가?							
	• 확인 되지 않은 식물이나 잡초는 모두 제거하였는가?							
	• 놀이터 바닥에 오물, 방치된 물웅덩이가 없는가?							
실내 환경	• 문과 창문 등의 추락 위험은 없는가?							
	• 바닥에 다칠 수 있거나 미끄러운 곳이 없는가?							
	• 복도, 계단, 비상계단, 미끄럼대 등에 방치된 물건이 없어 피난계단, 미끄럼대 등을 사용하기에 양호한가?							
놀잇감 및 놀이 기구	• 모든 보육용품과 비품이 제자리에 있는가?							
	• 보육용품이나 비품 유리창 등에 날카로운 모서리 등이 없는가?							
	• 망가져 날카롭고 위험한 것은 없는가?							
	• 유해 색소가 칠해진 놀잇감은 없는가?							
	• 영유아가 삼킬 만한 작은 놀잇감이나 부품은 없는가?							
	• 놀잇감 및 놀이기구의 수납 상태가 양호한가?							
화장실 · 세면대	• 화장실 내 세제나 락스 등 위험한 물건이 영유아들의 손이 닿는 곳에 방치되어 있지 않은가?							
전기 · 화기 · 위험물	• 콘센트는 안전덮개로 보호되어 있는가?							
	• 전선이 늘어져 있지 않은가?							
	• 화기에 의한 안전사고 위험은 없는가?							
	• 위험물에 의한 안전사고 위험은 없는가?							
	• 가스밸브와 가스중간밸브 잠금은 양호한가?							
차량 안전	• 차량 내 소화기 · 비상약품 비치 여부 및 비치상태가 양호한가?							
	• 차량 내 안전벨트 등 안전장비의 상태는 양호하며 영유아의 보호자는 차량 내 안전벨트를 착용하는 가?							
	• 차량에 영유아를 보호할 수 있는 사람(보육교사 등)이 탑승하는가?							
기타	• 응급전화번호 및 비상연락망 등이 잘 관리되고 있는가?							

(계속)

구분	점검항목	점검결과	조치사항
안전관리	• 안전관리의 책임 및 위기관리 체계가 적합한가?		
	• 일별 안전점검 체크리스트에 의해 관리되고 있는가?		
실외환경	• 주변에 감전 위험은 없는가?		
	• 위험한 적치물, 축대 붕괴, 맨홀 등에 대한 위험은 없는가?		
실내환경	• 모든 설비는 움직이거나 떨어지지 않도록 바닥과 벽면에 단단히 고정되어 있는가?		
	• 창문, 방충망의 상태는 안전한가?		
	• 비품 등 용품에 풀린 나사나 못은 없는가?		
현관 · 통로 · 계단 · 비상구	• 출입문, 현관문 등의 안전장치는 정상적으로 작동하는가?		
	• 계단, 통로 부분에 미끄럼 방지처리가 되어 있는가?		
	• 계단의 안전 상태는 양호한가?		
화장실 · 세면대	• 화장실 내 전기 콘센트 등 전기용품은 안전한가?		
	• 세면대의 고정 상태는 안전한가?		
조리실 · 식당	• 환기가 잘되고 있는가?		
	• 조리용 칼이나 기타 위험한 주방기구는 지정된 안전한 장소에서 보관하고 있는가?		
	• 영유아의 출입이 잘 통제되고 있는가?		
	• 급식 담당 직원의 위생 상태는 양호한가?		
	• 배수가 잘되고 배수구에 덮개가 설치되어 있는가?		
실외 놀이 기구 및 공간	• 모든 놀이기구가 바닥에 안전하게 고정되어 있는가?		
	• 놀이시설물의 상태(틈새나 간격)가 영유아의 몸에 끼이지 않는 넓이인가?		
	• 기초대, 지지대 등 매설 부분이 노출되지 않았는가?		
	• 모든 놀이기구 아래와 주위(안전지대)의 충격흡수재 성능은 양호한가?		
	• 보수가 필요한 놀잇감 및 놀이기구가 방치되어 있는가?		
	• 놀이기구의 높이가 영유아에게 적합한가?		
	• 「품질경영 및 공산품 안전관리법」에 의한 안전검사를 필한 제품인가?		
전기 · 가스 · 위험물 안전관리	• 전선, 콘센트, 플러그 등 손상된 부분은 없는가?		
	• 한 개의 콘센트에 용량을 초과해 사용하고 있지 않은가?		
	• 전기기구는 규격 전선을 사용하고 있는가?		
	• 각종 전기기구의 접속 상태가 노후 · 파손된 곳은 없는가?		
	• 분배 전반 및 각종 전기기구의 노후 · 파손된 것은 없는가?		
	• 가스 경보기의 설치 상태가 양호한가?		

(계속)

구분	점검항목	점검결과	조치사항
소방시설 관리	• 대피를 위한 대피도가 잘 관리되어 있는가?		
	• 소화기, 스프링클러 등 소화장비의 작동 및 관리 상태는 양호한가?		
	• 자동 화재탐지설비의 설치 상태가 양호한가?		
	• 옥내 소화전의 관리 및 작동이 양호한가?		
비상대피 시설관리	• 비상계단 및 미끄럼대 등이 화재 등 유사시 사용이 가능한가?		
	• 피난유도등, 유도표지 등이 잘 갖추어져 있고 정상 작동하는가?		
	• 건물 내 대피경로에 장애가 되는 요소는 없는가?		
차량 안전 관리	• 차량은 점검 기준에 의해 정기적으로 안전점검을 실시하고 있는가?		
석면 안전 관리	• 석면 조사를 실시하였는가?		
	• 석면 조사를 미실시한 경우 석면 조사 생략 대상 건축물에 해당하는가?		
	• 석면 조사 관련 자료(조사결과 보고서, 석면지도 등)는 잘 관리되고 있는가?		
	• 석면 함유 자재가 파손되거나 노출된 곳은 없는가?		
	• 위의 경우에 경고문 등을 설치하고 철거 또는 개 · 보수 조치하였는가?		
	• 석면관리 정보가 가정통신문 등을 통해 학부모에게 제공되고 있는가?		

출처: 보건복지부(2015). 2015년도 보육사업 안내.

3 안전사고 대처 방안

1) 응급처치를 위한 준비

(1) 모든 교사는 심폐소생술(cardiopulmonary resuscitation, CPR) 등의 응급처치법과 상해 예방, 전염성 질병에 대한 훈련을 받아야 한다.
(2) 구급상자는 쉽게 손닿는 곳에 있어야 한다.
(3) 영유아의 전화번호, 응급 시 도움을 요청할 수 있는 곳의 전화번호 등 응급 절차과정을 쉽게 찾을 수 있는 곳에 둔다.
(4) 야외학습을 나갈 때는 휴대용 구급상자 및 비상연락망 카드를 준비한다.
(5) 응급 조치에 대한 부모동의서를 보관해 둔다.
(6) 사고보고서를 준비해 사고 발생 시 작성한다.

2) 구급상자 준비

유아교육기관에서 비치하는 구급상자 안에는 표 11-9와 같은 종류의 구급약품이 들어 있어야 한다.

[표 11-9] 구급상자 안에 비치되어야 할 약품

분류		종류	효용
구급 약품	외용약	• 소독약 • 항히스타민 연고 • 부신피질호르몬 연고 • 바셀린 거즈 • 구강용 진통제 • 방충제	• 상처 소독 • 벌레 물린 데 • 벌레 물린 데, 습진, 피부병 • 화상 • 치통 • 벌레가 무는 것을 예방
	구급 내용약	• 만능 해독제	• 독극물을 마셨을 때, 토한 후에 타닌산 1, 산화마그네슘 1, 활성탄 2의 비율로 조합해서 먹인다.
		• 식염	• 구토, 설사, 화상, 출혈, 열, 피로로 인한 탈수 방지나 열경련이 일어났을 때 1 의 물에 식염을 찻숟가락으로 1/2 넣고 잘 휘저어 조금씩 먹인다.
		• 이페칵시럽	• 강산, 강알칼리, 기름류 이외의 독금물을 먹었을 때 토하게 할 경우

출처: 한국생활안전연합(2007).

3) 안전사고 발생 시 대처방안

사고가 발생하면 사고를 당한 영유아를 보살피고 필요에 따라 119에 연락을 취해야 한다. 긴급을 요하는 응급 상태라고 판단되면 가까운 병원의 응급실, 구급차를 부를 수 있는 전화번호, 영유아와 관련된 부모의 연락처 등을 손쉽게 찾을 수 있는 곳에 준비한다.

119를 불러야 하는 응급 상황은 다음과 같다.

(1) 무의식이거나 의식이 혼미한 경우
(2) 기도가 막힌 경우
(3) 숨이 멈춘 경우
(4) 호흡 곤란이나 질식의 경우
(5) 맥박이 없는 경우
(6) 출혈이 멈추지 않을 경우
(7) 피를 토하는 경우
(8) 약물 중독의 경우
(9) 갑작스럽고 심한 통증이 있는 경우
(10) 머리, 목, 척추의 손상이 있는 경우
(11) 처음으로 발작을 했거나 발작이 5분 이상 지속되는 경우
(12) 장애를 남기는 손상이 예상되는 경우(예: 심한 눈의 손상, 사지 절단 등)
(13) 병원 후송 도중 증상이 악화되거나 목숨에 지장이 있는 경우
(14) 이동으로 인한 2차 손상이 예상되는 경우
(15) 후송 도중 계속적인 의료처치가 필요한 경우
(16) 병원까지의 거리가 멀거나 교통 정체가 예상되는 경우

부모에게 미리 받아 놓는 비상연락망 및 응급처치동의서 양식은 표 11-10과 같다.

[표 11-10] 비상연락망 및 응급처치동의서 양식

비상연락망 및 응급처치동의서

반명		생년월일	
성별	남 여	성명	

사고 발생 시 응급처치는 부모의 동의를 얻어야 함을 이해합니다.
따라서 귀 유치원에서는 사고 시 응급처치에 대한 신속한 동의가 이루어질 수 있도록 다음의 연락처로 연락을 취해 주시고, 귀 유치원에서 다음의 절차에 따라 응급처치를 하는 경우 그 권한을 귀 유치원에 위임할 것을 동의합니다.

날짜: 20 . . . 부모이름: (서명 또는 인)

〈응급처치 절차〉

1. 사고 발생 시 가장 먼저 부모님께 연락합니다.
   어머니와는 시부터 ~ 시까지 ( ) 로 연락됩니다.
   아버지와는 시부터 ~ 시까지 ( ) 로 연락됩니다.

2. 부모님과 신속하게 연락되지 않을 경우, 부모님이 정해 주신 다음의 연락처로 연락드립니다.
   ① ( ) 은(는) ( ) 로 연락할 수 있습니다.

   유아와의 관계 :

   ② ( ) 은(는) ( ) 로 연락할 수 있습니다.

   유아와의 관계 :

3. 필요한 경우 119 구급대에 연락할 것이며(유치원에서 지정하는 의료기관이나 부모님이 정하신 의료기관)으로 응급 수송할 것입니다.
4. 의료기관 수송 후에는 다음의 의료보험 관련 정보를 주어 신속하게 치료받을 수 있도록 합니다.
   의료보험 종류 :
   주민등록번호 :

○○○ 유치원장 귀하

출처: 한국생활안전연합(2011).

4) 응급 상황 발생 시 구체적인 절차

응급처치 순서는 다음과 같다(박은혜 외, 2011; 한국생활안전연합, 2011).

(1) 침착함을 유지한다. 원장에게 즉각 응급 상황을 알리고 부모에게 연락한다.
(2) 다친 영유아를 안심시키고, 다른 영유아들은 현장에서 벗어나도록 하여 안심시킨다. 다친 영유아를 함부로 움직이지 말고, 신속하게 상황을 판단하여 움직인다.
(3) 간단하게 처치할 수 없는 경우라면 섣불리 접근하기보다는 119 구급대로 연락하여 상황을 명확하게 전달하고 도움을 받는다.
   ① 응급처치를 할 수 있다면 도움을 받을 수 있을 때까지 절차에 따라 신속히 행동한다.
   ② 응급처치법을 모른다면 응급 상황을 다룰 수 있는 사람이 올 때까지 그 자리에 머문다.
(4) 응급처치할 사람이 오면 말로 상황을 전해 주고, 상황을 판단하도록 한다.
(5) 환자를 심하게 다루지 않는다.
(6) 부모에게 사고를 알리고, 절차에 동의를 구한다.
(7) 부모와 연락이 안 될 경우, 부모가 가르쳐준 응급 전화번호로 연락하고 가까운 병운으로 이송한다.
(8) 부모가 병원에 와서 영유아를 돌볼 때까지 교사는 함께 있어야 한다.
(9) 24시간 내에 사고보고서를 작성해야 하며, 부모에게 한 장을 보냄과 동시에 영유아의 파일에 보관하고, 사고를 평가한 후 원인을 수정한다.

5) 구급차를 부를 때 행동요령(이기숙 외, 2014)

(1) 국번 없이 119로 전화를 건다.
(2) 연결이 되면 "구급입니다"라고 말하고, 구급차가 가야 할 장소와 목

표물(몇 동, 몇 층, 몇호실, 지하철의 역이 있는 경우 역 이름, 주위의 특별한 건물 등), 전화를 건 사람의 성명, 사고의 내용(언제, 어디서, 어떻게, 어떤 상태인가), 환자의 수, 성별, 용태 등을 밝혀야 한다.

(3) 구급차가 도착할 때까지의 준비사항으로는 필요한 응급처치를 실시하고, 단골병원의 주치의에게 연락하며, 가족에게 연락을 취한 후 전화로 연락한 목표물까지 구급차를 마중 나간다.

(4) 구급차가 도착하면 구급차가 도착하기까지 영유아의 상태와 그간의 처치내용을 말하고, 영유아의 지병이나 평소에 다니던 병원과 주치의의 성명을 말한다.

6) 재난 시 대피(행동)요령

(1) 화재 대피요령

① 연기가 없을 때는 "불이야"라고 소리를 치며 밖으로 대피한다.

② 연기가 보이면 한 손으로는 바닥을 짚고 무릎으로 기어서 이동하며 다른 손으로 코와 입을 막는다(깨끗한 공기는 바닥면으로부터 30~60cm 사이에 있다).

③ 물에 적신 수건을 이용하는 것이 효과적이다(여의치 않을 때는 긴팔에 소매 또는 반팔 옷의 목부분을 당겨 코와 입을 막고 대피한다).

④ 옷에 불이 붙은 경우 불이 붙은 부위를 바닥에 좌우로 굴려서 불을 끈다.

(2) 지진 대피요령

① 교실에 있을 경우 책상 밑으로 피하거나 가방이나 책 등으로 머리를 보호한다.

② 지진이 잠시 멈췄을 때 교사의 지시에 따라 안전한 장소로 대피한다.

③ 대피 장소로 이동 시 가방이나 책 등으로 머리를 감싸 낙하물로부터

보호한다.

④ 교실 밖에서는 최대한 건물로부터 떨어져 운동장과 같은 넓은 공터로 대피한다.

(3) 황사 시 행동요령

① 황사 발생 시 영유아들의 실외 활동을 금지한다(실외 학습, 운동경기, 견학 등을 연기).

② 황사가 지난 후 실내·외를 청소하여 먼지를 제거한다.

③ 영유아들의 건강을 살펴 감기, 안질환, 가려움증이 관찰되는지 확인한다.

④ 외출 시 황사 마스크를 쓰고, 귀가 후 손과 발, 얼굴 등을 깨끗이 씻는다.

(4) 폭염 시 행동요령

① 지정된 음용수를 규칙적으로 자주 마신다.

② 창문에 커튼을 친다.

③ 유치원을 시원하게 유지하고, 복장을 편안하게 하며 활동을 무리하게 계획하지 않는다.

④ 활동 중간에 휴식시간을 갖거나 피곤해하는 영유아는 쉬게 한다.

7) 아동학대 조기 발견 및 관리 대응

아동학대란 보호자를 포함한 성인이 아동의 건강 또는 복지를 해치거나 정상적 발달을 저해할 수 있는 신체적·정신적·성적 폭력이나 가혹행위를 하는 것과 아동의 보호자가 아동을 유기하거나 방임하는 것이다(「아동복지법」 제3조 제7항). 아동학대 유형 및 징후는 표 11-11과 같다.

[표 11-11] 아동학대 유형 및 징후

신체 학대	성인이 아동에게 신체적 손상을 입히거나 이를 허용하는 모든 행위	(　)사고로 보기에는 미심쩍은 상처(사용된 도구의 모양이 그대로 나타나는 상처, 담뱃불 자국, 뜨거운 물에 잠겨 생긴 화상, 겨드랑이, 팔뚝, 허벅지 안쪽 등 다치기 어려운 부위의 상처 등) (　)신체적 상처로 자주 병원을 가는 경우 (　)부모에 대한 두려움, 집으로 돌아가는 것에 대한 거부감 (　)다른 아동이 다가올 때 공포감을 느끼는 행동 (　)공격 또는 위축된 극단적인 행동
정서 학대	성인이 아동에게 하는 언어적 · 정서적 위협, 감금 · 억제 · 기타 가학적인 행위	(　)과도한 수면 부족 증세 (　)스트레스로 인한 원형 탈모 (　)특정 물건을 계속 빨고 있거나 물어뜯음 (　)폭력 성향, 히스테리, 간박, 공포, 극단행동, 과잉행동, 자살 사도 등 비상적인 반응
성 학대	성인의 성적 만족을 위해 신체에 접촉하는 행위나 아동과의 모든 성적 행동	(　)걷거나 앉는데 어려움 (　)입천장의 손상, 성병 감염 및 임신 (　)나이에 맞지 않는 성적 행동 (　)타인, 동물, 장난감을 대상으로 하는 성적 상호관계 (　)부모에 대한 두려움, 집으로 돌아가는 것에 대한 두려움
방임	아동의 양육과 보호를 소홀히 하여 정상적인 발달을 저해하는 모든 행위	(　)기아, 영양실조, 적절하지 못한 영양 상태 (　)계절에 맞지 않는 옷, 청결하지 못한 외모 (　)음식 구걸, 도둑질 (　)지속적인 피로 · 불안정 호소, 수업 중 과도한 수면

출처: 교육부 · 보건복지부(2016).

수행하기

1. 하루일과 중에서 교사가 지켜야 할 안전수칙을 설명하시오.

2. 재난 시 대피요령에 대해 알아보시오.

CHAPTER

12 행사 및 가정 · 지역사회 협력

Management for Early Childhood Education Institutions

1 유아교육기관 행사관리

행사란 사전적 의미로 특정한 목적이나 계획을 가지고 정해진 절차에 따라 조직적으로 진행하는 일을 말한다. 유아교육기관에서의 행사는 교육활동을 더욱 충실하게 진행하게 할 뿐만 아니라 교육의 목적을 달성하기 위해 계획하고 실행하는 일련의 과정을 포함한다.

유아교육기관에서는 세밀한 계획을 통해 생활 전체의 교육이 주로 이루어지고 있으나, 매일 반복되는 활동 이외에 독특한 프로그램을 필요로 한다. 다시 말해 행사는 평소의 생활에서 얻지 못하는 다양하고 풍부한 활동을 직접 경험할 있는 소중한 기회로 유아들의 성장에는 빼놓을 수 없는 것이다.

많은 유아교육기관에서 원아모집 등의 홍보 일환으로 행사를 수행하고 있는 곳도 있다. 보여주기식의 홍보수단으로서 행사를 계획하게 된다면 유아를 교육하는 원래 목적을 달성하는 데 지장을 줄 수 있다. 반드시 교육 목적에 맞는 필요한 행사만을 계획하고 유아들과 부모님에게 도움이 되는 방법으로 진행되어야 할 것이다.

유아교육기관에서 행해지는 다양한 행사를 치르기 위해 교사가 수행하는 직무는 표 12-1과 같다(김은영, 2006).

[표 12-1] 행사 시 교사의 직무

직무구분	직무내용	비고
행사준비	행사 계획하기, 행사준비를 위한 정보 수집하기, 행사 역할 분담하기, 행사 관련 유인물 제작 및 발송하기, 행사 관련 물품 준비하기, 행사 관련 프로그램 준비하기, 행사관련 환경 구성하기	
행사진행	행사 진행하기	
행사마무리	행사 뒷정리하기, 행사 평가하기	

행사가 계획되면 교사들은 행사준비, 진행, 마무리의 과정을 거쳐 행사를 실행하게 된다.

유아교육기관에서의 행사는 기념일이나 명절의 의미를 다지기 위해서나 교육 주제를 더욱 충실히 전개하기 위해 평상의 일과를 벗어나 특별한 의도를 갖고 계획하여 실시하는 교육프로그램으로 볼 수 있으며, 교육과정상의 필요에 의해 계획되어야 하고 실행되어야 한다. 구체적으로 다음과 같은 사항을 고려하여야 할 것이다.

(1) 행사 진행은 조직적이고 치밀하게 계획과 자료를 준비하여 운영하도록 한다.

(2) 유아를 중심으로 계획되고 실시되어야 하므로 유아와의 의사소통이 중요하다.

(3) 유아의 연령에 따라 다양하게 계획하고 행사의 종류에 따라 적절한 가이드라인을 제시할 필요가 있다.

(4) 유아교육기관에서 생활하는 시간이 많고 부모의 역할을 해 주어야 한다는 점에서 견학이나 야외 활동 등이 많이 계획되어야 할 것이다.

(5) 유치원이나 어린이집의 기관의 특성과 목적에 따라 행사의 종류는 다양하게 이루어질 수 있으며, 횟수에서도 차이가 있다.

(6) 일과 진행을 위한 준비 시간이 부족하지 않게 시간적인 여유를 갖고 미리미리 계획되어야 할 것이다.

(7) 원활한 행사 진행을 위해선 치밀한 준비과정이 필요하며, 역할 분담이 잘 이루어져야 한다.

(8) 유아교육기관의 일과 안에서 자연스럽게 포함되어 진행되고 평가됨으로써 공동체 의식의 함양과 통합적인 학습의 장으로 교육과정의 향상을 기대할 수 있다.

1) 행사의 종류

유아교육기관에서는 기관의 특성과 유아의 발달적 특성을 고려하여 연간 행사계획을 계획하고, 확정된 행사 계획에 따라 세부 계획안을 작성하게 된다. 유아교육기관들의 행사는 유사한 행사들이 많으며. 다음의 행사들은 유아교육기관에서 가장 많이 다루는 행사들이다.

(1) 입학식(진급식)과 졸업식: 유아가 유아교육기관에 들어오기 위한 절차에 관련된 내용으로 원아모집 설명회, 신학기 오리엔테이션, 입학식, 졸업식이 해당된다.

(2) 교육과정 운영 행사: 교육과정을 운영하는 과정에서 이루어지는 행사로, 생활주제에 따라 우리 동네 견학하기, 시장놀이, 김장하기, 경찰서 우체국 등 각종 기관 견학 등으로 이루어진다.

(3) 학부모 참여 행사: 학부모를 대상으로 하는 것으로 부모교육, 부모참여수업, 부모 참관수업, 부모면담, 운동회, 부모님과 함께하는 등반대회, 기차여행, 여름 캠프 등으로 구성된다.

(4) 계절 행사: 봄 소풍, 가을 소풍, 물놀이 활동, 산타행사, 민속놀이, 송편 빚기, 세배하기 등이 속한다.

(5) 기타 행사: 음악발표회, 생일잔치, 어린이날, 어버이날, 스승의 날 행사 등이다.

2) 연간 행사계획안

실제 유아교육기관에서 운영되고 있는 연간 행사계획안의 예를 표 12-2와 같이 제시하고자 한다.

[표 12-2] 연간 행사계획안

월	행사	월	행사	월	행사
3	입학식 및 진급식 신체발육측정1차 입학축하잔치 뮤지컬관람 숲체험 활동 부모교육 학부모 상담	7	여름캠프 신나는 물놀이 보건소 견학 여름방학	11	학부모상담 부모참여수업 신입원아모집 농작물 수확(고구마, 배추, 무수확) 다문화거리 견학
4	봄소풍 생일파티 (3.4월) 자연체험활동(식목일 행사) 농사체험-감자심기 숲체험 활동	8	바닷속보물찾기 체험활동 생일파티(7,8월) 졸업생동창회 캐니빌리지 견학	12	생일잔치(11,12월) 김장하기 싼타행사 겨울방학식
5	어린이날 축제 어버이날, 스승의 날 농사체험-(고구마심기) 어머니 참여수업 우체국 견학	9	전통문화체험(전통예절) 유아체험교육원 7세 졸업여행 5,6세 가을소풍 숲체험 활동 뮤지컬 발표	1	눈썰매장체험 신입원아1차예비소집 신체발육측정2차 7세초등학교견학
6	생일파티(5,6월) 동물원 견학 화재 안전교육 숲체험 활동 가족운동회	10	생일잔치(9,10월) 농사체험-고구마캐기 할로윈파티 숲체험 활동	2	음악회 생일잔치(1,2월) 전통문화체험(세배드리기) 신년음악회 졸업식 및 수료식 신입원아 2차 예비소집

3) 유아교육기관의 행사

(1) 입학식

입학식은 유아가 유치원·어린이집에서 생활하게 된 것을 축하하는 것으로 유아교육기관에서는 유아를 교육방침에 따라 성실히 교육할 것을 약속하는 의식이다. 유아들은 입학식과 함께 유아교육기관의 규칙에 따라 생활하며 교사의 지도를 받을 준비를 한다. 입학식 순서는 개회사, 국민의례, 유치원 연혁소개, 입학축하 행사, 폐회식 순으로 진행된다.

입학식을 위한 준비물은 초대장 발송, 식순표, 현수막, 의자, 실내화, 이름표, 유치원 소개 영상물, 선물, 마이크 등이다. 현관은 풍선이나 꽃으로 연출하는 것도 좋다.

(2) 생일잔치

유아들의 생일잔치는 유아들이 가장 기다리고 좋아하는 행사이다. 생일을 맞은 유아는 한복이나 예쁘고 멋진 옷을 입고 등원하여 주인공임을 나타내고, 다른 유아들은 생일을 맞은 친구에게 작은 선물이나 생일카드를 만들어 전달한다. 생일잔치는 생일주인공들이 자신이 귀중함을 느끼게 하여 자존감을 높일 수 있는 경험이 된다.

생일잔치는 원아수에 따라 다르지만 반별로 매월 하는 것이 가장 바람직하다. 생일자 수가 적을 때는 두 달에 한번 하는 것도 좋다. 생일잔치에서 준비해야 할 것은 생일친구에게 전달한 생일카드를 유아들에게 만들게 하고, 교사가 유아에게 줄 편지, 선물, 왕관, 생일상 등이다. 생일맞은 유아는 자신의 꿈을 이야기하는 시간을 갖는 것도 의미 있다.

(3) 소풍

소풍은 자연속에서 하루를 즐겁게 보냄으로써 일상에서의 피로와 긴장을 완화시켜 주고, 자연의 아름다움을 몸으로 느끼며 즐거운 시간을 보내는 것이다.

소풍장소는 멀지 않고, 안전하며, 자연을 느낄 수 있는 곳이 적당하다. 유아교육기관에서는 소풍장소를 답사를 통해 안전한지, 식사장소가 있는지, 화장실, 거리 등을 꼼꼼히 확인해야 한다. 교사들은 아이들의 안전을 위해 철저히 소풍에 관한 준비를 해야 하며 이동할 때마다 인원확인을 해야 한다. 소풍갈 때 준비할 것은 물, 비상약품, 유아 이름표, 여벌옷, 학부모연락처, 필기도구, 돗자리 등이다. 교사가 준비해 가야 하는 물건이 많으므로 백팩을 준비하는 것이 좋다.

소풍가기 전 사전활동을 통해 유아들에게 관심과 호기심 기대감을 갖게 하고, 사후활동으로 소풍에서 느낀점, 즐거웠던 점을 표현하도록 함으로써 소풍의 경험이 의미 있고 교육적 가치를 극대화시킬 수 있다.

(4) 견학 및 체험학습

유아들은 발달상 추상적 사고가 어려운 시기이므로 견학을 통해 직접 경험이 필요하다. 유아교육은 처음에는 구체적 경험을 하고 차츰 상징적 경험으로 옮겨가야 한다. 구체적 경험과 상징적 경험이 조화를 이룰 때 유아들은 세상에 적응하는 데 필요한 인지구조를 가질 수 있게 된다. 견학은 지금 다루고 있는 주제와 관련된 것이 가장 이상적이며 견학 전 사전활동과 사후활동을 통해 교육의 효과를 높일 수 있도록 하는 것이 좋다. 견학 전 준비사항은 장소섭외, 날짜, 준비물, 교통편, 주의점, 우천 시 대체활동 등이다.

(5) 운동회

운동회는 유아와 가족이 함께 모여 신체적 움직임을 통하여 즐거운 시간을 갖는 행사이다. 운동회는 유아들에게 질서와 협동 규칙을 배울 수 있는 경험이 된다. 운동회 준비사항은 운동장 섭외, 진행자, 프로그램, 선물, 초대장, 비상약품 등이다. 운동회의 계획이 서면 유아교육기관에서는 학부모에게 날짜, 장소, 시간에 관한 안내장을 보내어 많은 인원이 참가할 수 있도록 한다.

(6) 부모교육 및 부모참여수업

유아교육기관은 바람직한 유아교육을 위해 학부모와 협력적 관계를 맺어야 한다. 학부모가 유아교육기관을 방문하게 되면 기관에 대한 이미지를 형성하기 때문에 환경과 교직원의 태도는 매우 중요하다. 부모교육은 강연회, 설명회, 워크숍, 세미나 등이 있고, 부모참여수업은 유치원에서 다루고 있는 주제와 관련된 활동을 유아들과 함께 수업에 참여함으로써 유아의 발달을 이해하고 친구관계와 수업형태 등을 이해하는 데 도움을 준다.

(7) 발표회

발표회는 유아들이 1년 동안 조금씩 배워왔던 것들을 부모님 앞에서 보여주는 시간이다. 부모들은 발표회를 통해 유아들의 성장한 모습을 확인하며 행복한 시간을 갖는다. 발표회는 부모에게 보여주기 위한 행사로 진행되면 유아들에게 무리한 연습으로 지치고 흥미를 떨어뜨릴 수 있다. 평상시 조금씩 배웠던 것을 토대로 즐겁게 행사를 할 수 있도록 격려하고 지지하여야 한다. 발표회는 학부모의 출연도 가능하다. 학부모들이 함께 참여할 때 더 멋진 행사가 될 수 있을 것이다.

(8) 졸업식

졸업식은 유아교육기관의 교육과정을 마치고 초등학교에 가는 유아들의 행사이다. 졸업식은 하나의 과정이 끝나는 행사이지만 또 다른 과정의 시작을 의미한다. 졸업식은 유아들이 그동안 교육과정을 잘 이수했다는 것을 축하해 주는 자리이며, 격려와 칭찬을 남기는 자리이다. 행사순서는 개회식, 국민의례, 상장수여, 원장님 말씀, 선생님 편지낭독, 원가, 졸업가, 폐회식 순이다.

2 가정과의 협력

1) 가정과의 협력 필요성

유아들에게 일관성 있는 교육을 통하여 교육의 효율성을 극대화하기 위해서는 유아교육기관과 가정의 긴밀한 연계성이 반드시 필요하다. 대가족에서 핵가족화의 변화로 부모들도 부모역할에 관한 도움을 받을 수 있는 정보가 필요하게 되었다.

유아교육기관이 가정과 긴밀한 협력을 유지하는 것은 부모들이 유아의 바람직한 교육과 발달에 필요한 지식, 기술 및 태도를 습득하도록 도와주어 유아교육의 효과를 높이기 위한 일체의 활동이다.

유아교육기관과 가정의 연계가 유아, 유아교육기관, 가정에 미치는 영향을 살펴보면 다음과 같다(이영자 · 신동주, 2006).

(1) 유아교육기관에 미치는 영향

① 유아에 대한 중요한 정보를 알려주어 교사가 유아를 좀 더 잘 이해할 수 있도록 돕는다.

② 학부모들이 자원봉사자로서 교사를 보조하는 역할을 수행함으로써 유아교육기관의 성인대 유아의 비율을 낮출 수 있다.

③ 부모 참여를 통해 자신의 자녀와 비슷한 또래 유아들을 관찰할 기회를 가짐으로써 부모들은 자기자녀에 대해 현실적인 시각을 갖게 되고, 유아교육기관에서 이루어지는 프로그램에 대해 좀 더 협력적인 자세를 가지게 된다.

④ 유아교육기관의 정책을 결정하는 데 부모들이 참여함으로써 기관의 발전을 위한 새로운 시각 및 비전을 제시하기도 한다.

(2) 유아에게 미치는 영향

① 교사로 하여금 유아에 대한 보다 깊은 이해를 가지게 하고 부모로 하여금 기관에서 이루어지는 활동과 연계하여 가정에서 자녀들과 상호작용하게 함으로써 유아교육의 효율성을 높이고 다양한 측면의 유아의 발달을 이끌 수 있다.

(3) 부모에게 미치는 영향

① 부모들이 부모로서 자신감을 가질 수 있게 도와주어 부모들이 자신감을 가지고 가정에서 자녀들을 교육하고 양육할 수 있도록 한다.

2) 가정 연계 유형

유아교육기관에서 이루어질 수 있는 가정 협력 내용은 매우 다양하다. 가정 연계의 유형은 최소한의 부모가 참여하는 형태부터 완전히 프로그램을 통제하는 형태에 이르기까지 크게 네 가지로 요약될 수 있다(유안진·김연진, 2003)

첫째, 교사가 주도적인 입장에서 부모교육 전문가나 각 분야의 전문가와 함께 부모에게 유아 발달 및 유아교육, 유아교육기관의 교육방향과 운영에 관한 정보와 지식을 전달하고 부모는 이를 수동적으로 수용하는 소극적인 입장이다. 부모회, 수업참관, 가정통신, 면담 등의 형태가 이에 속한다.

둘째, 직접적인 교수활동에 부모가 참여하도록 계획하는 방법이다. 유아교육기관 프로그램과 일치하는 범위 내에서 부모가 도울 수 있는 활동을 교사가 결정하고, 부모들은 이를 조절하여 보조자나 자원봉사자로 봉사하는 형태이다.

셋째, 부모가 학급에 참여하여 보조자나 자원봉사자로 봉사하는 형태로, 부모가 교구나 교육 자료를 제작하는 활동, 환경구성, 각종행사, 간식, 휴식, 신체검사, 안전지도, 귀가지도, 놀이지도와 같은 학급 내의 일상적 과정을 지원하고 조절하는 것을 말하며, 교사의 감독하에 보조교사 기능을 수행하는 것을 말한다.

넷째, 교사가 부모의 권한을 최대로 인정함으로써 유아교육기관의 운영에 직접 참여하려는 부모의 요구를 존중하는 가장 진보적인 부모참여 형태이다. 부모들이 교육과정의 운영이나 교육목표 선정, 유아교육기관의 재정 및 설비에 대한 여러 가지 문제를 결정하는 데 참여하는 형태이다.

유아교육이 효과적으로 이루어질 수 있도록 하기 위한 가정과 연계하여 협력하는 방법들은 다음과 같다.

(1) 가정통신문

유아교육기관에서 가장 많이 사용하는 의사소통 방법이다. 가정통신문은 매 주마다 정기적으로 가정으로 발송되며 특별한 상황이 발생되었을 때는 필요시마다 가정에 보낼 수 있다. 가정통신문의 내용은 유아교육기관에서 이루어지는 교육과정에 관련된 내용과 그 외 유아와 관련된 모든 것들이다. 가정통신문에는 교육 계획, 행사 안내, 각종 질병에 대처하는 방법, 가정에서 할 수 있는 유아를 위한 활동, 관공서에서 전달하는 새 소식 등이 포함될 수 있다.

[표 12-3] 가정통신문 예시

가정통신문

'가족 사랑 철쭉 나무' 심기 안내

4월 5일(금)에 가정과의 연계로 '철쭉 모종'과 주말놀이 '철쭉 관찰하기'를 가정으로 보내드립니다.
철쭉나무에 우리 가족만의 이름도 함께 지어주시고, 가족들과 함께 철쭉을 심고 가꾸며 변화를 아이들과 함께 관찰하며 가정에서 예쁘게 키워주세요.☺

부모교육안내 "아이의 마음 근육을 키우는 감정코칭"

4월 9일(화) 오후 5시 30분에 '아이의 마음 근육을 키우는 감정코칭'을 주제로 부모교육 시간이 준비되어 있습니다. 꼭! 참석하셔서 유익한 시간되시길 바랍니다.

00자연학교 – '자연 생태 학습'

4월 11일(목)은 00 어린이들이 〈00 자연학교〉로 "자연생태학습" 을 갑니다.
숲에는 무엇이 있는지 알아보고 봄에 피는 꽃과 여러 종류의 식물들 곤충들을 찾아 보고 감자도 심어 보면서 봄을 맘껏 느끼고 돌아오겠습니다.

- 준비물: 체육복을 입고 운동화를 신고 옵니다.
  물, 수저통, 간식(간식은 어린이가 먹을 만큼의 양을 뚜껑있는 통에 담아 보내주세요.
  유아가 가지고 오는 모든 물건에는 꼭! 가정에서 이름을 써서 보내 주세요.)
  점심은 유치원에서 쇠고기 야채 볶음밥 으로 준비합니다.

- 등하원: 걸어서 등원하는 어린이들은 9시 00분까지 등원시켜 주시고 걸어서 귀가하는 어린이의 귀가 시간은 오후 4시 00분입니다.
  시간 맞춰 유치원 앞으로 마중나와 주세요.

@ 차타는 ________어린이는 _____시_____분에
__________________________에서 내립니다.

@ 비가 올 경우 정상 수업 합니다 @

3,4월 생일잔치를 합니다.

4월 16일(화)은 3월, 4월생 "생일 잔치" 입니다. 생일잔치는 탄생의 기쁨을 느끼고 친구의 생일을 축하해 주는 기회로 유치원에서 간단한 다과를 준비합니다.

(2) 부모를 위한 안내 책자

안내책자는 부모들이 기관에서 제공하는 프로그램에 대해 이해하고 유아가 기관에 다니는 동안 가정에서 참고할 사항들에 대한 내용을 다룬다.

(3) 전화 통화

교사와 부모는 전화로 유아에 대한 정보를 나누고 유아에 관한 상담을 하게 된다. 교사가 가정으로 전화를 하는 경우는 기관에서 유아가 생활하면서 일어난 이야기들, 즉 친구관계나 향상된 발달부분 또는 크고 작은 유아사고 및 유아의 문제행동에 대한 내용 등이다. 교사가 생각하기에는 아주 사소한 사항도 부모에게는 큰 의미일 수 있기 때문에 기관에서 일과 중 일어난 사소한 부분도 전화나 메모를 통하여 부모에게 사건의 경위에 대해서 알려주는 것이 바람직하다.

(4) 강연회

강연회는 매월 1회 또는 매년 1~2회 정도 유아교육 관련 전문가, 원장, 지역사회 인사 등을 강사로 초빙하여 개최한다. 강연회의 주제는 사전에 부모의 요구조사를 통해 선정할 수 있으며 강사선정도 부모들이 참여하면 더욱 효과적으로 운영될 수 있다.

강연회는 약 1시간 정도가 바람직하며, 부모들이 자녀를 동반할 경우 돌봐주는 서비스가 제공되어야 한다. 강의 내용에 따라 좌석은 일렬이나 원형, 반원으로 앉을 수 있다.

(5) 워크숍

워크숍은 부모들이 유아교육과 관련된 실제적인 활동에 참여하여 배우는 교육프로그램이다. 부모들은 유아교육에 유용한 학습자료를 직접 제작해 보는 경험을 갖을 수 있으며, 유아지도에 필요한 노래, 율동, 게임, 놀이 활동 등을 직접 경험해 보는 기회를 가질 수 있다. 이러한 경험은 자녀를 양육하는 데 큰 도움이 된다.

(6) 모바일을 활용한 부모 연계

모바일을 활용하여 유아교육과 관련이 있는 정보를 알려주거나 서로 간에 간단한 메시지를 주고받을 수 있다. 모바일을 활용한 부모연계는 시간과 장소의 제약을 받지 않으므로 부모들이 편리한 시간에 이용할 수 있고 맞벌이 부모가 많은 기관에서 쉽고 편리하게 이용할 수 있는 방법이다. 부모의 능동적인 참여를 유도할 수 있고 가정과 기관의 정보를 교환할 수 있다. 뿐만 아니라 부모들이 직접 원에 오지 않고도 기관에서 이루어지고 있는 여러 가지 행사, 교육 프로그램, 부모교육자료, 유아들의 활동사진이나 자료 등을 볼 수 있는 방법이다.

(7) 부모 – 교사 개별면담

교사와 부모가 서로 대면하여 바람직한 방법으로 유아를 도울 수 있는 방안을 모색하는 활동이다. 이때, 면담의 효과를 높이기 위해서는 부모가 모두 참여하는 것이 바람직하다.

부모-교사 면담은 부모와 교사 간에 상호 친밀감을 형성하게 하여 교사는 유아에게 영향을 주는 가정생활이나 가족관계에 대해 알 수 있게 되므로 유아를 이해하는 데 도움을 준다. 유아의 문제행동이 발생할 경우 해결방법을 부모와 교사가 함께 연구할 수 있으며, 부모가 유아교육기관의 교육목적이나 프로그램에 대해 알 수 있는 기회를 제공한다.

이러한 부모-교사 간의 개별 면담을 준비할 때 고려해야 할 사항들이 있다(이영자 · 신동주, 2006)

① 특정한 사항에 대한 논의를 위한 것이라면 그 내용을 부모에게 미리 통보한다.

② 교사는 면담을 위해 여러 가지 자료를 미리 검토하고 이를 문서화하여 면담 시 참고할 수 있도록 준비한다.

③ 개별면담을 위한 장소는 다른 사람들로부터 방해를 받지 않을 뿐만 아니라 편안한 분위기를 제공할 수 있는 곳이어야 한다.

④ 유아에 대해 부모에게 이야기할 때 항상 유아의 강점과 긍정적인 측면을 먼저 말한 다음 가정과 기관에서 함께 유아에 대해 신경 써야 하는 부분에 대해 말한다.

⑤ 부모를 절대로 방어적으로 만들지 않도록 한다. 교사는 부모들이 자신의 자녀가 문제가 있다는 말을 들을 때 취할 수 있는 여러 가지 태도에 대해 인지하고 있어야 하며, 유아의 문제에 대해 부모에게 논쟁적으로 반응하지 않아야 한다.

⑥ 면담 시 전문적인 용어나 어려운 단어를 사용하지 않도록 하며, 너무 길고 복잡한 문장을 사용하지 않는다.

⑦ 면담 내용은 반드시 기록하여 유아별로 정리한다.

(8) 소그룹 모임(토론회, 독서회)

비슷한 관심을 가지거나 유사한 상황에 처해 있는 가정을 함께 모아 소그룹 모임을 구성할 수 있다. 소그룹 모임은 학부모들로만 구성되어 진행될 수도 있으며, 전문가가 함께 참여하는 형태로 이루어질 수도 있다. 1시간 정도 진행되는 것이 바람직하며, 소그룹 모임은 적은 수의 인원이 참여하기 때문에 모임시간을 정하기가 용이하고 특정한 문제나 가지고 있는 경우, 모임을 통해 다른 가정도 비슷한 상황을 겪고 있음을 확인시킬 수 있다.

자녀교육이나 생활 전반의 문제들을 주제로 하여 부모들이 자신의 경험과 문제를 서로 토론하고 대화를 나눔으로써 나름대로의 문제 해결방안을 모색할 수 있다. 시청각 매체를 이용하거나 책을 선정하여 읽고 의견을 교환하는 기회를 마련할 수 있다.

(9) 유아교육기관 운영위원회

가장 적극적인 부모참여의 형태로 유아교육 운영, 프로그램 계획, 행사 등의 계획과정에 부모가 참여할 수 있는 기회를 제공하고 부모의 참여도를 높일 수 있다. 많은 유아교육기관에서 부모의 적극적인 참여를 높이고자 학부모를 대표할 수 있는 대표자들을 중심으로 운영위원회를 설치·운영하고 있다.

유치원의 운영위원회는 교원 및 학부모가 유치원운영의 중요한 의사결정에 함께 참여하며 유치원 규모, 유치원 환경 등 개별 유치원이 처해 있는 실정과 특색에 맞게 다양하고 창의적인 교육을 실현할 수 있는 제도이다. 유치원 운영위원회의 구성요소는 학부모위원과 교원위원으로 구성되며, 운영위원회 위원의 구성비율은 유아수가 100명 미만인 경우 위원 수 5명 이상 8명 이하이며, 원아 수100명 이상일 때에는 위원 수는 9명이상 11명 이하이다. 선출방법은 원장을 제외한 교원위원은 유치원 규칙 또는 정관이 정한 절차에 따라 교직원 전체 회의에서 추천한 자 중에서 원장이 위촉한다. 학부모위원 선출은 학부모 중에서 민주적 대의절차에 따라 학부모 전체 회의에서 직접 선출하며 직접투표가 원칙이다. 유치원운영위원회에서는 유치원 규칙의 개정, 유치원 예산 및 결산, 유치원교육과정의 운영방법, 학부모가 부담하는 경비에 관한 사항, 유치원급식에 관한 사항, 방과 후 과정 운영에 관한 사항 등에 관해 심의(자문) 할 수 있다.

어린이집의 경우, 어린이집운영의 자율성과 투명성을 높이고 지역사회화의 연계를 강화하여 지역실정과 특성에 맞는 보육을 실시할 수 있도록 하기 위하여 의무적으로 40인 이상 시설의 경우에는 어린이집 운영위원회를 설치 · 운영하도록 하고 있다. 어린이집 운영위원회는 당해 어린이집의 장, 보육교사 대표, 학부모 대표 및 지역사회 인사를 포함한 5인 이상 10인 이내로 구성할 수 있다. 어린이집 운영위원회에서는 어린이집 운영규정 제 · 개정에 관한 사항, 어린이집의 예산 및 결산(보고사항), 영유아의 건강 · 영양 및 안전에 관한 사항, 보육시간 · 보육과정의 운영방법 등 어린이집의 운영에 과한 사항 및 그 밖에 어린이집 운영에 대한 제안 및 건의사항 등을 심의할 수 있다.

운영위원회를 통한 부모 참여뿐만 아니라 유아교육기관의 운영에 인터넷이나 서면 등의 다양한 방법을 통하여 부모들이 적극적으로 유아교육기관의 운영에 참여할 수 있도록 기회를 제공해야 한다.

3 지역사회와의 협력

1) 지역사회 협력의 중요성

유아교육기관과 지역사회와의 협력을 통해 유아교육기관에서는 지역사회의 기관이나 인적 자원을 이용하고 지역사회로부터 도움을 받을 수 있으며, 유아교육기관에서 마찬가지로 지역사회에 도움을 제공할 수 있다. 유아교육기관에서는 지역사회에서 유아교육기관의 시설을 이용하고자 할 때 이에 대한 도움을 제공할 수 있으며, 지역사회의 대학에서 유아교육을 전공하고 있는 예비유아교사들의 유아교육기관 참관, 교육봉사, 교육실습 등에 적극적으로 협조해 줄 수 있다. 또한 유아교육기관의 원장, 원감, 교사 등은 지역사회의 여러 가지 행사 참가자, 평가위원, 자원봉사 등의 활동에 참여할 수 있다.

마찬가지로 유아교육기관에서도 지역사회에 있는 여러 가지 인적·물적 자원을 파악하여 유아교육기관의 운영이나 교육활동 계획에 적절하게 이용할 수 있으며, 지역사회에 위치하고 있는 여러 가지 문화시설, 공공기관, 자연환경 등과 같은 물적 자원을 이용할 수 있다.

2) 지역사회 협력 프로그램

유아교육기관이 지역사회의 기관이나 단체와 협력하는 프로그램은 방문하여 견학하는 형태, 기관의 프로그램에 형태, 전문가들을 교육활동에 초빙하는 형태로 나눌 수 있다.

(1) 지역사회 견학

견학은 그 기관이 하는 역할, 기관의 시설, 자원을 활용함으로써 유아들에게 구체적인 경험을 줄 수 있다. 지역사회 견학에는 우체국 견학, 보건소 견학, 은행, 병원 등이 있다.

(2) 기관의 프로그램에 참여

기관이나 단체들이 시행하는 교육프로그램에 유아들이 참여하는 것이다.

(3) 전문가 초빙

유아교육기관으로 전문가를 초청하여 교육활동에서 궁금한 전문적인 지식을 물어보고, 문제해결의 과정에서 전문가의 도움을 받을 수 있다.

수행하기

1. 유아교육기관의 행사의 의미와 고려하여야 할 사항을 설명하시오.

2. 유아교육기관의 유형(유치원, 어린이집)과 원아 연령을 정하고, 그에 따라 연간 행사 계획안을 작성하시오.

PART IV

유아교육기관 평가와 운영관리

CHAPTER 13 평가관리

CHAPTER

13 평가관리

Management for Early Childhood Education Institutions

1 평가의 필요성

교육평가는 교육과정 목표와 내용을 준거로 유아의 특성과 변화 정도를 평가하는 것으로 유아의 유치원생활과 교육활동 전반에 걸쳐서 유아를 관찰하고, 활동결과물을 분석하며, 면담 등 다양한 방법을 사용하여 평가한다. 평가의 결과는 유아 지원을 위한 의사결정, 교수-학습 방법 개선, 교육과정의 편성과 운영, 부모면담, 생활기록부 작성 등을 위한 기초 자료로 활용한다(교육인적자원부, 2007). 즉, 교육평가의 목적은 교육과정의 계획에 따른 의사결정에 필요한 정보를 얻어 어떻게 하면 교육을 잘 할 수 있을까에 대한 답을 얻기 위한 과정이다.

평가의 필요성은 다음과 같다.

첫째, 유아의 현재 발달적 수준을 판단하기 위한 것이다. 유아가 현재 무엇을 알고 있고, 무엇을 할 수 있는지, 어느 곳에 흥미를 보이는지, 어떠한 태도와 성향을 가지고 있는지를 파악하여 교육내용과 수준을 결정하는데 기초자료를 얻기 위함이다.

둘째, 교육목표가 얼마나 성취되었는지 확인하기 위한 것이다. 목표가 제대로 성취되지 않았다면 교육활동을 재조직할 필요가 있기 때문이다.

셋째, 학부모들에게 영유아들의 발달상황에 대한 체계적이고 객관적 자료를 통해 상담자료로 활용하기 위한 것이다.

2 평가의 내용 및 방법

1) 유아평가

유아에 대한 평가는 유아의 발달에 대한 평가를 함으로써 영유아의 발달 정도에 대한 정보를 얻고, 영유아의 전인적인 성장에 도움이 되도록 활용할 수 있다. 유아에 대한 평가는 개인별 평가와 학급 구성원들에 대한 집단평가를 통해 이루어진다.

개인평가를 통해 개인 내 발달수준에 대한 정보를 얻을 수 있고, 집단평가를 통해 전체적인 발달정보 수집 및 자연스러운 개인 간 평가를 통해 발달적 문제를 지닌 영유아에 대한 조기발견의 자료로가 될 수 있다.

유아에 대한 평가방법은 관찰법(일화기록, 일일보고서, 학급일지 기록, 발달체크리스트), 검사법(표준화검사, 교사제작 검사), 포트폴리오, 면담법 등이 있다.

2) 교원평가

교원평가는 교원의 전문성을 진단하여 평가 결과에 따라 전문성 향상을 위해 개인별 맞춤형 연수 지원으로 유치원 교육의 질을 향상시키고자 하며, 또한 교원과 학부모의 의사소통 증진으로 이용 만족도를 높이기 위한 목적으로 2011년 3월부터 2017년 2월까지 유치원 교원능력개발평가 적용을 위한 시범운영 실시되었다. 2018년 4월「교원 등의 연수에 관한 규정」및「교원능력개발평가 실시에 관한 훈련」이 개정되었다. 유치원 교원능력개발평가는 교원 간 서열화를 통한 경쟁을 부추기는 데에 목적이 있는 것이 아니라 교원 스스로 자신의 전문성에 대한 진단을 통해 지속적인 능력개발을 그 목적으로 하므로 객관적이고 타당한 자기진단이 이루어지기 위해서는 평가참여자의 엄정하고 공정한 참여가 그 무엇보다 중요하다.

(1) 교원평가의 방법

① 자기평가: 자기평가를 포함한 평가결과에 대해 스스로 분석하고, 능력개발계획을 수립하여, 이를 바탕으로 전문성 신장을 위한 맞춤형 연수 실시한다.

② 소통기제: 사회 및 교육환경의 급격한 변화, 교육 전반에 대한 학부모 등 다양한 요구 증가, 유아들의 특성 다양화 등에 따라 구성원 간의 소통으로 교육의 질을 제고한다.

③ 진단기제: 교원의 교육활동에 대한 진단과 그 결과를 활용한 능력개발계획 수립 및 맞춤형 연수를 실시한다.

④ 절대평가: 교원들이 하고 있는 직무(주로 학습지도와 생활지도)의 전문성 도달 정도에 대한 절대평가를 한다.

⑤ 다면평가: 개별교원의 교육활동과 관련된 구성원(학부모, 동료교원)이 참여하여 학부모는 교육공동체적 입장에서 만족도조사 참여, 동료교원은 전문가적인 입장에서 평가 실시한다.

※ 유치원 교원능력개발평가는 동료교원 및 학부모가 참여하는 다면평가 방식을 기본으로 하여 기존에 실시되고 있는 평가(근무성적평정, 성과급평가 등)와는 다른 차별점이라 할 수 있음

(2) 교원능력개발평가 표준 모형

[표 13-1] 교원능력개발평가 주요 내용

구 분	주요 내용
목적	교원 전문성 신장을 통한 유치원교육 신뢰 제고
평가대상	공립 유치원(계약제 포함) 및 사립유치원 재직 교원 * (공립 1학급) 평가대상 여부를 유치원평가관리위원회에서 결정하여, 자율 운영하되 교원의 전문성 향상을 위해 자체 개발 계획 수립 및 연수 실시 * 2개월 미만 근무교원과 전일제 근무 외 계약제 교원은 단위유치원평가관리위원회의 심의를 거쳐 평가대상 및 평가 결과활용에서 제외될 수 있음 [경기도] 교육행정기관 또는 연수기관 파견교사, 9월 개원 유치원 제외 [유치원] 전일제 근무 외 계약제 교원의 평가대상 포함 여부 결정

<table>
<tr><th colspan="2" rowspan="4">평가 종류와 평가참여자</th><th>평가종류</th><th>평가참여자
(3학급 이상)</th><th>평가참여자
(2학급)</th><th>평가참여자
(1학급)</th></tr>
<tr><td rowspan="2">동료
교원평가</td><td>원장 · 원감 중 1인 이상, 동료교사 포함 총 3인 이상
(수석교사 또는 부장교사가 있는 경우 1인이상 포함)</td><td>원장 · 원감 · 동료교사 포함 총 3인 이상</td><td>원장 · 원감 · 동료교사 포함 총 2인</td></tr>
<tr><td colspan="3">[유치원] 평가대상별 구체적인 평가참여자 구성</td></tr>
<tr><td>학부모
만족도
조사</td><td colspan="3">• 지도하는 유아의 학부모가 개별교원 대상으로 실시
(단, 2개월 미만 재원 유아의 학부모는 참여자에서 제외)
• 학부모 참여 방식(온라인 시스템 사용 원칙)
• 학부모 목표 참여율 설정 및 확보
* 학부모 참여율 50% 이상 권장 (소규모 유치원 예외)</td></tr>
<tr><th colspan="2">평가시기</th><td colspan="4">[유치원] 2019.9월 ~ 11월 둘째 주까지 종료</td></tr>
<tr><th colspan="2">평가시행주체</th><td colspan="4">부총리겸 교육부장관 및 교육감</td></tr>
<tr><th colspan="2" rowspan="2">평가시행주관</th><td colspan="4">교 육 감: 원장 · 원감, 수석교사에 대한 평가 시행</td></tr>
<tr><td colspan="4">유치원장: 소속 유치원교사에 대한 평가 시행</td></tr>
<tr><th rowspan="9">평가
영역
·
요소
·
지표</th><th>개요</th><td colspan="4">* 교원의 교육활동 전반(학습지도, 생활지도, 교수 · 연구 활동지원, 유치원 경영)
[유치원] 평가지표 및 문항을 자체평가 계획으로 정할 수 있음</td></tr>
<tr><th>구분</th><th>영역</th><th>요소</th><th colspan="2">지표</th></tr>
<tr><th rowspan="2">수석
교사</th><td>교수 · 연구
활동지원</td><td>수업지원
연수 · 연구 지원</td><td colspan="2">수업 컨설팅 등
6개 지표</td></tr>
<tr><td>학습지도 생활지도</td><td colspan="3">교사의 요소와 지표 동일</td></tr>
<tr><th rowspan="2">교사
(특수
교사
포함</th><td>학습지도</td><td>수업준비, 수업실행,
평가 및 활동</td><td colspan="2">교수 · 학습 전략 수립
등 8개 지표</td></tr>
<tr><td>생활지도</td><td>상담 및 정보제공
문제행동예방 및 지도
생활습관 및 인성지도</td><td colspan="2">개별유아 특성 파악 등
5개 지표</td></tr>
<tr><th>원장
·
원감</th><td>유치원 경영</td><td>유치원 교육계획,
원내장학, 교원인사,
시설 및 예산(원감제외)</td><td colspan="2">유치원 경영 목표 관리
등 원장 8개,
원감 6개 지표</td></tr>
</table>

<table>
<tr><td>평가 문항</td><td>• 동료교원 평가: 8개 이상 평가지표로 12문항 이상 구성
• 원장 · 원감 평가: 6개 이상 평가지표로 12문항 이상 구성
※ 2개 이상의 평가지표를 통합한 문항구성 금지 (질문내용이 명확하지 않아 평가 문항으로 부적합함)
• 체크리스트 문항은 평가지표 중심으로 구성
• 학부모만족도조사는 평가요소별 1문항 이상 포함하여 구성(총5문항 이상)
※ 학부모만족도조사의 평가지표(일부 또는 전부)는 동료교원평가에서 선정한 평가지표 중에서 선정하여 평가 주체 간 평가결과 비교 · 분석 및 활용
• 학부모만족도조사 평가문항은 평소 알게 된 정보를 바탕으로 응답할 수 있도록 구체적 용어로 문항 선정
[유치원] 구체적 문항 수 및 내용 선정</td></tr>
<tr><td>평가 방법</td><td>• 5단척도 체크리스트 문항(척도와 평어 병기)과 자유 서술식 응답 병행
※ 교원의 교육활동 소개 자료는 동료교원, 학부모에게 필수 제시
※ 공개수업 참관록의 문항과 동료교원평가 학습지도영역의 문항을 일치하여 활용
※ 학부모 공개수업 및 상담활동 등을 통한 다양한 정보 제공
• 학부모 참여방식은 온라인 시스템 사용 원칙 홍보 강화
[유치원] 구체적인 학부모의 참여 방식 및 연수 · 홍보 방안, 교원의 교육 활동 소개자료 제시 방법, 학부모 대상 공개수업 및 상담활동, 수업 동영상등 정보 제공 방법</td></tr>
<tr><td>결과 통보</td><td>교육감 · 원장은 개별교원에게 평가 결과 통보</td></tr>
<tr><td>결과 활용 및 처리</td><td>• 평가결과에 대한 객관적인 분석틀을 활용한 맞춤형 연수 실시
※ 평가지표의 도달도 분석, 최근 5년간 연수이력 비교 등을 통해 평가결과를 분석하고 유치원 교육계획에 단위유치원의 결과 활용 및 지원 계획을 반영
• 우수 교원에 대한 우대 방안 마련
• 지원 필요 교원에 대해서는 지표별 맞춤형 연수 지원
• 개인별 원자료는 소속 유치원에 전자파일로 5년 간 보관
• 유치원장은 동료교원평가지, 학부모만족도조사지, 교사에 대한 교원능력개발평가 등의 결과(유치원 평균값)를 다음해 4월 말까지 유치원 정보 공시사이트에 공개
[유치원] 평가결과 활용 연수 지원, 개별교원의 능력개발계획지원, 단위 유치원 맞춤형 연수(평가지표별 맞춤형 자율연수)운영, 평가결과에 대한 구성원 공유 확대</td></tr>
<tr><td>평가관리기구</td><td>• 교육청 및 유치원에 교원능력개발평가위원회 * 설치
* 교원, 학부모, 외부전문가 등 5인 이상 11인 이내로 구성하되, 소규모 유치원의 경우 초등학교와 통합하여 구성 가능
[교육지원청] 소규모 유치원 및 사립유치원의 평가 지원을 위한 컨설팅단 구성 · 운영 지원
[유치원] 유치원 교원능력개발평가관리위원 운영 시 학부모위원 역할 부여 결과 활용 연수 대상자 심의 시 익명성 보장, 학부모만족도조사 문항 작성 및 의견수렴, 학부모 대상연수 · 홍보, 학부모 참여 유도 등</td></tr>
</table>

(3) 추진내용

① 단위유치원에서는 유치원 교육계획에 2019 유치원 교원능력개발평가제 운영계획 반영한다.

② 유치원 교원능력개발평가관리자 및 실무자를 임명한다.
원감을 평가관리자로 임명하는 데 원감이 없는 경우 수석 교사, 수석교사가 없는 경우 보직교사를 임명할 수 있다.
※ 원장의 역할: 평가관리자 및 실무자 임명, 온라인 교원평가시스템 권한부여 및 관리, 평가관리위원 임명 및 위촉, 연수대상자 선정, 이외 평가실시 전반에 대한 총괄 책임.

③ 유치원 교원능력개발평가관리위원회 구성
(구성) 교원, 학부모, 외부전문가 등 5~11인으로 구성
※ 병설유치원의 경우 초등학교 평가관리위원회와 통합 구성 가능

④ (주요 심의사항)
가. 소속, 교원에 대한 교원능력개발평가의 구체적인 평가대상자, 평가참여자, 평가결과 활용 제외 범위와 기준, 평가 내용 및 방법, 시기, 절차
나. 평가대상자별 평가 참여자 구성 및 평가 문항의 검토 · 선정
다. 교원능력개발평가 결과에 따른 소속 교원의 능력개발 지원계획 및 연수 대상자 추천
라. 교사의 능력향상연수 대상자 심의
마. 교원능력개발평가 결과에 대한 해당 교원의 원자료 공개 요구가 있는 경우 이에 대한 심의
바. 교원능력개발평가 유치원단위 평가결과 보고서 심의
사. 그 밖에 교원능력개발평가의 운영 및 관리를 위하여 필요한 사항

⑤ 유치원 교육활동에 대한 홍보 및 각종 정보 제공
유치원운영위원회, 학부모회 등을 통한 홍보활동, 공개수업참관 등 참여 확대, 다양한 교육활동 정보 제공 등 강화

⑥ 단위유치원 교원능력개발 온라인평가시스템 이용
가. 온라인평가시스템 실행 기초 작업 완료(참여자별 대상자 등)
나. 교사용 평가지 확정
다. 온라인평가시스템 상의 교원능력개발평가 결과보고서 제출

3) 프로그램평가

프로그램평가는 프로그램 실행 전, 실행 중, 실행 후 나타나는 영유아의 발달상황 등에 대한 계속적인 평가를 말한다. 프로그램의 평가는 현재 운영하고 있는 프로그램을 정기적으로 평가하여 다음 교육계획에 수립하도록 하는 것이다. 이는 결국 교육 및 보육 내용의 질을 높이고 영유아에게 보다 나은 교육을 제공할 수 있게 되는 것이다. 구체적인 프로그램평가 내용은 표 13-2와 같다.

[표 13-2] 프로그램평가 내용

구분	내용
프로그램평가 기준	• 활동을 선정하고 실시하는 과정이 적절하였는가? • 본래 의도한 목표가 프로그램을 통해 실현되고 달성되었는가? • 교육의 결과가 기대했던 수준에 도달하였는가?
프로그램평가 대상	• 연간교육계획안, 월간·주간·일일 교육계획안의 작성 및 활용, 교육프로그램의 전반적인 영역(교직원, 안전, 영양, 교육프로그램, 예산, 학부모 관리 등 모든 영역)
평가 시기	수시, 매일, 주 1회, 한 학기, 1년 단위로 정기적으로 이루어지기도 한다.
평가 방법	• 교사가 매일 기록하는 일일교육계회안 혹은 교육일지를 통한 평가, • 교사회를 통한 평가 • 교사 자신의 역할 수행에 대한 자기평가, 학부모의 교육기관 및 시설평가, 기관운영 평가 등의 방법이 있다.

3 유치원평가

교육인적자원부(2007)가 정의한 유치원평가는 유치원의 책무성과 질적 수준을 제고하여 유아교육의 공교육화를 조기에 정착시키며, 효과적인 유아교육진흥정책 개발 및 체계적인 정보제공을 통한 학부모의 기관 선택 기준을 제시하는 유치원 운영의 종합적인 점검과 모니터링을 말한다.

우리나라 유치원은 시설, 교사, 교육과정 및 회계 등 유치원 운영 전반에 대하여 유아교육법, 사립학교법, 학교보건법, 재무회계 규칙 등의 법적 규정이 적용됨으로써 기본적인 질 관리가 지속적으로 이루어져 왔으나 질적인 요인을 향상시키는 데에는 큰 영향을 미치지 못하였다. '교육과학기술부 장관은 유아교육의 효율적 수행을 위하여 필요한 경우 유치원 운영실태 등에 대한 평가를 실시할 수 있다'고 규정하며 유아교육기관평가에 대한 법적인 근거를 마련하였다. 이에 교육인적자원부는 유치원의 질적 수준 향상을 위한 유치원평가 기본계획을 발표하여 학교평가의 일환으로 유치원평가를 실시하게 되었다(교육인적자원부, 2007).

유치원평가는 3년 주기로 하며 컨설팅에 역점을 두고 참여 유치원의 운영 진단과 개선에 주력하며 평가위원의 공정성을 확보하여 서면평가와 현장방문 평가를 병행하여 객관적으로 이루어지고 있다.

1) 평가 영역 및 내용

유치원평가의 영역 및 내용은 유아교육기관의 운영 전반적인 요소가 포함되어 있다. 평가내용은 평가준거로서 체계적인 지표를 개발하여 이것이 평가의 잣대가 되는 것이다. 평가지표는 국가수준의 공통지표와 시·도교육청 수준의 자체지표로 구성되며, 공통지표는 4개 영역 14개 항목, 28개 지표(200점)로 구성되며, 자체지표는 각 시·도 교육청의 여건에 따라 1개 영역(10점)을 자율적으로 정하도록 하였다. 종일반 영역에 관한 사항은 평가지표로 활용하지만 점수는 미반영하고 현재의 실태 파악과 우수사례 발굴에 사용한다.

[표 13-3] 유치원평가지표

평가영역 (배점)	평가항목 (배점)	평가지표(배점)
1. 교육과정 (65)	1-1. 교육계획 수립의 적절성(15)	교육계획안 작성 및 활용(5)
		2. 유아교육에 적합한 교육내용 · 활동선정(10)
	1-2. 일과 운영의 적절성(15)	3. 통합적 일과 운영(10)
		4. 교육활동 유형 간의 균형적 안배(5)
	1-3. 교수-학습 방법의 적합성(20)	5. 유아교육에 적합한 교수-학습방법의 사용(10)
		6. 교사-유아 간의 질적인 상호작용(10)
	1-4. 평가의 적절성(15)	7. 교사-유아 간의 질적인 상호작용(10)
		8. 교육과정 평가 실시 및 결과 활용(5)
2. 교육환경 (45)	2-1. 교육환경의 적합성(25)	9. 실내 교육환경의 적합성(10)
		10. 실외 교육환경의 적합성(10)
		11. 유아 발달수준에 적합한 시설 · 설비(5)
	2-2. 교재 · 교구의 적합성(20)	12. 유아 발달수준과 주제에 적합한 교재 · 교구의 구비 및 활용(10)
		13. 교재 · 교구의 체계적인 관리 및 보관(10)
3. 건강 · 안전 (40)	3-1. 건강관리의 적절성(15)	14. 유아 건강지도 및 관리(5)
		15. 시설 · 설비의 청결한 관리(10)
	3-2. 영양관리의 적절성(10)	16. 균형 있는 급 · 간식 시행 및 식습관 지도(5)
		17. 식재료의 위생적 관리 및 사용(5)
	3-3. 안전관리의 적절성(15)	18. 안전교육 실시 및 안전사고 대비책(10)
		19. 시설 · 설비의 안전한 관리(5)
4. 운영관리 (40)	4-1. 교직원 인사 및 복지의 적절성(10)	20. 교직원 인사규정 보유 및 준수(5)
		21. 교직원 복지규정 보유 및 지원(5)
	4-2. 예산 편성 및 운용의 합리성(10)	22. 예 · 결산서 작성 및 공개(5)
		23. 정부지원금 예산 편성 및 사용의 타당성(5)
	4-3. 가정 및 지역사회와의 연계(10)	24. 다양한 부모교육 및 가정과의 교류(5)
		25. 지역사회 인사 · 자원의 활용 및 기관 홍보(5)
	4-4. 기관장의 원 운영의 전문성(10)	26. 교육과정의 질 제고를 위한 노력(5)
		27. 기관장의 리더십(5)
학부모 만족도 (10)		28. 학부모의 기관 운영에 대한 만족도 조사 결과(10)

(계속)

평가영역(배점)	평가항목(배점)	평가지표(배점)
5. 종일반 운영	5-1. 종일반 운영을 위한 기본 시설 · 설비 구비	
	5-2. 종일반 프로그램의 적절성	
	5-3. 종일반 교사 확보	
6. 자체지표(10)	6-1. 유치원 특색사업 (10)	29. 유치원 특색사업과 교육과정과의 조화(5)
		30. 유치원 특색사업 추진 계획의 적절성(5)
계		210점

2) 평가절차

유치원평가는 서류에 의한 서면평가와 유치원 교육의 전반적인 현재 운영 상태를 총체적으로 평가하는 현장방문평가를 시행한다. 학부모를 대상으로 유치원 운영에 대한 유아교육 만족도 조사를 병행하고, 절대평가를 원칙으로 한다. 유치원평가 절차는 그림 13-1과 같다.

[그림 13-1] **유치원평가 절차**

3) 자체평가 보고서 작성

평가를 받는 유치원에서는 평가지표에 따라 자체적으로 자체평가를 점검하여 6개 지표별로 자체평가 보고서를 작성한다. 자체평가 보고서는 자신의 유치원에서 실천하고 있는 사항을 빠짐없이 기술하면 된다. 자체평가 보고서 양식은 표 13-4와 같다.

[표 13-4] 자체평가 보고서 양식

<table>
<tr><th rowspan="2">항목</th><th rowspan="2">지표</th><th colspan="5">평점</th></tr>
<tr><th>매우 우수</th><th>우수</th><th>보통</th><th>미흡</th><th>매우 미흡</th></tr>
<tr><td rowspan="4">1-1. 교육계획 수립의 적절성 (15점)</td><td>1. 교육계획안을 충실하게 작성하며, 효율적으로 활용하고 있다.(5점)</td><td>5</td><td>4</td><td>3</td><td>2</td><td>1</td></tr>
<tr><td colspan="6">• 유치원의 교육과정 운영계획 수립은 국가고시 교육과정에 기초하여 학년말 학부모들의 교육과정 운영 설문 조사와 지역교육청 역점교육 그리고 교육부 장학자료 및 오리엔테이션 자료를 토대로 다음해 교육과정 운영 계획서에 반영하여 수립하였다.
• 국가고시 교육과정을 근간으로 동료 교사와 협의, 지역사회 및 초등학교 교육과정과 연계 등을 검토한 후 유치원 교육과정 운영계획서를 수립하였다. 유치원 운영계획서에 따라 연간, 월간, 주간, 일일교육계획안을 작성하여 수업에 활용하였다.
• 월간교육계획은 연간교육계획에 근거하여 통합적으로 구성하였으며, 주간교육계획안은 월간교육계획에 들어 있는 내용을 주제별로 연관성 있게 작성하였다. 또한 주간교육계획 안에 있는 내용을 중심으로 일일교육계획안을 작성하였다.
• 일일교육계획안은 주간교육계획에 있는 생활주제와 소주제를 중심으로 작성하였으며, 교육 목표, 활동내용, 활동방법이 일치하도록 작성하였고, 시간대별 활동, 준비물, 교육방법 및 평가 내용을 매일 기록하여 다음해 동일 수업 시나 다음 날 수업 시에 참고자료로 활용하였다.
• 교육계획안을 작성하기 전에는 동료교사와 사전협의를 통하여 작성하였으며, 교육활동 후에는 반성의 시간을 가져 문제점을 보완하였다.</td></tr>
<tr><td>2. 유아교육에 적합한 교육 내용 및 활동을 통합적으로 구성 · 계획하고 있다.(10점)</td><td>5</td><td>4</td><td>3</td><td>2</td><td>1</td></tr>
<tr><td colspan="6">• 교육내용과 활동 선정은 국가 교육과정 내용과 수준을 고려하여 적합하게 선정하였으며, 생활주제와 활동 영역별로 통합적으로 구성하여 운영하였다. 또한 학부모의 요구와 지역실정, 유아의 발달 특성에 맞춰 유치원 중점교육을 선정한 후, 연간계획을 작성하고 교육과정에 통합적으로 구성하여 운영하였다.</td></tr>
<tr><td>1-1의 관련자료</td><td colspan="6">• 교육계획 사전 설문조사 • 교육과정 운영계획서
• 주간교육 계획안 • 일일교육 계획안
• 연간행사 운영자료 • 연간행사 사진 모음집
• 생활주제별 활동 모음집(생각쟁이 쑥쑥 1,2권)</td></tr>
</table>

출처: 윤정혜(2009). 웹기반 유치원 자체평가 조력시스템 개발 연구. 부산대학교 대학원 박사학위논문.

4) 서면평가

평가위원이 현장방문 평가에 앞서 유치원의 자체평가 보고서를 검토하여 평가 유치원에 대한 이해와 사전에 평가를 해 봄으로써 현장평가를 효율적으로 수행하는 데 목적이 있다. 서면평가는 유치원에서 제출한 자체평가보고서와 유치원 연간 운영 계획서를 기반으로 평가위원이 실시하는 것이다.

5) 현장평가

현장평가는 서면평가를 바탕으로 평가위원이 해당 유치원에 방문하여 정보와 자료를 정확하게 확인하는 절차이다. 유치원평가에서 가장 핵심적이고 중요한 과정이다. 현장평가의 절차는 그림 13-2와 같다.

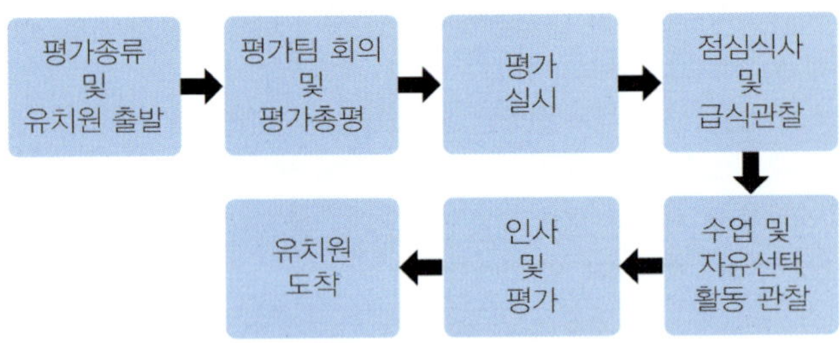

[그림 13-2] 현장평가 절차

6) 평가결과 보고서 작성

현장 평가가 끝나면 평가위원들은 결과보고서를 작성한다. 평가위원들은 현장평가에 대한 의견을 기술하고, 영역별 최종 점수를 평정하여 기입한다. 평가결과의 전체적인 내용을 감안하여 해당 유치원의 우수사례를 선정하고 양식에 기술한다. 평가팀장은 평가위원들의 평가를 취합하여 종합정리하고 유치원에 송부할 '유치원평가 결과 통보서'를 작성한다.

7) 학부모 만족도 조사

학부모 만족도의 대상은 유치원 재원아 모두 해당되며, 설문지의 배부 및 회수는 유치원에서 하고, 회수된 설문지는 조사기관으로 택배 발송한다. 학부모 만족도 설문지는 표 13-5와 같다.

[표 13-5] 학부모 만족도 설문지

번호	문항	매우 그렇다 (5)	그렇다 (4)	보통이다 (3)	그렇지 않다 (2)	전혀 그렇지 않다 (1)
1	유치원의 교육활동 및 프로그램에 대한 안내가 잘 이루어지고 있습니까?					
2	자녀의 발달 및 교육적 특성에 대한 정보를 정기적으로 전달하고 있습니까?					
3	유치원의 교육이 자녀의 기본생활습관 형성과 인성발달에 도움이 된다고 생각하십니까?					
4	유치원에서 실시하는 급·간식의 식단과 질에 만족하십니까?					
5	유치원에서 실시하는 부모교육 및 참여활동이 자녀를 지도하는 데 도움이 되십니까?					
6	유치원의 교사들은 유아를 사랑하고 교육적으로 잘 지도한다고 생각하십니까?					
7	유치원에 대한 기타 의견(좋은 점이나 개선할 점이 있으면 써 주세요)					

4 어린이집 평가인증

최근 여성의 사회·경제 활동이 늘어나고 저출산 문제가 심화되면서 영유아 보육 및 교육에 대한 우리 사회의 관심과 요구는 매우 높아졌다. 특히 결정적 시기인 영유아기에 대한 중요성과 영유아가 국가경쟁력의 기반이 되는 미래 인적자원이라는 인식을 공유하게 되면서 우리나라뿐만 아니라 세계 여러 나라에서도 영유아의 건강한 성장에 대해 활발하게 관심을 기울이고 재정투자를 하고 있다.

1980년대 이후 우리나라는 경제발전과 더불어 여서의 사회·경제활동 참여가 확대되면서 영유아 보육에 대한 요구가 급속하게 증가하였다. 이에 정부는 1991년 「영유아보육법」을 제정하였고 1995년부터 어린이집 확충 계획을 추진하여 어린이집은 양적 측면에서 규모가 매우 빠르게 성장하였다. 그러나 이러한 단기간 내 급속한 어린이집 양적 확충정책의 결과는 보육서비스에 대해 심각한 우려를 낳았고 보육서비스 질 개선의 필요성을 느끼는 수준에 이르게 되었다.

이에 따라 정부는 보육서비스의 질을 제고하기 위한 정책으로의 전환을 시도하여 2003년 '어린이집 평가인증제 모형' 개발 및 2004년 「영유아보육법」 제30조에 '어린이집 평가인증'의 법적 근거를 마련하고 2005년 시범운영을 거쳐 2006년부터 '평가인증제도'를 본격적으로 확대 시행하기에 이르렀다. 이후 중앙보육정책위원회 심의를 거쳐 최종 확정된 통합지표와 운영체계를 적용하여 제3차 어린이집 평가인증을 시행하게 되었다.

1) 어린이집 평가인증지표

제3차 어린이집 평가인증 통합지표는 국무조정실 유보통합추진단의 「유치원·어린이집 평가체계 통합방안」을 기초로 어린이집 특성화지표를 반영하는 4개의 평가영역, 21개의 평가지표, 79개의 평가항목으로 구성되었다.

통합지표 세부 평가항목은 표 13-6과 같다.

[표 13-6] 통합지표 세부 평가항목

평가 영역	평가 지표	평가항목
1. 보육과정 및 상호작용 (31)	1-1. 보육계획 수립 및 실행 (4)	1. 국가 수준의 보육과정에 제시된 목표 및 내용을 반영한다.
		2. 영유아의 발달 수준 및 반 특성을 고려하여 연간, 월간, 주간, 일일 계획안을 작성한다.
		3. 연간, 월간, 주간, 일일 계획안의 목표 및 내용이 적절하며, 연계성이 있다.
		4. 표준보육과정(누리과정 포함)의 영역을 반영하여 보육활동을 실시한다.
	지표등급	우수: 'Y' 가 3개 이상, 적합: 'Y' 가 2개, 개선필요: 'Y' 가 1개 이하
	1-2. 일과 운영 (5)	1. 계획에 따라 영유아의 연령에 적합한 놀이, 활동, 일상생활 경험을 균형 있게 통합적으로 운영한다.
		2. 자유선택활동 시간을 매일 충분히 배정하여 운영한다.
		3. 바깥놀이 시간을 매일 충분히 배정하여 운영한다.
		4. 놀이나 활동을 융통성 있게 운영한다.
		5. (장애영유아) 장애영유아를 위한 관련 서비스(치료지원 포함)를 일과 중에 통합적으로 제공한다.
	지표등급	(일반) 우수: 'Y' 가 3개 이상, 적합: 'Y' 가 2개, 개선필요: 'Y' 가 1개 이하
		(장애) 우수: 'Y' 가 4개 이상, 적합: 'Y' 가 3개, 개선필요: 'Y' 가 2개 이하
	1-3. 교수-학습방법 및 놀이지원 (6)	1. 주제에 적합한 활동계획을 수립하고 그에 적절한 교수-학습방법과 자료를 활용한다.
		2. 교사는 영유아가 활동에 대한 흥미나 호기심을 갖도록 한다.
		3. 교사는 다양한 놀이와 활동이 영유아의 자발적 선택에 의해 주도적으로 이루어지도록 격려한다.
		4. 교사는 영유아의 놀이상황을 관찰하면서 놀이를 지원한다.
		5. 교사는 영유아가 다양하게 생각하여 대답할 수 있도록 발문한다.
		6. 교사의 태도가 안정되고 자신감이 있다.
	지표등급	우수: 'Y' 가 5개 이상, 적합: 'Y' 가 3~4개, 개선필요: 'Y' 가 2개 이하

(계속)

평가 영역	평가 지표	평가항목
1. 보육과정 및 상호작용 (31)	1-4. 교사-영유아 상호작용 (6)	1. 교사는 신체적 특성, 가족 및 민족 배경 등으로 인한 편견 없이 모든 영유아를 존중한다.
		2. 교사는 영유아의 기질, 정서적 상태, 놀이 선호 등을 파악하여 적절히 반응한다.
		3. 교사는 영유아의 개별적 요구나 질문을 주의 깊게 듣고 적절하게 반응한다.
		4. 교사는 영유아가 이해할 수 있는 내용으로 눈을 마주치며 이야기한다.
		5. 교사는 위협, 비난, 조롱 등 부정적 언어를 사용하지 않는다.
	지표등급	우수: 'Y' 가 5개 이상, 적합: 'Y' 가 3~4개, 개선필요: 'Y' 가 2개 이하
	1-5. 영유아 간 상호작용 시 교사역할 (4)	1. 교사는 영유아가 일상에서 또래와 긍정적 상호작용을 하도록 격려한다.
		2. 교사는 영유아가 자신의 의견이나 생각을 또래에게 말로 표현하도록 격려한다.
		3. 교사는 영유아가 적절한 약속과 규칙을 알고 지킬 수 있도록 격려한다.
		4. 교사는 영유아 간 다툼이나 문제가 발생하지 않도록 환경을 마련하고, 발생 시 적절히 개입한다.
	지표등급	우수: 'Y' 가 3개 이상, 적합: 'Y' 가 2개, 개선필요: 'Y' 가 1개 이하
	1-6. 평가 (4)	1. 영유아의 행동을 객관적으로 관찰 · 기록한다.
		2. 보육과정 목표와 내용을 준거로 영유아의 발달특성과 변화를 평가한다.
		3. 영유아 평가결과를 보육과정 편성 및 운영에 반영하고, 부모면담의 자료로 활용한다.
		4. 보육과정 운영에 대한 평가를 실시하고, 그 결과를 다음 계획안에 반영한다.
	지표등급	우수: 'Y' 가 3개 이상, 적합: 'Y' 가 2개, 개선필요: 'Y' 가 1개 이하
	1-7. 일상생활 (2)	1. 특별활동을 운영지침에 따라 실시한다.
		2. 영유아의 일상 경험이 편안한 분위기에서 생활화되도록 격려한다.
	지표등급	우수: 'Y' 가 2개, 적합: 'Y' 가 1개, 개선필요: 'Y' 가 0개
1영역 등급		(우수) '우수' 등급 지표가 5개 이상 (적합) '우수' 등급 지표가 4개 이하 (개선필요) '개선필요' 등급 지표가 1개 이상

(계속)

평가 영역	평가 지표	평가항목
2. 보육환경 및 운영관리 (19)	2-1. 실내공간 구성 (5)	1. 보육실 내 흥미 영역은 영유아의 연령 및 발달 특성을 고려하여 충분한 공간에 구성한다.
		2. 영유아의 요구를 충족하는 다양한 공간을 마련하고 있다.
		3. 실내 시설 및 설비가 영유아의 발달 수준에 적합하다.
		4. 계획안의 주제와 관련된 활동자료들을 영유아의 연령 수준에 맞게 영역별로 다양하게 구비하고 있다.
		5. 비품과 활동자료를 보관하는 별도의 공간이 있고, 연령별, 주제별 또는 영역별로 정리되어 있다.
	지표등급	우수: 'Y' 가 4개 이상, 적합: 'Y' 가 3개, 개선필요: 'Y' 가 2개 이하
	2-2. 실외공간 구성 (3)	1. 옥외놀이터 등을 구비하고 있다.
		2. 영유아 발달에 적합하고 다양한 놀이기구를 구비하고 있다.
		3. 실외 공간에 다양한 활동 영역을 제공하고 있다.
	지표등급	우수: 'Y' 가 3개, 적합: 'Y' 가 2개, 개선필요: 'Y' 가 1개 이하
	2-3. 기관 운영 (5)	1. 모든 반을 편성 규정에 맞게 운영하고 있다.
		2. 개별 영유앙의 생활기록부를 작성 · 관리 하고 있다.
		3. 신입 영유아 적응을 위한 지원을 하고 있다.
		4. 예 · 결산서를 대내외적으로 공개한다.
	지표등급	우수: 'Y' 가 3개 이상, 적합: 'Y' 가 2개, 개선필요: 'Y' 가 1개 이하
2. 보육환경 및 운영관리 (19)	2-4. 가정 및 지역사회와의 연계 (5)	1. 부모와 상호 협의 하에 어린이집을 개방한다.
		2. 부모교육을 다양하게 실시하고 있다.
		3. 부모와 개별면담을 하고 가정과의 소통을 다양한 방법으로 실시하고 있다.
		4. 영유아와 연계한 다양한 활동을 실시하고 있다.
		5. 지역사회와 연계한 다양한 활동을 실시하고 있다.
	지표등급	우수: 'Y' 가 3개 이상, 적합: 'Y' 가 2개, 개선필요: 'Y' 가 1개 이하
	2-5. 어린이집 이용보장 (2)	1. 어린이집 운영계획을 수립하여 부모에게 안내하고 있다.
		2. 종일반 및 맞춤반을 지침에 따라 운영하고 있다.
	지표등급	우수: 'Y' 가 2개, 적합: 'Y' 가 1개, 개선필요: 'Y' 가 0개
2영역 등급		(우수) '우수' 등급 지표가 4개 이상 (적합) '우수' 등급 지표가 3개 이하 (개선필요) '개선필요' 등급 지표가 1개 이상

(계속)

평가 영역	평가 지표	평가항목
3, 건강 · 안전 (15)	3-1 실내외 공간의 청결 및 안전 (4)	1. 실내외 공간을 청결하고 쾌적하게 관리하고 있다.
		① 실내외 공간을 청결하게 유지한다.
		② 실내외 놀잇감을 청결하게 유지한다,
		③ 개별 침구를 청결하게 유지한다.
		④ 환기를 자주하여 실내 공기를 쾌적하게 유지한다.
		⑤ 실내 공간의 온도, 습도, 채광, 조명을 적정하게 유지한다.
		(평가항목 Y 충족 기준) 5개 중 4개 이상
		2. 실내외 공간을 영유아의 안전을 위해 위험요인 없이 관리하고 있다.
		① 출입문, 창문, 천장, 바닥, 벽면 등이 안전하여 위험요인이 없다,
		② 전기설비 및 전선줄 등이 안전하여 위험요인이 없다.
		③ 고정식 및 이동식 시설 · 설비가 안전하여 위험요인이 없다.
		④ 세면대, 정수기 등에 온수 조절 장치가 적절하여 위험요인이 없다.
		⑤ 성인이 주로 사용하는 실내외 공간에 영유아가 출입하지 않는다.
		(평가항목 Y 충족 기준) 5개 중 4개 이상
		3. 실내외 놀잇감이 안전하고, 위험한 물건을 안전하게 보관 · 관리하고 있다.
		① 보육실 내 놀잇감에 파손된 부분이 없다.
		② 실내외 공간에 비치된 놀잇감에 파손된 부분이 없다.
		③ 보육실 내의 위험한 물건을 안전하게 보관 · 관리한다.
		④ 실내외 공간의 위험한 물건을 안전하게 보관 · 관리한다.
		(평가항목 Y 충족 기준) 4개 중 3개 이상
		4. 안전시설 및 설비를 비상시 효율적으로 사용할 수 있도록 관리하고 있다.
		(요소 없음)
	지표등급	우수: 'Y' 가 3개 이상, 적합: 'Y' 가 2개, 개선필요: 'Y' 가 1개 이하

(계속)

평가 영역	평가 지표	평가항목
3. 건강 · 안전 (15)	3-2. 급 · 간식 (3)	1. 영양의 균형을 고려한 급 · 간식을 제공하고 있다.
		① 영유아의 연령 및 영양 균형을 맞춘 식단이 수립되어 있고, 식단에 따른 급 · 간식을 제공한다.
		② 인스턴트 식품보다 자연식품 위주로 급 · 간식을 제공한다.
		③ 영유아의 연령 특성을 고려한 급 · 간식(크기, 맛, 조리형태 등)을 제공한다.
		④ 충분한 양의 급 · 간식을 제공한다.
		⑤ 식품 알레르기 질환에 대한 지침을 마련하여 실행한다.
		(평가항목 Y 충족 기준) 5개 중 4개 이상
		2. 식자재의 구입 · 보관 및 조리공간을 위생적으로 관리하고 있다.
		① 신선한 식자재를 구입하여 사용한다.
		② 유통기한 경과 식품(식자재 등)이 없다.(필수)
		③ 식자재를 위생적으로 보관한다.(필수)
		④ 조리실 공간(바닥, 벽, 천장 등)을 청결하게 유지한다.
		⑤ 조리실 내 시설 · 설비(개수대, 조리대, 식기수납장, 가스레인지, 후드, 환풍기, 주방가전 등)를 청결하게 유지한다.
		(평가항목 Y 충족 기준) 5개 중 4개 이상(요소 2, 3 포함)
		3. 조리 및 배식과정을 청결하고 위생적으로 관리하고 있다.
		① 조리 시 앞치마, 머릿수건, 조리실 전용 신발이나 위생화를 착용한다.
		② 조리가 위생적으로 이루어진다.
		③ 식기류(컵 등)와 조리실 비품(조리도구, 행주 등)을 위생적으로 관리한다.
		④ 1회 조리된 음식은 당일 소모하고 재배식하지 않는다.(필수)
		⑤ 배식과정이 위생적으로 이루어진다.
		⑥ 마실 물, 우유 등을 위생적으로 관리한다.(필수)
		(평가항목 Y 충족 기준) 6개 중 5개 이상(요소 4, 6 포함)
	지표등급	우수: 'Y' 가 3개, 적합: 'Y' 가 2개, 개선필요: 'Y' 가 1개 이하

(계속)

평가 영역	평가 지표	평가항목
3. 건강·안전 (15)	3-3. 건강 증진을 위한 교육 및 관리 (3)	1. 손 씻기, 양치질 등 청결한 위생습관을 실천한다.
		(요소 없음)
		2. 교사는 영유아의 건강상태를 살펴보고 적절하게 지원한다.
		① 아프거나 다친 영유아에 대한 지침을 마련하고 있다.
		② 교사는 일과 중 영유아의 건강상태를 주의 깊게 살펴보고, 적절히 조치한다.
		③ 투약의뢰서를 관리하고, 부모에게 투약보고를 한다.
		④ 비상약품이 용도별로 구비되어 있고, 비상약품을 유효기간 내로 관리하고 있다.
		(평가항목 Y 충족 기준) 4개 중 3개 이상
		3. 영유아와 교직원의 건강 증진을 위한 예방관리와 교육을 실시한다.
		① 개별 영유아의 건강검진 서류, 응급처치동의서를 작성·관리하고 있다.
		② 영유아 및 교직원을 대상으로 다양한 건강 및 영양교육을 실시한다.
		③ 교직원의 건강검진이 정기적으로 이루어진다.
		④ 영유아 및 교직원에 대한 감염병 관리수칙을 수립하여 실천한다,
		⑤ 교직원의 직무스트레스(정신건강)를 예방하고 관리할 수 있는 서비스를 안내하거나 제공한다.
		(평가항목 Y 충족 기준) 5개 중 4개 이상
	지표등급	우수: 'Y' 가 3개, 적합: 'Y' 가 2개, 개선필요: 'Y' 가 1개 이하
	3-4. 등·하원의 안전 (2)	1. 영유아는 등원부터 하원까지 성인의 보호 하에 있다.
		① 영유아의 인계과정에 대한 규정이 있고, 규정에 따라 안전하게 이루어진다.
		② 영유아의 보호자에게 받은 귀가동의서를 구비하고 있다.
		③ 교직원은 영유아의 안전을 위해 항상 전체 상황을 주시한다.
		④ 영유아를 두고 자리를 비울 때에는 책임 있는 성인에게 인계한다.
		(평가항목 Y 충족 기준) 4개 중 3개 이상
		2. 등·하원 차량을 운행할 경우 안전요건을 갖추어 관리한다.
		① 차량 내부에 안전수칙을 게시하고, 영아용 보호장구, 차량용 소화기, 비상약품을 구비하고 있다.
		② 매일 차량 안전점검을 실시한다.
		③ 차량 운행 시 성인이 동승한다.
		④ 차량기사와 차량에 동승한 성인은 영유아를 안전하게 보호한다.
		(평가항목 Y 충족 기준) 4개 중 4개, 차량운행 하지 않는 경우
	지표등급	우수: 'Y' 가 2개, 적합: 'Y' 가 1개, 개선필요: 'Y' 가 0개

(계속)

평가 영역	평가 지표	평가항목
3. 건강 · 안전 (15)	3-5. 안전 교육 및 사고 대책 (3)	1. 영유아를 대상으로 안전교육을 지속적으로 실시하고 있다.
		① 영유아를 대상으로 발달에 적합한 안전교육을 정기적으로 실시한다.
		② 영유아가 정기 소방대피훈련에 참여한다.
		③ 영유아가 놀이기구와 놀잇감을 안전하게 사용하도록 지도한다.
		④ 계절 및 날씨 관련 놀이 안전수칙을 준수한다.
		(평가항목 Y 충족 기준) 4개 중 3개 이상
		2. 교직원은 안전교육을 받고 영유아 학대 예방 지침을 준수한다.
		① 교직원을 대상으로 기본적인 안전교육을 정기적으로 실시한다(영유아 학대 예방교육 포함)
		② 교직원은 안전관리 시설 및 설비(소화기 등)의 사용법을 숙지하고 있다.
		③ 비상시 교직원의 대처방안과 업무분장이 체계적으로 수립되어 있고, 교직원은 자신의 역할을 숙지하고 있다.
		④ 교직원 중에 응급처치(심폐소생술) 관련 교육에 참여한 직원이 있다.
		⑤ 영유아 학대 예방 지침(체벌 금지 포함)을 준수한다.(필수)
		(평가항목 Y 충족 기준) 5개 중 4개 이상 (요소 5 포함)
		3. 영유아 교직원 및 시설 보험에 모두 적합하게 가입하고 있다.
		(요소 없음)
	지표등급	우수: 'Y' 가 3개, 적합: 'Y' 가 2개, 개선필요: 'Y' 가 1개 이하
3영역 등급		(우수) '우수' 등급 지표가 4개 이상 (적합) '우수' 등급 지표가 3개 이하 (개선필요) '개선필요' 등급 지표가 1개 이상
4. 교직원 (14)	4-1. 원장의 리더십 (4)	1. 원장은 자신의 전문성 향상을 위해 노력하고 있다.
		2. 원장은 교직원을 존중하고, 교직원의 발전을 위해 지원하며, 면담을 실시한다.
		3. 원장은 정기적인 교사회의 등을 통해 교직원의 의견을 민주적으로 수렴한다.
		4. 2년 이상 근속한 교사가 전체 교사의 50% 이상이다.
	지표등급	우수: 'Y' 가 3개, 적합: 'Y' 가 2개, 개선필요: 'Y' 가 1개 이하

(계속)

평가 영역	평가 지표	평가항목
4. 교직원 (14)	4-2. 교직원의 근무환경 (3)	1. 교사실과 개인사물함을 별도로 마련하고 있다.
		2. 교사의 업무지원을 위한 자료 및 설비를 충분히 구비하고 있다.
		3. 성인용 화장실을 영유아용과 별도로 설치하고 있다.
	지표등급	우수: 'Y' 가 3개, 적합: 'Y' 가 2개, 개선필요: 'Y' 가 1개 이하
	4-3. 교직원의 처우와 복지(3)	1. 교직원 인사와 관련하여 공정한 규정이 있으며, 이를 준수하고 있다.
		2. 교직원의 보수와 관련한 규정이 있으며, 이를 준수하고 있다.
		3. 교직원의 복지를 위해 노력하고 있다.
	지표등급	우수: 'Y' 가 3개, 적합: 'Y' 가 2개, 개선필요: 'Y' 가 1개 이하
	4-4. 교직원의 전문성 제고 (4)	1. 신규 교직원에게 업무 관련 오리엔테이션을 실시하고 있다.
		2. 교사의 전문성 제고를 위한 다양한 연수 기회를 부여하고 있다.
		3. 교사의 교수-학습방법에 대한 관찰과 지도를 실시하고 있다.
		4. 교사에 대한 근무평가를 실시하고 있다.
	지표등급	우수: 'Y' 가 3개 이상, 적합: 'Y' 가 2개, 개선필요: 'Y' 가 1개 이하
4영역 등급		(우수) '우수' 등급 지표가 3개 이상 (적합) '우수' 등급 지표가 2개 이하 (개선필요) '개선필요' 등급 지표가 1개 이상

2) 어린이집 평가인증 절차

어린이집은 평가인증지표를 중심으로 상시 자체점검을 실시한 후 평가인증에 참여 신청한다. 평가인증 과정은 상시 신청 이후 참여확정, 현장평가, 종합평가 3단계를 거쳐 인증결과 공표까지 진행된다. 평가인증 절차는 그림 13-3과 같다.

[그림 13-3]

수행하기

1. 평가의 필요성 및 종류를 설명하시오.

2. 교원 평가의 방법을 설명하시오.

1. ○○유치원 규칙(예시)

제1장 총　칙

제1조 (목적) 이 규칙은 유아교육법 제10조와 동법시행령 제10조의 규정에 따라 본원에서의 유아교육에 관해 필요한 사항을 규정함을 목적으로 한다.

제2조 (명칭) 본원은 ○○유치원이라 명한다.

제3조 (위치) 본원은 경기도 ○○시　○○로 ○○에 위치한다.

제2장 교육연한 및 학년도 · 학기 · 휴업일

제4조 (교육연한 및 학년도) 본원의 교육연한은 1~3년으로 하고, 유치원의 학년도는 법 제12조 제1항에 의거 3월 1일부터 다음해 2월 말일까지로 한다.

제5조 (학기) 본원의 학기는 매 학년도를 두 학기로 나눈다. 제1학기는 3월 1일부터 여름방학이 끝나는 날까지(원장이 정하는 날까지), 제2학기는 1학기 종료일부터 다음해 2월 말일까지로 한다.

제6조 (휴업일) ① 본원의 휴업일은 다음과 같다.

1. 공휴일
2. 여름 · 겨울, 학년말의 휴가
3. 개원기념일
4. 재량휴업일

② 제1항 제2호의 휴업일은 제1항 제1호와 제3호, 제4호의 휴업일을 감안하여 수업일수를 매 학년 180일 이상 이수하는 범위 안에서 유치원장이 정한다.

③ 유치원장은 비상재해 기타 급박한 사정이 발생한 때에는 임시휴업을 할 수 있다.

④ 휴업일이라도 필요하다고 인정하는 경우에는 수업을 하거나 실습을 할 수 있다.

제3장 학급편제 및 원아정원

제7조 (학급편제) ①본원의 학급수는 ○○학급(만3세반 ○학급, 만4세반 ○학급, 만5세반 ○학급)으로 한다.

② 제1항의 학급 수는 유아모집 결과에 따라 총학급수 범위 내에서 연령별로 조정 할 수 있다.

③ 본원의 방과후과정반은 ○학급으로 하되, 방과후과정반은 당해연도 1학기 편성학급으로 운영한다.

제8조 (원아정원) ① 본원의 원아정원은 ○○명(만3세 ○명, 만4세 ○명, 만5세 ○명)으로 한다.

② 본원의 학급별 유아 정원은 제1항의 정원 범위 내에서 경기도교육청에서 정하는 당해 학년도 학급 당 유아 수(학급편성) 기준에 의하여 편성·운영한다.

③ 본원의 원아정원 ○○명은 방과후과정반 원아정원 ○○명을 포함한다.

④ 학기 중 결원이 발생할 경우 전체 대기자 순으로 결원을 보충한다.

제4장 교육과정 및 교육내용

제9조 (교육과정 및 교육내용) ① 법 제13조 제1항에 의거 교육과정을 운영한다.

② 본원의 교육내용은 우리나라의 교육 이념과 추구하는 인간상을 바탕으로 국가 수준의 교육과정과 시교육청의 교육과정편성 · 운영 지침을 근거로 지역 실정에 맞는 창의적인 00유치원 교육 과정을 편성 · 운영한다.

③ 유치원의 상황, 유아의 발달 수준에 맞추어 수준별 내용간의 적절성을 고려하여 운영한다.

④ 특수학급 교육내용은 국가 수준 교육과정과 특수학교기본교육과정에 근거하여 자체 수립한 교육과정 지도내용으로 운영한다.(유치원의 실정에 따라)

⑤ 방과후과정반은 유아들이 가지는 신체, 심리적 부담을 배려하여 교육과 보육활동이 적절히 어우러진 오전, 오후의 연계성 있는 놀이와 활동으로 운영한다.

제5장 수업일수 및 수업운영방법

제10조 (수업일수) ① 본원의 수업일수는 법 시행령 제12조의 규정에 의거 매 학년도 180일 이상으로 하여 운영한다. 다만, 천재지변이나 연구학교 운영 등 교육과정 운영상 필요한 경우는 관할청의 승인을 얻어 10분의 1의 범위 안에서 수업일수를 감축하여 운영한다.

② 유치원장은 교육상 필요한 경우 보호자의 동의를 얻어 체험학습을 허가하고, 일정 기간을 수업일수로 인정한다.

제11조 (수업시간) ① 본원의 교육과정이 시작되는 시간은 0시00분으로 하며, 끝나는 시간은 교육과정운영계획에 정해진 종료시간에 따르되, 유아의 연령과 발달 수준, 계절, 학부모의 요구 등을 고려하여 융통성 있게 운영한다.

제12조 (방과후과정반운영) ① 방과후과정은 기본교육과정이후에 이루어지되 기본교육과정을 시작시간으로 하여 8시간이상 운영한다.

제13조 (수업운영방법) ① 교육상 필요한 경우 교육과정반, 방과후과정반을 병합하여 수업할 수 있다.

② 교사는 학습자의 수준을 고려하여 개별화 학습을 강구하여야 하고 다양한 놀이중심의 학습 방법을 적용하여야 한다.

③ 교사는 수업의 효율성을 높이기 위하여 선진기기교재 및 정보통신매체를 활용한다.

④ 원장은 교육상 필요한 경우 체험학습을 허가한다.

제14조 (수업연구) ① 교사는 다양한 수업이 되도록 부단한 연구를 하여야 한다.

② 교사는 교재 연구록을 작성하여 결재를 득한 후 수업에 임하여야 하며, 본원 교육과정 운영계획에 의하여 수업을 공개하고, 수업연구 결과물을 원장에게 제출하여야 한다.

제15조 (수업장학) ①원장과 원감은 교사들의 수업기술 향상을 위해 수시로 수업장학을 실시한다.

② 원장과 원감은 교내 순시를 통하여 교육과정이 정상적으로 운영되도록 지도 조언을 하고, 교사는 특별한 사정이 없는 한 이를 수용한다.

제16조 (건강검진 및 급식) ① 법 제17조 제1항에 의거 유아에 대한 건강검진을 실시하고, 그 결과 치료를 요하는 유아에 대하여는 보호자와 협의하여 필요한 조치를 취한다.

② 법 제17조 제2항에 의거 학부모와의 협의를 거쳐 원아에게 적합한 급식을 제공한다.

제17조 (원아평가) ① 원아평가는 원아의 발달정도에 대해 다양한 도구와 방법을 적용하여 실시하되 결과보다는 과정 중심의 수행평가에 역점을 둔다.

② 원아 평가는 학기 초에 평가의 영역, 평가의 방법, 평가도구의 제작, 평가의 시기 등이 포함된 평가 계획을 수립하여 원장의 승인을 얻은 후 시행한다.

③ 평가 결과는 원아 간 상호 비교나 서열화를 지양하고, 원아 개개인의 성장 발달을 돕는 지도 및 학부모 상담 자료로 활용한다.

제18조 (생활기록부 작성 · 보관) ① 법 제14조에 의거 생활기록부를 작성한다.

② 유아의 발달 등을 종합적으로 관찰 · 평가하여 유아생활지도 및 초등학교 교육과의 연계지도에 활용할 수 있도록 하기 위하여 교육부장관이 정하는 기준에 따라 생활기록부를 작성 · 관리한다.

제6장 입학 재입학 전입, 편입, 휴학 및 졸업

제19조 (입학시기) 입학 시기는 연중으로 하며, 총 정원수가 초과하지 않는 범위 안에서 중도 입학이 가능하다.

제20조 (입학자격) ① 본원에 입학할 수 있는 유아는 만3세부터 초등학교 취학 직전의 유아로 한다.

② 입학 희망자가 정원을 초과할 경우 추첨에 의하여 원아를 선발한다.

제21조 (재입학) 만 3,4세에 입학 유아와 만 6세아 중 초등학교 취학을 유예한 경우 유치원의 정원을 초과하지 않는 범위 안에서 재입학을 할 수 있다.

제22조 (편/전입) 공, 사립유치원에서 본원으로 전입을 희망할 경우 정원 내에서 허가한다.

제23조 (휴원) 질병 등 기타 가정사유로 휴학을 희망할 경우 원장이 휴원서를 받아 처리한다.

제24조 (퇴원) 원아가 다음의 각 호에 해당할 때 원장은 퇴원을 명할 수 있다.

① 보호자가 전 가족 이주나 가정사정 등으로 퇴학을 요구할 때

② 수업료 징수결정 후 정당한 이유 없이 10일 이상 무단결석할 때

③ 질병 및 기타 사유로 본인 및 타 원아의 교육에 지장이 있다고 인정된 유아

제25조 (수료 및 졸업) ① 원장은 유치원아의 교육과정의 이수정도 등을 평가하여 수료 또는 졸업을 인정한다.

② 수료 및 졸업에 해당하는 출석일수는 법 제12조 제3항 동법 시행령 제12조의 규정에 의한 수업일수의 3분의 2 이상으로 한다.

③ 유치원장은 당해 유치원의 교육과정을 이수하였다고 인정하는 만5세 유아에 졸업장을 수여한다.

④ 유치원장은 당해 유치원의 교육과정을 이수하였다고 인정하는 만3,4세 유아에게는 수료장을 수여한다.

제7장 교직원

제26조 (교원의 배치) ① 법 제20조 제1항 동법 시행령 제23조 제1항의 규정에 의하여 원장 · 원감 외에 학급마다 교사 1인 이상을 배치할 수 있다.

② 법 제20조 제3항 동법 시행령 제23조 제3항에 의거 방과후과정반에는 보조원을 둘 수 있다.

③ 시행령 23조 제4항의 규정에 의하여 보직교사 (3학급이상)를 둘 수 있다.

④ 그 외 세부 사항은 교육청의 보직교사 배치 계획에 따른다.

제27조 (직원의 배치) 시행령 제24조의 규정에 의해 직원을 배치하되 세부사항은 경기도교육청 사립유치원 직원배치기준(공립유치원은 경기도교육청 정원기준)에 따른다.

제28조 (교직원 연수) ① 원장은 교육개선 연구회. 학술연구회, 강연회 등의 각종 연수회를 개최하거나 참여하게 하여 수업의 질 향상 및 수업방법 개선에 노력한다.

② 원장은 교직원 연수에 필요한 인적, 물적 지원을 한다.

③ 교사는 교육과정 연수, 교수·학습방법 개선 연수, 동호인 연수 등에 능동적으로 참여하고 그 결과물을 원장에게 연 2회 이상 제출하여야 한다.

제8장 수업료 및 입학금 기타비용 징수

제29조 (입학금) 본원은 경기도 학교 수업료 및 입학금에 관한 조례에 따라 원장이 입학금을 정하여 징수한다.

제30조 (수업료) ① 본원은 경기도 학교 수업료 및 입학금에 관한 조례에 따라 당해년도에 정해진 일정금액의 수업료를 정하여 징수한다.

② 천재 또는 지변 등으로 인하여 수업료 납입이 곤란하다고 인정될 때는 경기도 학교 수업료 및 입학금에 관한 규칙에 따라 수업료를 면제하거나 감액할 수 있다.

제31조 (징수기일) 수업료는 해당 월이 시작되기 10일 이전에 징수하여서는 아니된다. 다만, 입학 최초의 수업료와 입학금은 학기가 시작되기 50일전부터 징수할 수 있다.

제32조 (수업료의 반환) ① 수업료가 과오납입 된 경우에는 그 금액을 전액 반환한다.

② 다음 각 호의 1에 해당하는 경우(이하 "반환사유"라 한다.)에는 별표의 기준에 따라 이미 납부한 수업료를 반환한다.

1. 법령에 의하여 입학을 할 수 없거나 수업을 계속할 수 없는 경우
2. 입학허가를 받은 자가 입학포기의 의사를 표시한 경우
3. 재학 중인 자가 자퇴 의사를 표시한 경우
4. 본인의 질병·사망 또는 천재지변이나 기타 부득이한 사유로 당해 유치원에 입학을 하지 아니하게 되거나 수업을 계속하지 아니하게 된 경우

제33조 (수업료의 면제) ① 유치원장이 정하는 기준(유치원 내규-선택)에 의해 수업료를 면제하거나 감면해 줄 수 있다.

제34조 (징벌) 수업료를 납부하여야할 원아가 소정의 기간 내에 이를 납입하지 아니한 때에는 유치원장이 당해 원아의 입학허가를 취소할 수 있다.

제35조 (교육활동비) 유치원장은 유치원운영위원회를 거쳐 교육과정 운영에 의한 현장 학습비를 징수할 수 있다.

제36조 (성금 및 위문금) 유치원장은 교육상 필요하거나 유관기관의 요청이 있을 때에는 각종 성금, 위문금 등을 모금할 수 있다.

제37조 (비용 징수시기 및 회계처리) 교육활동비 및 기타비용의 징수 시기는 유치원장이 정하고 회계처리 절차는 회계업무 처리기준에 의한다.

제9장 유치원운영위원회

제38조 (목적) 이 ○장은 「유아교육법」(이하 "법"이라 한다) 제19조의5 및 「유아교육법 시행령」(이하 "영"이라 한다) 제22조의13에 따라 유치원 운영위원회의 설치 및 운영 등에 관한 사항을 규정함을 목적으로 한다.

제39조 (유치원운영위원회 설치) ① 「유아교육법」 제19조의3 및 같은 법 시행령 제22조의2에 따라 유치원운영위원회를 설치한다.

② 운영위원회 위원 정수는 해당 연도 3월 1일 현재 유아수를 기준으로 한다.

③ 최초로 제정되는 규정은 교직원전체회의의 검토를 거쳐 원장이 정한다.

======= 이하 규정은 〈유치원 운영위원회 매뉴얼〉 참조 =======

제10장 규칙개정절차

제40조 (규칙개정절차) 규칙의 개정은 유치원장이 규칙개정안을 작성하여 유치원

운영위원회(유치원운영위원회 구성되기 전에는 교직원회의)를 거쳐 관할청의 인가를 받아 이를 확정 · 시행한다.

부 칙

제1조 (시행일) ① 이 규칙은 공포한 날부터 시행한다.

제2조 (시행규칙) 이 규칙의 시행에 관하여 필요한 세부사항은 유치원장이 정한다.

2. 교육기본법

제9조 (학교교육) ① 유아교육 · 초등교육 · 중등교육 및 고등교육을 하기 위하여 학교를 둔다.

② 학교는 공공성을 가지며, 학생의 교육 외에 학술 및 문화적 전통의 유지 · 발전과 주민의 평생교육을 위하여 노력하여야 한다.

3. 어린이놀이시설 안전관리법

제12조 (어린이놀이시설의 설치검사 등) ① 설치자는 제11조의 규정에 따라 설치한 어린이놀이시설을 관리주체에게 인도하기 전에 대통령령이 정하는 방법 및 절차에 따라 안전검사기관으로부터 설치검사를 받아야 한다.

② 관리주체는 제1항의 규정에 따라 설치검사를 받은 어린이놀이시설이 제11조의 규정에 따른 시설 기준 및 기술기준에 적합성을 유지하고 있는지를 확인하기 위하여 대통령령이 정하는 방법 및 절차에 따라 안전검사기관으로부터 2년에 1회 이상 정기시설검사(이하 "정기시설검사"라 한다)를 받아야 한다.

③ 안전검사기관은 제1항 및 제2항의 규정에 따른 설치검사 및 정기시설검사를 행함에 있어서 대통령령이 정하는 바에 따라 수수료를 받을 수 있다.

④ 관리주체는 제1항 및 제2항의 규정에 따른 설치검사 및 정기시설검사에 합격된 어린이놀이시설에 대해서는 사용자가 알 수 있도록 대통령령이 정하는 바에 따라 설치검사 및 정기시설검사에 합격되었음을 나타내는 표시를 하여

야 한다.

제13조 (검사 불합격 시설 등의 이용금지 및 개선) ① 설치자 또는 관리주체는 다음 각 호에 해당하는 경우 지체 없이 대통령령으로 정하는 방법에 따라 어린이 등이 해당 어린이놀이시설에 출입하지 못하도록 이용금지 조치를 하고 해당 관리감독기관의 장에게 그 사실을 통보하여야 한다.

제12조 제1항에 따른 설치검사를 받지 아니하였거나 설치검사에 불합격된 경우

제12조 제2항에 따른 정기시설검사를 받지 아니하였거나 설치검사에 불합격된 경우

제16조 제1항에 따른 안전진단에서 위험하거나 보수가 필요하다는 판정을 받은 경우

② 설치자 또는 관리주체는 제12조에 따른 설치검사나 정기시설검사에서 불합격 통보를 받았거나 제16조에 따른 안전진단에서 위험하거나 보수가 필요하다는 판정 통보를 받은 경우에는 그 통보를 받은 날부터 2개월 이내에 시설개선계획서를 관리감독기관의 장에게 제출하고 수리·보수 등 필요한 조치를 하여야 한다. 다만, 2개월 이내에 시설개선 등을 완료한 경우에는 시설개선계획서를 제출하지 아니할 수 있다.

③ 관리감독기관의 장은 제2항에 따라 제출받은 시설개선계획서의 적정성을 검토하여 필요한 경우 보완을 요구할 수 있으며, 설치자 또는 관리주체는 정당한 사정이 없으면 이에 따라야 한다.

④ 관리감독기관의 장은 제2항 단서에 따른 시설개선의 완료와 제3항의 계획서에 따른 시설개선의 이행을 확인·점검하여야 하며, 그 확인·점검 결과 시설개선이 이루어지지 아니하였다고 인정하는 경우에는 설치자 또는 관리주체에게 기한을 정하여 해당 어린이놀이시설을 보완하도록 명하여야 한다.

4. 아동·청소년의 성보호에 관한 법률

제56조 (아동·청소년 관련기관 등에의 취업제한 등) ① 법원은 아동·청소년대상 성범죄 또는 성인대상 성범죄(이하 "성범죄"라 한다)로 형 또는 치료감호를 선고하는 경우(제11조 제5항에 따라 벌금형을 선고받은 사람은 제외한다)에는 판결(약식명령을 포함한다. 이하 같다)로 그 형 또는 치료감호의 전부 또는 일

부의 집행을 종료하거나 집행이 유예·면제된 날(벌금형을 선고받은 경우에는 그 형이 확정된 날)부터 일정기간(이하 "취업제한 기간"이라 한다) 동안 다음 각 호에 따른 시설·기관 또는 사업장(이하 "아동·청소년 관련기관 등"이라 한다)을 운영하거나 아동·청소년 관련기관 등에 취업 또는 사실상 노무를 제공할 수 없도록 하는 명령(이하 "취업제한 명령" 이라 한다)을 성범죄 사건의 판결과 동시에 선고(약식명령의 경우에는 고지)하여야 한다. 다만, 재범의 위험성이 현저히 낮은 경우, 그 밖에 취업을 제한하여서는 아니 되는 특별한 사정이 있다고 판단하는 경우에는 그러하지 아니한다.

「유아교육법」 제2조 제2호의 유치원

「초·중등교육법」 제2조의 학교, 같은 법 제28조와 같은 법 시행령 제54조에 따른 위탁 교육기관 및 「고등교육법」 제2조의 학교

2의2. 특별시·광역시·특별자치시·도·특별자치도 교육청 또는 「지방교육자치에 관한 법률」 제34조에 따른 교육지원청이 「초·중등교육법」 제28조에 따라 직접 설치·운영하거나 위탁하여 운영하는 학생상담지원시설 또는 위탁 교육시설

3. 「학원의 설립·운영 및 과외교습에 관한 법률」 제2조 제1호의 학원, 같은 조 제2호의 교습소 및 같은 조 제3호의 개인과외교습자(아동·청소년의 이용이 제한되지 아니하는 학원·교습소로서 교육부장관이 지정하는 학원·교습소 및 아동·청소년을 대상으로 하는 개인과외교습자를 말한다)
4. 「청소년 보호법」 제35조의 청소년 보호·재활센터
5. 「청소년활동 진흥법」 제2조 제2호의 청소년활동시설
6. 「청소년복지 지원법」 제29조 제1항에 따른 청소년상담복지센터 및 같은 법 제31조 제1호에 따른 청소년 쉼터
7. 「영유아보육법」 제2조 제3호의 어린이집
8. 「아동복지법」 제3조 제10호의 아동복지시설 및 같은 법 제37조에 따른 통합서비스 수행기관
9. 「성매매방지 및 피해자보호 등에 관한 법률」 제9조 제1항 제2호의 청소년 지원시설과 같은 법 제17조의 성매매피해상담소
10. 「주택법」 제2조 제3호의 공동주택의 관리사무소. 이 경우 경비업무에 직접 종사하는 사람에 한정한다.

11. 「체육시설의 설치 · 이용에 관한 법률」 제3조에 따라 설립된 체육시설 중 아동 · 청소년의 이용이 제한되지 아니하는 체육시설로서 문화체육관광부장관이 지정하는 체육시설
12. 「의료법」 제3조의 의료기관, 이 경우 「의료법」 제2조에 따른 의료인에 한정한다.
13. 「게임산업진흥에 관한 법률」 에 따른 다음 각 목의 영업을 하는 사업장
    가. 「게임산업진흥에 관한 법률」 제2조 제7호의 인터넷컴퓨터게임시설제공업
    나. 「게임산업진흥에 관한 법률」 제2조 제8항의 복합유통게임제공업
14. 「경비업법」 제2조 제1호의 경비업을 행하는 법인. 이 경우 경비업무에 직접 종사하는 사람에 한정한다.
15. 영리의 목적으로 「청소년기본법」 제3조 제3호의 청소년활동의 기획 · 주관 · 운영을 하는 사업장 (이하 "청소년활동기획업소"라 한다)
16. 「대중문화예술산업발전법」 제2조 제7호의 대중문화예술기획업자가 같은 조 제6호의 대중문화예술기획업 중 같은 조 제3호의 대중문화예술인에 대한 훈련 · 지도 · 상담 등을 하는 영업장(이하 "대중문화예술기획업소"라 한다)
17. 아동 · 청소년의 고용 또는 출입이 허용되는 다음 각 목의 어느 하나에 해당하는 기관 · 시설 또는 사업장(이하 이 호에서 "시설등"이라 한다)으로서 대통령령으로 정하는 유형의 시설등
    가. 아동 · 청소년과 해당 시설 등의 운영자 · 근로자 또는 사실상 노무 제공자 사이에 업무 상 또는 사실상 위력 관계가 존재하거나 존재할 개연성이 있는 시설등
    나. 아동 · 청소년이 선호하거나 자주 출입하는 시설 등으로서 해당 시설 등의 운영 과정에서 운영자 · 근로자 또는 사실상 노무 제공자에 의한 아동 · 청소년대상 성범죄의 발생이 우려되는 시설 등
18. 가정을 방문하거나 아동 · 청소년이 찾아오는 방식 등으로 아동 · 청소년에게 직접교육서비스를 제공하는 사람을 모집하거나 채용하는 사업장(이하 "가정방문 등 학습교사 사업장"이라 한다). 이 경우 아동 · 청소년에게 직접교육서비스를 제공하는 업무에 종사하는 사람에 한정한다.
19. 「장애인 등에 대한 특수교육법」 제11조의 특수교육지원센터 및 같은 법 제28조에 따라 특수교육 관련서비스를 제공하는 기관 · 단체

20. 「지방자치법」 제144조에 따른 공공시설 중 아동·청소년이 이용하는 시설로서 행정안전부장관이 지정하는 공공시설
21. 「지방교육자치에 관한 법률」 제32조에 따른 교육기관 중 아동·청소년을 대상으로 하는 교육기관② 제1항에 따른 취업제한 기간은 10년을 초과하지 못한다. 〈신설 2018. 1. 16.〉

③ 법원은 제1항에 따라 취업제한 명령을 선고하려는 경우에는 정신건강의학과 의사, 심리학자, 사회복지학자, 그 밖의 관련 전문가로부터 취업제한 명령 대상자의 재범 위험성 등에 관한 의견을 들을 수 있다. 〈신설 2018. 1. 16〉

④ 제1항 각 호(제10호는 제외한다)의 아동·청소년 관련기관등의 설치 또는 설립 인가·신고를 관할하는 지방자치단체의 장, 교육감 또는 교육장은 아동·청소년 관련기관등을 운영하려는 자에 대한 성범죄 경력 조회를 관계 기관의 장에게 요청하여야 한다. 다만, 아동·청소년 관련기관등을 운영하려는 자가 성범죄 경력 조회 회신서를 지방자치단체의 장, 교육감 또는 교육장에게 직접 제출한 경우에는 성범죄 경력 조회를 한 것으로 본다. 〈개정 2016. 5. 29., 2018. 1. 16.〉

⑤ 아동·청소년 관련기관 등의 장은 그 기관에 취업 중이거나 사실상 노무를 제공 중인 자 또는 취업하려 하거나 사실상 노무를 제공하려는 자(이하 "취업자등"이라 한다)에 대하여 성범죄의 경력을 확인하여야 하며, 이 경우 본인의 동의를 받아 관계 기관의 장에게 성범죄의 경력 조회를 요청하여야 한다. 다만, 취업자등이 성범죄 경력 조회 회신서를 아동·청소년 관련기관등의 장에게 직접 제출한 경우에는 성범죄 경력 조회를 한 것으로 본다.

⑥ 제4항 및 제5항에 따라 성범죄 경력 조회 요청을 받은 관계 기관의 장은 성범죄 경력 조회 회신서를 발급하여야 한다. 〈신설 2016. 5. 29., 2018. 1. 16.〉

⑦ 제4항부터 제6항까지에 따른 성범죄경력 조회의 요청 절차·범위 등에 관하여 필요한 사항은 대통령령으로 정한다. 〈개정 2016. 5. 29., 2018. 1. 16.〉

[시행일: 2018. 9. 14.]

제67조 (과태료) ① 제17조 제2항을 위반한 온라인서비스제공자에게는 3천만 원 이하의 과태료를 부과한다. ② 다음 각 호의 어느 하나에 해당하는 자에게는 1천만원 이하의 과태료를 부과한다. 〈개정 2018. 1. 16.〉

1. 제37조 제2항을 위반하여 상담·치료프로그램의 제공을 정당한 이유 없이

거부한 상담시설 또는 의료기관의 장

2. 제58조에 따른 해임요구를 정당한 사유 없이 거부하거나 1개월 이내에 이행하지 아니하는 아동·청소년 관련기관등의 장

③ 아동·청소년 관련기관 등의 장이 제56조 제5항을 위반하여 그 기관에 취업 중이거나 사실상 노무를 제공 중인 사람 또는 취업하려 하거나 사실상 노무를 제공하려는 사람에 대하여 성범죄의 경력을 확인하지 아니하는 경우에는 500만 원 이하의 과태료를 부과한다. 〈개정 2018. 1. 16.〉

④ 제34조 제2항 각 호의 어느 하나에 해당하는 기관·시설 또는 단체의 장과 그 종사자가 직무상 아동·청소년대상 성범죄 발생 사실을 알고 수사기관에 신고하지 아니하거나 거짓으로 신고한 경우에는 300만원 이하의 과태료를 부과한다.

⑤ 제1항부터 제4항까지의 과태료는 교육부장관, 문화체육부장관, 보건복지부장관, 여성가족부장관, 국토교통부장관 또는 경찰청장이 부과·징수한다. 〈개정 2013. 3. 23.〉

5. 아동복지법

제29조의3 (아동관련기관의 취업제한 등) ① 아동학대관련범죄로 형 또는 치료감호를 선고받아 확정된 사람(이하 "아동학대관련범죄전력자"라 한다)은 그 확정된 때부터 형 또는 치료감호의 전부 또는 일부의 집행이 종료(종료된 것으로 보는 경우를 포함한다)되거나 집행을 받지 아니하기로 확정된 후 10년까지의 기간 동안 다음 각 호에 해당하는 시설 또는 기관(이하 "아동관련기관"이라 한다)을 운영하거나 아동관련기관에 취업 또는 사실상 노무를 제공할 수 없다.

제37조에 따른 취약계층 아동 통합서비스 수행기관, 아동보호전문기관, 제48조의 가정위탁지원센터 및 제52조의 아동복지시설

「가정폭력방지 및 피해자보호 등에 관한 법률」 제4조의6의 긴급전화센터, 같은 법 제5조의 ㅈ가정폭력 관련 상담소 및 같은 법 제7조의2의 가정폭력피해자 보호시설

「건강가정기본법」 제35조의 건강가정지원센터

「다문화가족지원법」 제12조의 다문화가족지원센터

「성매매방지 및 피해자보호 등에 관한 법률」 제5조의 성매매피해자등을 위한 지원시설 및 같은 법 제10조의 성매매피해상담소

「성폭력방지 및 피해자보호 등에 관한 법률」 제10조의 성폭력피해상담소 및 같은 법 제12조의 성폭력피해자보호시설 및 같은 법 제18조의 성폭력피해자통합지원센터

「영유아보육법」 제2조 제3호의 어린이집

「유아교육법」 제2조 제2호의 유치원

「의료법」 제3조의 의료기관(같은 법 제2조의 의료인에 한정한다)

「장애인복지법」 제58조의 장애인복지시설

「정신건강증진 및 정신질환자 복지서비스 지원에 관한 법률」 제3조에 따른 정신건강복지센터, 정신건강증진시설, 정신요양시설 및 정신재활시설

「주택법」 제2조 제3호의 공동주택의 관리사무소(경비업무 종사자에 한정한다)

「청소년기본법」 제3조에 따른 청소년시설, 청소년단체

「청소년활동진흥법」 제2조 제2호의 청소년활동시설

「청소년복지 지원법」 제29조 제1항의 청소년상담복지센터, 같은 법 제30조의 이주배경청소년지원센터 및 같은 법 제31조 각 호의 청소년쉽터, 청소년자립지원관, 청소년치료재활센터

「청소년 보호법」 제35조의 청소년 보호 · 재활센터

「체육시설의 설치 · 이용에 관한 법률」 제2조 제1호의 체육시설 중 아동의 이용이 제한되지 아니하는 체육시설로서 문화체육관광부장관이 지정하는 체육시설

「초 · 중등교육법」 제2조 각 호의 학교 및 같은 법 제28조에 따라 학습부진아 등에 대한 교육을 실시하는 기관

「학원의 설립 · 운영 및 과외교습에 관한 법률」 제2조 제1호의 학원 및 같은 조 제2호의 교습소 중 아동의 이용이 제한되지 아니하는 학원과 교습소로서 교육부장관이 지정하는 학원 · 교습소

「한부모가족지원법」 제19조의 한부모가족복지시설

아동보호전문기관 또는 학대피해아동쉼터를 운영하는 법인

「보호소년 등의 처우에 관한 법률」에 따른 소년원 및 소년분류심사원

② 제1항 각 호(제12호 및 제22호는 제외한다)의 아동관련기관의 설치 또는 설립인가 · 신고를 관할하는 지방자치단체의 장, 교육감 또는 교육장은 아동관련기관을 운영하려는 자에 대하여 본인의 동의를 받아 관계 기관의 장에게 아동학대관련범죄 전력 조회를 요청하여야 한다.

③ 아동관련기관의 장은 그 기관에 취업 중이거나 사실상 노무를 제공 중인 사람 또는 취업하려 하거나 사실상 노무를 제공하려는 사람에 대하여 아동학대관련범죄 전력을 확인하여야 한다. 이 경우 본인의 동의를 받아 관계 기관의 장에게 아동학대관련범죄 전력 조회를 요청하여야 한다.

④ 제2항 및 제3항에 따라 아동학대관련범죄 전력 조회를 요청받은 관계 기관의 장은 정당한 사유가 없으면 이에 따라야 한다.

⑤ 제2항 및 제3항에 따른 아동학대관련범죄 전력 조회의 요청 절차 · 범위 등에 관한 사항은 대통령령으로 정한다.

6. 건축법

제2조 (정의) ②건축물의 용도는 다음과 같이 구분하되, 각 용도에 속하는 건축물의 세부 용도는 대통령령으로 정한다. 〈개정 2013.7.16.〉

제22조 (건축물의 사용승인) ①건축주가 제11조 · 제14조 또는 제20조 제1항에 따라 허가를 받았거나 신고를 한 건축물의 건축공사를 완료[하나의 대지에 둘 이상의 건축물을 건축하는 경우 동(棟)별 공사를 완료한 경우를 포함한다]한 후 그 건축물을 사용하려면 제25조 제6항에 따라 공사감리자가 작성한 감리완료보고서(같은 조 제1항에 따른 공사감리자를 지정한 경우만 해당된다)와 국토교통부령으로 정하는 공사완료도서를 첨부하여 허가권자에게 사용승인을 신청하여야 한다.

② 허가권자는 제1항에 따른 사용승인신청을 받은 경우 국토교통부령으로 정하는 기간에 다음 각 호의 사항에 대한 검사를 실시하고, 검사에 합격된 건축물에 대하여는 사용승인서를 내주어야 한다. 다만, 해당 지방자치단체의 조례로 정하는 건축물은 사용승인을 위한 검사를 실시하지 아니하고 사용승인서를 내줄 수 있다. 〈개정 2013. 3. 23.〉

사용 승인을 신청한 건축물이 이 법에 따라 허가 또는 신고한 설계도서대로 시공되었는지의 여부

감리완료보고서, 공사완료도서 등의 서류 및 도서가 적합하게 작성되었는지의 여부

③ 건축주는 제2항에 따라 사용승인을 받은 후가 아니면 건축물을 사용하거나 사용하게 할 수 없다. 다만, 다음 각 호의 어느 하나에 해당하는 경우에는 그러하지 아니하다. 〈개정 2013. 3. 23.〉

허가권자가 제2항에 따른 기간 내에 사용승인서를 교부하지 아니한 경우

사용승인서를 교부받기 전에 공사가 완료된 부분이 건폐율, 용적률, 설비, 피난·방화 등 국토교통부령으로 정하는 기준에 적합한 경우로서 기간을 정하여 대통령령으로 정하는 바에 따라 임시로 사용의 승인을 한 경우

④ 건축주가 제2항에 따른 사용승인을 받은 경우에는 다음 각 호에 따른 사용승인·준공검사 또는 등록신청 등을 받거나 한 것으로 보며, 공장건축물의 경우에는 「산업집적활성화 및 공장설립에 관한 법률」 제14조의2에 따라 관련 법률의 검사 등을 받은 것으로 본다.

「하수도법」 제27조에 따른 배수설비(排水設備)의 준공검사 및 같은 법 제37조에 따른 개인하수처리시설의 준공검사

「공간정보의 구축 및 관리 등에 관한 법률」 제64조에 따른 지적공부(地籍公簿)의 변동사항 등록신청

「승강기 안전관리법」 제28조에 따른 승강기 설치검사

「에너지이용 합리화법」 제39조에 따른 보일러 설치검사

「전기사업법」 제63조에 따른 전기설비의 사용전검사

「정보통신공사업법」 제36조에 따른 정보통신공사의 사용전검사

「도로법」 제62조 제2항에 따른 도로점용 공사의 준공확인

「국토의 계획 및 이용에 관한 법률」 제62조에 따른 개발 행위의 준공검사

「국토의 계획 및 이용에 관한 법률」 제98조에 따른 도시·군계획시설사업의 준공검사

「물환경보전법」 제37조에 따른 수질오염물질 배출시설의 가동개시의 신고

「대기환경보전법」 제30조에 따른 대기오염물질 배출시설의 가동개시의 신고

⑤ 허가권자는 제2항에 따른 사용승인을 하는 경우 제4항 각 호의 어느 하나에 해당하는 내용이 포함되어 있으면 관계 행정기관의 장과 미리 협의하여야 한다.

⑥ 특별시장 또는 광역시장은 제2항에 따라 사용승인을 한 경우 지체 없이 그 사실을 군수 또는 구청장에게 알려서 건축물대장에 적게 하여야 한다. 이 경우 건축물대장에는 설계자, 대통령령으로 정하는 주요 공사의 시공자, 공사감리자를 적어야 한다.

[시행일: 2019. 3. 28.] 제22조

7. 건축법 시행령

제3조의5 (용도별 건축물의 종류) 법 제2조 제2항 각 호의 용도에 속하는 건축물의 종류는 [별표 1]과 같다.

[별표] 발췌]

10. 교육연구시설(제2종 근린생활시설에 해당하는 것은 제외한다)

가. 학교(유치원, 초등학교, 중학교, 고등학교, 전문대학, 대학, 대학교, 그 밖에 이에 준하는 각종 학교를 말한다)

나. 교육원(연수원, 그 밖에 이와 비슷한 것을 포함한다)

다. 직업훈련소(운전 및 정비 관련 직업훈련소는 제외한다)

라. 학원(자동차학원 · 무도학원 및 정보통신기술을 활용하여 원격으로 교습하는 것은 제외한다)

마. 연구소(연구소에 준하는 시험소와 계측계량소르 포함한다)

바. 도서관

8. 교육환경 보호에 관한 법률

제6조 (교육환경평가서의 승인 등) ① 다음 각 호의 자는 교육환경에 미치는 영향에 관한 평가서(이하 "교육환경평가서"라 한다)를 대통령령으로 정하는 바에 따라 관할 교육감에게 제출하고 그 승인을 받아야 한다.

학교를 설립하려는 자

「국토의 계획 및 이용에 관한 법률」 제24조에 따른 도시·군관리계획의 입안자

「학교용지 확보 등에 관한 특례법」 제3조 제1항에 따른 개발사업시행자

학교(「고등교육법」 제2조 각 호에 따른 학교는 제외한다) 또는 제8조 제1항에 따라 설정·고시된 교육환경보호구역이 「도시 및 주거환경정비법」 제2조 제1호에 따른 정비구역으로 지정·고시되어 해당 구역에서 정비사업을 시행하려는 자

제8조 제1항에 따라 설정·고시된 교육환경보호구역에서 「건축법」 제11조 제1항 단서에 따른 규모의 건축을 하려는 자

② 제1항에 따른 학교의 교육환경 평가 대상은 학교용지 예정지 또는 정비사업 예정지 등의 위치, 크기·외형·지형·토양환경, 대기환경, 주변 유해환경, 공공시설을 포함한다.

③ 교육감은 교육환경평가서를 승안하기 위하여는 시·도위원회의 심의를 거쳐야 하며, 이를 위하여 제13조에 따른 교육환경 보호를 위한 전문기관 또는 대통령령으로 지정하는 기관의 검토의견을 함께 제공하여야 한다.

④ 제3항에도 불구하고 다음 각 호의 어느 하나에 해당하는 경우에는 지역위원회의 심의를 거쳐 교육환경평가서를 승인할 수 있다. 이 경우 제13조에 따른 교육환경 보호를 위한 전문기관 또는 대통령령으로 지정하는 기관의 검토의견을 생략할 수 있다.

「유아교육법」 제2조 제2호에 따른 유치원만을 설립하거나 그 위치를 변경하기 위한 용지를 선정하는 경우

「초·중등교육법」 제60조의 3에 따른 대안학교만을 설립하거나 그 위치를 변경하기 위한 용지를 선정하는 경우

「고등교육법」 제2조 제1호로부터 제4호까지에 따른 학교(이에 준하는 학교를 포함하며, 대학원은 제외한다)로서 대통령령으로 정하는 바에 따라 해당 학교의 일부를 주된 위치에서 변경하여 산업단지 안에서 운영하기 위한 용지를 선정하는 경우

⑤ 교육감은 교육환경평가서를 검토한 결과 교육환경 보호를 위하여 필요한 사항을 제7조 제1항에 따른 사업시행자에게 권고하여야 한다. 이 경우 사업시행자는 특별한 사유가 없으면 그 권고에 따라야 하며, 그 조치결과를 교육감에게 통보하여야 한다.

⑥ 제1항에 따른 교육감의 권한은 대통령령으로 정하는 바에 따라 그 일부를 교육장에게 위임할 수 있다.

⑦ 교육부장관은 다른 법령에 따라 공개가 제한되는 경우를 제외하고는 대통령령으로 정하는 바에 따라 교육환경평가서를 공개할 수 있다.

⑧ 교육환경평가서의 작성 항목 · 절차 · 기준과 각 항목별 작성방법 등 그 밖에 필요한 사항은 대통령령으로 정한다.

9. 경기도교육청 교육환경 보호에 관한 규칙

제1조 (목적) 이 규칙은 「교육환경보호에 관한 법률 시행령」 제15조에 따른 지역교육환경보호위원회의 운영 등에 관한 사항과 같은 법 시행령 제16조에 따른 교육환경평가서 작성을 위한 사항 및 같은 법 시행규칙 제6조 제3항에 따른 교육환경보호구역의 관리에 관한 사항을 규정함을 목적으로 한다.

제2조 (용어의 정의) 이 규칙에서 사용하는 용어의 뜻은 다음과 같다.

"교육환경평가서(이하 "평가서"라 한다)"란 학교를 설립하기 위한 용지 선정 또는 학교 주변 정비 사업 및 대규모 건축행위로 인하여 학교의 교육환경에 미치는 영향에 관한 평가서를 말한다.

"교육환경 영향평가 대상"이란 교육환경에 미치는 영향평가를 위해 실시하는 위치, 크기 · 외형, 지형 및 토양환경, 대기환경, 주변 유해환경, 공공시설 등을

말한다.

"사업시행자"란 학교를 설립하기 위한 용지 선정 또는 학교 주변 정비사업 및 대규모 건축행위를 하려는 자를 말한다.

제3조 (적용대상) 이 규칙의 적용대상은 다음 각 호와 같다.

「교육환경보호에 관한 법률 시행령」(이하 "영"이라 한다) 제15조 규정에 따라 지역교육환경보호위원회(이하 "지역위원회"라 한다)의 운영 등에 필요한 사항

영 제16조 제2항에 따른 지역위원회의 심의 시 평가서에 포함하여야 하는 사항

영 제16조 제6항에 따른 평가서를 다시 제출할 때 생략할 수 있는 사항

「교육환경보호에 관한 법률 시행규칙」(이하 "시행규칙"이라 한다) 제6조에 따른 교육환경보호구역(이하 "보호구역"이라 한다)의 관리에 필요한 사항

제4조 (지역위원회 구성) ① 해당 교육지원청에 사무를 담당하는 국장, 과장을 당연직으로 임명한다.

② 당연직의 임기는 그 직에 재직하는 기간으로 하고, 위촉위원 중 관련기관 공무원을 제외한 보궐위원의 임기는 전임자의 남은 임기로 한다.

③ 위촉위원 중 그 직위로 위촉한 경우에 인사발령 등으로 그 직위를 상실한 때에는 위원의 자격을 상실한다.

제5조 (지역위원회 운영) ① 영 제10조 제2호에 따른 심의를 의뢰하고자 할 때에는 다음 kr 호의 사항을 지역위원회에 제출하여야 한다.

해당 보호구역 관리자인 학교장의 의견서

민원인의 신청 내용에 대한 현장 확인사항

신청지 주변에 대한 심의현황 등

② 위원장은 제1항에 따라 심의 결정된 사항을 교육장에게 알려야 한다.

③ 교육장은 제2항에 따라 위원장이 통보한 지역위원회의 심의 결과가 공정성 · 객관성 등이 현저하게 결여되어있다고 판단되는 경우에는 위원장에게 재심의를 요청할 수 있다.

④ 지역우원회는 담당사무에 따라 간사 1명과 서기 1명을 둔다.

제6조 (지역위원회의 심의를 거치는 평가서 작성) ① 제3조 제2호에 따라 지역위원회의 심의를 거쳐 평가서를 승인할 수 있는 경우 사업시행자에게 영 제16조 제2항 제2호에 따른 교육환경 평가대상별 조사자료 및 현황을 제출하게 할 수

있다.

② 제1항에 따라 제출하게 할 수 있는 교육환경 평가대상별 평가 기준은 별표 1과 같다.

③ 교육장은 학교의 급 및 주변환경 등을 고려하여 사업시행자에게 제2항의 별표 1의 평가 대상의 일부를 생략 또는 시행규칙 별표 1의 평가 대상의 일부를 추가하여 제출하게 할 수 있다.

제7조 (평가서를 다시 제출할 때 생략할 수 있는 사항) ① 제3조 제3호에 따라 평가서를 다시 제출해야 하는 경우에는 평가서에 포함하여야 하는 내용의 일부를 생략하여 제출하게 할 수 있다.

② 평가서 작성자가 제1항에 따라 평가서 내용의 일부를 생략하여 제출하기 위해서는 교육감 또는 교육감이 위임한 자에게 다시 제출해야 하는 사실을 즉시 통보하고, 통보한 날로부터 5일 이내에 관련 증빙자료를 제출하여야 한다.

③ 제2항에 따라 제출된 증빙자료를 검토한 결과 시행규칙 별표 1에 따른 평가기준을 준수할 수 있다고 객관적으로 인정할 수 있는 경우에는 영 제16조 제1항 제1호 및 제3호 내지 제4호의 일부를 생략하여 제출하게 할 수 있다.

④ 제3항에 따라 자료의 일부만을 제출하게 할 경우에는 주변환경 변화요인 등을 고려하여 결정한다.

제8조 (보호구역의 관리) 제3조 제4호에 따라 보호구역의 설정자(영 제21조 제5항의 규정에 의한 교육장을 말한다) 및 관리자(영 제24조 제1항의 규정에 의한 학교의 장을 말한다)가 보호구역 안에서의 금지행위 및 시설을 방지하기 위하여 실시하는 점검은 다음 각 호와 같다.

정기 점검

가. 보호구역 설정자(이하 "설정자"라 한다): 연 1회 이상

나. 보호구역 관리자(이하 "관리자"라 한다): 반기별 1회 이상

2. 수시 점검: 보호구역의 관리상 점검이 필요하다고 판단된 때

제9조 (관리자의 임무) ① 관리자는 보호구역 내 교육환경에 대한 현황 조사를 한 뒤 별지 제1호 서식에 따라 작성 · 보관하여야 한다.

② 제8조의 규정에 의하여 보호구역 점검 결과를 별지 제2호에 따라 작성 · 보관하고, 점검 시 법 제9조의 규정을 위반한 행위 및 시설을 적발 한 때에는 서면 또는 유선으로 설정자에게 보고하여야 한다.

③ 관리자는 학교에 보호구역 도면을 비치하고, 교문 주변 등 보호구역임을 알리기 적합한 장소에 시행규칙 별표 2에 따른 보호구역 알림 표지판을 설치하여야 한다.

제10조 (설정자의 임무) ① 설정자는 제8조의 규정에 의하여 보호구역 점검 결과를 별지 제2호에 따라 작성·보관하고, 주기적으로 교육감에게 보고하여야 한다.

② 점검 시 법 제9조의 규정을 위반한 행위 및 시설이 있거나, 제9조 제2항의 규정에 의하여 관리자에게 보고받은 적발된 행위 및 시설에 대해서는 법 제10조 제3항에 따른 조치 또는 수사기관에 고발 등의 조치를 하여야 한다.

③ 설정자는 관리자가 제9조에 의한 임무를 충실히 할 수 있도록 보호구역 관리에 필요한 정보 제공 및 지도·감독을 할 수 있다.

10. 행정절차법

제11조 (처리기간에 산입하지 아니하는 기간) 법 제19조 제5항의 규정에 의하여 처리기간에 산입하지 아니하는 기간은 다음 각호의 1에 해당하는 기간을 말한다.

신청서의 보완에 소요되는 기간(보완을 위하여 신청서를 신청인에게 발송한 날짜 보완되어 행정청에 도달한 날을 포함한다)

접수·경유·협의 및 처리하는 기관이 각각 상당히 떨어져 있는 경우 문서의 이송에 소요되는 기간

법 제11조 제2항의 규정에 의하여 대표자를 선정하는 데 소요되는 기간

당해처분과 관련하여 의견청취가 실시되는 경우 그에 소요되는 기간

실험·검사·감정, 전문적인 기술검토등 특별한 추가절차를 거치기 위하여 부득이하게 소요되는 기간

행정안전부령이 정하는 선행사무의 완결을 조건으로 하는 경우 그에 소요되는 기간

경기도교육청(2018). 경기도 안전교육과정.

경기도교육청(2018). 사립유치원행정업무 길라잡이. 경기도교육청 유아교육과.

경기도교육청(2019). 경기유아교육정책추진기본계획 교원능력개발평가제 운영.

교육부(2019). 2020학년도 편리하고 공정한 유치원입학관리시스템. 한국교육학술정보원.

교육부(2019). 개정 누리과정 유치원 관리자 연수. 육아정책연구소.

교육인적자원부(2007). 유치원 교육과정. 교육인적자원부고시 제2007-153호.

교육과학기술부(2012). 교육과학기술부고시 제2012-16호.

교육과학기술부(2012). 유치원 시설관리 안전 매뉴얼.

교육부(2016). 2016학년도 유치원 교원능력개발평가 매뉴얼.

김수향, 이용주, 이은진(2013). **유아교육기관 운영관리**. 서울: 동문사.

김은영(2006). 유치원 교사의 직무 분석. 이화여자대학교 대학원 박사학위청구논문.

박애경, 김미원(2012). **최신정신건강론**. 경기: 공동체.

박은혜, 조혜선, 이성희, 황보영(2011). **영유아 안전교육**. 서울: 파란마음.

박찬옥, 김낙흥, 구수연, 이옥임, 노희연, 이선영(2011). **영유아프로그램 개발과 평가**. 경기: 정민사.

박찬옥, 전경화, 조희순, 이순이, 이완희, 유경숙, 김성혜, 안은정(2016). **영유아교육기관 운영관리**. 경기: 정민사.

보건복지가족부(2010). 보육사업안내.

보건복지부(2015). 보육사업 안내.

보건복지부(2016). 보육사업 안내.

보건복지부(2018). 보육사업 안내.

보건복지부(2019). 2019 제3차 어린이집 평가인증 안내.

서울특별시교육청(2014). 어린이 놀이시설 업무편람.

소방방재청, 한국생활안전연합(2008). 어린이 안전교육 프로그램 개발연구.

윤선화, 정윤경, 이경선(2007). 어린이 안전사고 대비 응급 매뉴얼. 경상남도유아교육원.

윤선화, 이경선(2011). 유아를 위한 통합적인 안전교육의 실제. 한국생활안전연합.

윤정일 외(2002). **교육행정 학원론**. 서울: 학지사.

이기숙(2000). **유아교육과정**. 경기: 교문사.

이기숙, 김순환, 조혜진(2014). **유아교육기관 운영관리**. 경기: 양서원.

참고문헌

이기숙, 장영희, 정미라, 윤선화(2014). **영유아안전교육**. 경기: 양서원.

이영자 · 신동주(2006). **유아교육기관 운영관리**. 경기: 창지사.

임재택(2001). **유치원 운영관리**. 경기: 양서원.

조성일, 안세근(2003). **교육행정과 교육경영**. 서울: 재동문화사.

중앙보육정보센터(2006). 평가인증조력프로그램. 중앙보육정보센터.

한공우(2000). 교육행정 및 교육경영. 서울: 동문사.

한국영양학회(2015). 한국인영양섭취권장기준.

허병기(1998). **교육의 가치와 실천**. 교육과학사.

홍길회, 이혜란, 왕영희, 정미자(2016). 시대 사회 변화에 따른 부모교육. 경기: 창지사.

홍길회, 정미자(2019). **영유아건강교육**(제2판). 서울: 동문사.

홍길회, 한성희(2019). **영유아발달**. 경기: 정민사.

Burns, J. M.(1978). *Leadership*. N. Y.: Harper & Low.

Decker, C. A., & Decker, J. R. (2001). *Planning and administring early childhood programs*(7th ed). Columbus, OH: prentice Hall.

Halpin, A. W. (1967). *Theory and research in administration*. New York: MacMillan.

House, R, J. (1977). Theory of charismatic leadership. In J. G. Hunt & L. L. Larson(Eds.), *Leadership*(pp. 189-207). Carbondale: Southern Illinois University Press.

Taylor, B. J.(1979). *Early childhood program management: people and procedures*. Columbys: Merrill Publishing Company.

INDEX

/ㄱ/

가정과의 협력 319
가정어린이집 31
가정통신문 321
각성 교육 43
강연회 323
개인이해지능 49
개인차의 원리 86
건강 265
건강관리 266
건전재정 운영의 원칙 174
견학 316
결산 193, 202
경영 17
경청 58
계속비 이월 199
계절 행사 313
계획 23, 92
계획하기 23
공간지능 48
공감 58
공개성의 원칙 174
공개의 원칙 200
공립 유치원 29
공문서 213
공정성 127, 176
공정성의 원칙 131
과학적 관리론 50
관리 17
교과 전담교사 131
교사실 105
교사의 역할 171
교수-학습 16
교수-학습방법 235
교실 104
교원 교육 161
교원의 임용 135
교원평가 336
교육경영이론 50
교육과정 운영 행사 313
교육자료서의 역할 171
교육적 업무 209
교육평가 335
교육행정 50
교육환경 92
교육활동 영역 20
교재 · 교구 118
교재 · 교구관리 영역 20
교재실 107
교직원관리 영역 19
교환적 리더십 62
교환적 지도성 62
구급상자 302
구성주의 44
국 · 공립 어린이집 30
권위형 지도성 60
근무조건 164
근접발달지대 48

찾아보기

급식관리 280, 282, 283
급식위생 284
기준 94
기타 행사 313

/ㄴ/

논리-수학적 지능 48
놀이터 115
누리과정 236

/ㄷ/

다면평가 337
다중지능이론 48
단기대체교사 인건비 지원 157
단설유치원 29
단일 연령반 86
담임 배정 130
대인관계지능 49
도덕적 리더십 63
도덕적 지도성 63
독서회 325
동기 - 위생이론 55
동기요인 55
동기이론 52
동물사육장 117

/ㄹ/

리더십 59

/ㅁ/

명시이월 199
모바일을 활용한 부모 연계 324
목적 외 사용금지 174
문서관리 213
문화적 리더십 62
문화적 지도성 63
미성숙 · 성숙이론 54
민간어린이집 30
민주성의 원리 17
민주주의 원리 126
민주형 지도성 60

/ㅂ/

반영 25
발표회 318
방과 후 과정 운영 257
방과 후 어린이집 33
방송매체 79
법인 · 단체 등 어린이집 30
법정감염병 279
변혁적 리더십 62
변혁적 지도성 62
변화성의 원칙 131
병설유치원 29
보수 154
보수교육 168
보육교사 161

INDEX

보육교사의 보수교육 168
보직임용 130
복무 161
복무규정 162
본예산 177, 198
부모 - 교사 개별면담 324
부모관리 영역 19
부모교육 317
부모를 위한 안내 책자 323
부모참여수업 317
부모협동어린이집 31
분명한 메시지 58
비계설정 48
비난적 의사소통 57
비상재해대비시설 115
비품 118

/ ㅅ /

사고이월 199
사립유치원 29
사무관리 20, 209
사회문화이론 48
사회화의 원리 85
상담(치료) 역할 171
상황적 접근 61
생리적인 욕구 52
생일잔치 315
생활기록부 224
서면평가 346
선택과 책임을 강조하는 교육 43
설립에 필요한 서류 74
설립인가 67
성립 전 예산의 집행금지 174
성숙주의 45
세입 180, 198
세입의 직접사용금지 원칙 200
세출 198
세출 구조 180
세출예산의 이월 202
소그룹 모임 325
소통기제 337
소풍 315
수익자부담경비 198
수입 204
수입의 직접사용 금지 174
수준 차의 원리 86
순기능적 의사소통 56
시간 연장 및 24시간 어린이집 32
시간제 어린이집 33
시설 및 설비관리 영역 20
시설 · 설비 91
식당 106
식물 재배지 117
신체건강 266
신체 - 운동지능 48
실내 환경 103
실외 환경 114
실적주의 126

실존주의 42
실존지능 49
실행 24
심리사회적 이론 46
심리성적 이론 45
심사 기준 74
쌍방적 의사소통 58

/ㅇ/

아동중심교육 42
아동학대 307
안전관리 289
안전교육 289
안전수칙 294
안전욕구 52
안전점검 295
안전점검계획 296
안정성의 원리 19
애정 욕구 52
양육 역할 171
양호실 106
어린이집 29
어린이집 교직원 자격 132
어린이집 사무관리 212
어린이집 평가인증 348
어린이집교사 봉급 159
어린이집의 설립 72
언어 48
언어적 지능 48
엄정성 176
업무분담 297
업무분장 131
에듀파인 194
역기능적 의사소통 56
연간 행사계획안 313
연공서열주의 126
영아전담 어린이집 33
영양소 281
영양관리 280
예비비 198
예산 174, 177, 201
예산의 목적 외 사용금지 원칙 200
예산의 사전승인과 한정성의 원칙 200
예산총계주의 174
예산총계주의 원칙 199
예산편성 177
욕구계층이론 52
동회 317
운영 16, 17
운영관리 15, 16
운영관리의 기능 15
운영방법적 조건 16
워크숍 324
원감의 역할 170
원아관리 영역 19
원장실 105
원장의 역할 169
원초아 46

INDEX

위생 265
위생관리 273
위생요인 55
유아교육기관 27
유아교육기관 운영위원회 326
유아평가 336
유아학비 지원 196
유치원 28
유치원 교원 배치 129
유치원 교원의 연수 167
유치원 교원의 자격 127
유치원 사무관리 211
유치원교사 161
유치원교사 봉급 155
유치원교사 임용 135
유치원알리미 177
유치원장 자격인정 128
유치원평가 342
음악지능 48
응급처치 302
의사소통 56
이상 41
이상주의 41
인간관계론 51
인간존중 정신 126
인본주의 49
인사관리 125
인사위원회 127
인성발달 8단계 46
인쇄매체 78
인지발달이론 47
인지이론 47
인터넷 79
일반모집 82
일반적 행정업무 209
일일 건강점검표 270
임용 135
임재택 15
입학식 313, 314

/ ㅈ /

자격연수 168
자극 24
자극하기 24
자기평가 337
자아 46
자아실현 욕구 53
자연탐구지능 49
자유방임형 지도성 60
자체평가 보고서 작성 344
장애아 전담 어린이집 32
장애아 통합 어린이집 32
재정 174
재정관리 20, 173
적응성 18
적응성의 원리 18
적재적소주의 원칙 131
전문성 126

찾아보기

전인적 발달의 원리 85
전통적 리더십이론 59
전화 통화 323
절대평가 337
정보시스템 174
정신건강 272
정신역동이론 45
정원책정 75
정확성 176
조리실 106
조정 25
조직 23
조직하기 23
존경 욕구 53
존중 59
졸업식 313, 319
주체성 교육 43
준예산 202
지급명령 198
지역사회 견학 328
지역사회 관련 영역 20
지역사회 인사관리 20
지역사회 협력 328
지진 대피요령 306
지출 205
지출결의 198
지출원인행위 198
직무연수 168
직장어린이집 31
진단기제 337
진보주의 42
진실성 58
질병관리 275
징계 166

/ ㅊ /

창고 108
처음학교로 78
청결 273
체험학습 316
초자아 46
추가경정예산 177, 198, 202
추가모집 83
추종자들의 자율성 63
출석부 220

/ ㅋ /

카리스마적 리더십 63

/ ㅌ /

타당성의 원리 17
토론회 325
통일성 176
특성적 접근 59
특성화 프로그램 운영 259

INDEX

/ ㅍ /

편성 177, 235
평가 영역 342
평가 25, 335
평가결과 보고서 작성 346
평가적 의사소통 57
평가절차 344
평등의 원리 86
평등한 기회 126
포스트모더니즘 43
폭염 시 행동요령 307
표준보육과정 233
품의 198
프로그램평가 341
피드백 59

/ ㅎ /

학급 편성 85
학급관리 85
학부모 만족도 조사 347
학부모 참여 행사 313
한정성의 원칙 174
합법성의 원리 18
해설 180
해임 135, 137
행동과학론 51
행동적 접근 60
행동주의 46
행사 311
행사관리 311
현관 104
현장평가 346
현직 교원 교육 167
호봉 154
혼란적 의사소통 57
혼합 연령반 86
홍보관리 78
홍보내용 80
홍보시기 80
화장실 107
화재 대피요령 306
황사 시 행동요령 307
회계 173, 174, 175, 203
회계과정 175
회계독립의 원칙 200
회계연도 199
회계연도 독립의 원칙 175
회계절차 175
회유적 의사소통 56
효율성의 원리 18
효율화의 원리 85
휴가제도 164

/ 기타 /

2019 개정 누리과정 252
Burns 62
Decker 20

찾아보기

Dewey 42
Erikson 46
Freud 45
Gardner 48
Halpin 60
K - 에듀파인 195
Maslow 52
Ouchi 54
Piaget 47
Taylor 15
Vygotsky 48
X이론 54
Y이론 54
Z이론 55

저자소개

홍 길 회

현: 동남보건대학교 유아교육과 교수
연세대학교 및 대학원 아동학과 졸업
Gregorio Araneta University 교육경영학과 박사
창원어린이집 · 월경사유치원 원장 역임
저서: 유아다문화교육 / 영유아발달 / 아동문학과 동화구연
영유아 건강교육 제3판 / 아동관찰과 행동연구 제2판
영유아를 위한 수학교육 제2판 / 가족관계의 이해
유아사회교육의 실제 / 창의성교육의 실제
부모상담 / 영유아교사인성론 제2판 등

김 명 연

현: 동남보건대학교 유아교육과 겸임교수, 나래유치원 원장
유아교육전공
단국대학교 대학원 교육학 석사
단국대학교 대학원 교육학 박사
저서: 유아사회교육의 실제 외 다수

유아교육기관 운영관리

초판 1쇄 발행 / 2020년 3월 3일
초판 2쇄 발행 / 2021년 8월 30일
초판 3쇄 발행 / 2023년 3월 2일

•

공저자 / 홍길회 · 김명연
발행인 / 이 중 수
발행처 / **동 문 사**

•

서울특별시 서대문구 홍제원 1길 12
(홍제동 137-8)
Tel: 02)736-3718(대), 736-3710, 3720
Fax: 02)736-3719
등록번호: 1974.04.27. 제9-17호
가격: 21,000원

•

ISBN: 979-11-6328-179-5(93370)
E-mail: dong736@naver.com
www.dongmunsa.com